主编的功课

段柄仁方志文丛（三）

段柄仁　著

方志出版社
Publishing House of Local Records

图书在版编目(CIP)数据

主编的功课/段柄仁著．—北京:方志出版社，
2016. 10

(段柄仁方志文丛：3)
ISBN 978 - 7 - 5144 - 2087 - 6

Ⅰ．①主… Ⅱ．①段… Ⅲ．①地方志—编辑工作—
文集 Ⅳ．①K290 - 53

中国版本图书馆 CIP 数据核字(2016)第 227794 号

主编的功课——段柄仁方志文丛（三）

著　　者：段柄仁
责任编辑：顾　洁　冯　松

出 版 人：冀祥德
出 版 者：方志出版社
地址　北京市朝阳区潘家园东里 9 号（国家方志馆 4 层）
邮编　100021
网址　http://www.fzph.org
发　　行：方志出版社发行中心
电话　（010）67110500
经　　销：各地新华书店
排　　版：北京宝蕾元科技发展有限责任公司
印　　刷：北京中科印刷有限公司

开　　本：700 × 1000　　1/16
印　　张：26
字　　数：324 千字
版　　次：2016 年 10 月第 1 版　　2016 年 10 月第 1 次印刷

ISBN　978 - 7 - 5144 - 2087 - 6　　定价：56. 00 元

序

《主编的功课》是北京市地方志编纂委员会常务副主任、《北京志》和《北京年鉴》主编段柄仁先生关于地方志工作的第三部文集，是《主编的印迹》《主编的脚步》的姊妹篇，也是时值全国第二轮修志工作进入攻坚阶段，由大型志书主编精心结撰，高度凝结作者才华、心血、情感，兼具理论深刻性和实践操作性的一部力作。

该书共分六个部分，其中第一、二部分即“一孔之见”“‘体系’初探”，是理论性探索；第三、四、五部分即“编纂意见”“审读评论”“书稿序文”，是志书及相关书稿的编纂和评价意见；第六部分是“工作论述”。每一部分，大体按内容的逻辑顺序编排。从内容范畴上说，这部文集与前两部文集没有太大区别，多系作者在主编岗位上，针对工作中遇到的实践和理论问题所作的一系列思考，只是随时代不同，地方志工作面临的形势、任务不同，主编工作需要研究的课题、解决的难题不断发展变化，因之思考问题的角度和认识问题的深度随之变化、逐渐深刻而已。对此，作者在《前言》中论之详矣。总体而言，三部文集互为参照，层累推进，从“飞鸿雪泥”，到留下一串串“脚印”，再到做足、做深“功课”，在记录作者为改革开放30多年全国地方志事业尤其是北京市地方志事业筚路蓝缕的奋斗历程和辉煌成就热情讴歌和抒怀的同时，也反映了作者由"敲边鼓"深化为直接"介入"，再由"介入"深化为"主持"，从"局外"走进"局内"，如切如磋，如琢如磨，"为伊消得人憔悴""衣带渐宽终不悔"，渐进、渐悟、渐成，最后达到"众里寻他千百度""蓦然回首，那人却在，灯火阑珊处"体悟的心路历程。

柄仁先生有多重身份，既可以说他是一位官员，也可以说他是一位学者；既可以说他是北京地方志工作的指挥员，也可以说他是战斗员。在我看来，他自己似乎更在意后一种身份，即"学者""战斗员"。尤其是对于地方志而言，他更多是把自己当成一位"战斗员"主编，所以他这三部文集均以"主编"为关键词——主编的"印迹"、主编的"脚步"、主编的"功课"；其所持论，也主要是从主编的视角，分析不同时期地方志工作所面临的新形势、新情况、新问题后，对地方志事业一系列带有根本性、方向性的重大问题，诸如方志工作在我国现代化建设中，特别是先进文化建设中如何定位，方志的学科体系如何构建，地方志编纂如何适应信息化大趋势，以及志书的本质特征、基本架构、编纂要求、质量保障等问题所作的深度思考。三部文集的核心要义，既一脉相承又与时俱进，而贯穿始终的主线有三条：其一，作为中国地方志指导小组成员、北京市地方志编纂委员会常务副主任，重视并善于总结首轮、二轮修志的经验教训；其二，作为《北京志》和《北京年鉴》的主编，肯于并勤于对志书、年鉴编纂中的具体问题提出对策性的指导意见；其三，作为多年组织地方志工作的领导者和学善兼长的通家型学者，提倡并带头辨章学术、考镜源流，在方志理论研究上进行探索。这三条主线既是三部文集的共性特点，也是提高志书质量的三个关键性问题。这一点，朱佳木同志在为《主编的印迹》所作序中已进行过阐述。关于柄仁先生指导工作、主编志书年鉴及理论研究的特点，朱佳木、赵庚奇、田耕诸先生为前两部文集所作序中所进行的归纳，如“注重总结”“指导具体”“勇于探索”“贵在授之以渔”“崇尚求真务实”等，也同样适用于这第三部文集。但是，毕竟今天地方志事业发展面临的形势与过去相比又有了新的变化，地方志工作的主持者、主编所面临的任务、关注的重点必然随之变化，故这部文集在体现其思想一贯性的同时，又展现了独特性，呈现出一些新的特点。

继2006年国务院颁行《地方志工作条例》、2015年国务院办公厅印发《全国地方志事业发展规划纲要（2015—2020年）》后，今年“加强修史修志”又被写入国家“十三五”规划。国家一系列重大战略措施相继出台，充分说明地方志事业已作为国家战略实施在文化领域不可或缺的重要一环，纳入“四个全面”战略布局。在当前形势下，如何进一步将国务院《地方志工作条例》落到实处，将“十三五”规划和《规划纲要》的要求内化于心、外化于行，如何制定、完善一系列制度，使地方志工作进一步制度化、规范化，如何深化理论研究，使方志工作建立在系统理论认知的基础上，以科学的理论指导制度建设，指导编纂工作实践，是时代向方志工作者，特别是志书的主编、主纂和研究者提出的新的、更高的要求，是每个方志工作者尤其是志书主编必须用心做好的“功课”。无疑，柄仁先生所做的“功课”不仅及格了，而且可以说是优秀，这是被这些年来以他为首的一班人带领下，北京市地方志工作所取得的突出成绩所证实了的，并在文集中得到充分的体现。

在《主编的功课》中，柄仁先生结合实践，沉思默察，对事关地方志事业平稳、持续、健康发展的一系列带有根本性、方向性的问题做了一些初步回应，提出了自己的解决方案。比如，他认为地方志应定性为基础性文化，或者叫历史文化永续利用的基础性载体，方志工作应定位为基础文化建设；在体系的研究中，他对方志的知识体系、理论体系、理论概念体系、质量评价体系、编纂支撑体系等进行了梳理；提出地方志编纂要适应信息化大趋势和新常态、新任务，等等。尽管从学理论证的角度看，可能还存在一些不足，但他从事实而非概念出发，把实践的开拓和理论的创新融为一体，其中所展现的新思维、新探索、新经验，具有很强的指导、启示和借鉴意义。概括起来主要体现出三大特点：

其一，视野宏通。

无论指导工作，还是从事研究，柄仁先生都有一个非常鲜明的特点，就是始终追求着一种全国眼光和前沿意识，敏锐地把握各种现象的精神困惑和时代脉搏，以一种冷静、俯瞰式的眼光环顾四周，审视所论事物，评议是非得失，指点方法门径，显示了别具深度的慧眼。

例如，当前修志有一个共性问题，就是志书大多只记了“点”（特定地域），未反映“面”（周边乃至全国）；只描述了现状，未反映历史，没有纵深，看不出多少时代特色和地域特点。分析原因，很大程度上是因为编纂者胸无全局，不了解时代发展大势。应当说，无论修志、编鉴还是撰写地情书，把主要精力放在对特定地域的自然、政治、经济、文化和社会的研究上，放在对现实的关照上，这是对的，不如此便难以完成特定任务。但这不等于说我们的视野就当仅仅停留在这个地域，仅仅止步于就事论事的现状描述，如果局限于此，只能导致眼光短浅、思维狭窄，难以认识本地区深层次问题，就会产生“不识庐山真面目，只缘身在此山中”的弊端。对这个问题，柄仁先生在多篇文章中都进行过讨论，提出在社会信息化和经济全球化大趋势下，必然会对方方面面产生影响，如果不去看全球和全国的变化，地域的一些重大变革就难以看得更清晰、更深刻，志书或年鉴在记述时就难以抓住主线、突出主体，抓住要点、突出特点。他曾以《宣武区志》为例，指出如何具备这种视野。他说，修《宣武区志》，要立足宣武、跳出宣武，把眼光放在全国大视野中、全球大视野中；要立足现实，放眼未来，把眼光放得远一点，把过去、现在和未来结合起来思考问题。此外，还应当和宣武区在首都历史文化发展中的重要性相匹配；要紧紧抓住并突出古都发祥地在现代化建设中的新变化，宣南文化在改革开放中的新建树；应当和宣武区改革开放现代化建设取得的辉煌成就相匹配。(《主编的印迹 · 为古都发祥地修志——在〈北京市宣武区志〉首发式上的发言》) 柄仁先生认为，只有放开眼光，跳出地域，才能更清、更深地认识地域。要做到这一点，方志工作者就必须既脚踏实地，又“仰望星空”，注意开阔视野，把志书摆在广阔的社会生活中。若就事论事，就这部志书论这部志书，胸无全局，胸无发展变化，是出不了精品的。从此出发，他特别强调把修志和研究时代背景挂钩，要明确主旨、抓住主线、突出主体，只有把眼界放开，在志书外面看志书，才有比照物，才能看得更清楚；只有站得更高，在志书上面看志书，才能看得更明白。这些论述针砭时弊，可谓一针见血，也是对志书记述内容片面化、表面化、失之于“浅”等弊端所开的一剂良方。这种自觉地把修志放到中国实现现代化的历史任务中，放到我国和世界发展大势格局下来审视其价值、探索其编修方式的深邃，与一般眼睛只盯在志书上，就志书论志书，站在志书这个点上来看这个点的浅薄，其间优劣自是不言而喻。更重要的是，它反映了一种学术气象，说明作者宽大的学术格局和开阔的研究视野。

柄仁先生一生阅历丰富，1962 年自北京大学中文系毕业后，先后从事过经济社会调查、理论政策宣传、文艺评论、杂文写作，以及党政领导工作，曾先后担任过北京市政府研究室主任，北京市委常委、秘书长，北京市人大常委会副主任和全国人大财政经济委员会委员，又是中国地方志指导小组成员、北京市地方志编纂委员会主持全面工作的常务副主任、《北京志》和《北京年鉴》主编，撰有《机关应用文写作概论》《机关应用文写作方法》《轴心——论秘书长》《地域百科全书的总体设计》《新世纪北京十年（2001—2010）》及杂文集《改革论集》《银针与花环》等专著，此外还主持编纂了《北京百科全书》系列、《北京大辞典》《方志百科全书》等。独特的人生经历，多重的身份转换，不同的学科领域，多样的写作经验，铸就了他无论指导工作，还是创作实践，发而为文，皆呈现出视野宏通的特点。具体到他的三部文集，从视域上说，古今中外，纵横贯通；从论题上讲，时代变革、地方志工作，宏观的理论构建、微观的具体问题的处理，无所不谈，且持之有故，言皆成理，让人读后豁然产生通透之感。

宏通视野的养成，既与个人经历有关、与个人学养有关，更与所秉持的研究方法有关。柄仁先生在北大中文系的学长、我国著名学者袁行霈先生曾写过一篇文章，名曰《横通与纵通》。这篇文章虽重点是在讨论文学史研究的方法问题，但于方志学术研究也同样适用。袁先生认为，研究文学史主要有两种方法。一种是“纵通”的方法，也就是就文学论文学，着重研究文学史上各种现象、体裁、流派的产生发展和衰落，研究一个个时代和作家的成就及其承上的作用和启下的影响，力求将上下三千年文学发展的来龙去脉整理清楚；另一种是“横通”的方法，就是力求将文学与哲学、宗教、语言、音乐、绘画等邻近学科结合起来进行研究，并努力从它们的关联上，从它们之间互相影响、互相渗透的关系上，寻求带有规律性的东西。他主张纵向的研究要与横向的研究相结合，打通而拈出新意，从更广阔的背景观察和研究文学发展的历史。可能因为有相同的学术训练背景，柄仁先生的学术研究中也始终贯穿着这两种方法。他研究问题，往往从大处着眼，呈现出时空上纵横贯通的学术模样；可能因为别样丰富的人生经历，柄仁先生又不拘囿于此，而有很多创新，能综合创造，处处展现出广纳百川、洞悉原委、断疑考信的思想能力。

翻阅柄仁先生的三部文集，无论是文章数量还是学术质量，他的研究重心都是新方志，这是他的职责所在，因为他是主持北京地方志工作的编委会常务副主任，是《北京志》《北京年鉴》的主编，指导现实工作，解决工作、业务难题是他的第一职责，重心在此，无可非议。但这不等于说他不重视研究历史，事实上，他非常重视系统考察和学理建设，讲究系统性、历史感和宏观把握的学理思辨。我们知道，要完全理解现在，永远只有从历史出发才可能做到。任何一门学科，如果没有对该学科的背景进行深刻的考察，就不可能全面理解它的内容。要充分理解一种科学，也永远只有详细地研究它的历史发展，才有可能做到，这样可以避免许多无益的弯路和许多的争论，节省许多精力，故“纵通”是普遍采用的方法，但常见的情况是通得还不够，各段的界限尤其是古今的界限不容易打通，常常是各守一段，界限分明。柄仁先生尽管研究方志学术史的专篇不多，但仅就零篇断简所及，亦可见出他对现实的关注是打通历史的，他总是力求将上下两千多年方志发展的来龙去脉整理清楚，进行贯通的研究。此外，他转向古代进行探源溯流和学理思考，更多是放到社会需求、文化发展这个大的背景上去探寻的，这就使得他的研究总显得有深度，展现出跨越固有学科、力求融会贯通、大文化视境的学术品格。

举两个例子作说明。中国方志的历史源远流长，如果从《周礼》中出现“方志”一词算起，也有两千多年了。从那时以来，出现了许许多多优秀的作家和优秀的作品，方志的传统从来没有中断过。这个传统不是一潭止水，它宛若滚滚不尽的江河，不断吸纳支流，或直或曲，或速或缓，或涨或落，变动不居，其间形成的资源、经验和智慧，丰富多样。每一个有志于方志学术研究的人，都有必要在文化还原中疏通古今血脉，立足本身资源进行原创。这就绕不过去要回答一个问题：方志为什么会发生、生存、发展？是什么力量推动其发生、生存、发展的？这是一个重要问题，它涉及编修方志为什么会成为我国独一无二的文化传统，涉及这项传统为什么会延绵数千年而始终赓续不断，原动力何在的问题。柄仁先生从社会需求的角度，很好地回答了这个问题。他指出，方志萌发于人际交往的需求，生成于巩固和扩大政权的需求，发展于政治、经济、文化和社会的全面需求。以此，他认为，对需求的研究和认知，应是支撑和推动方志生存和发展的核心知识。比如，为什么秦汉时期方志会迅速发育，关键原因是大一统的需求；两宋方志体例发展成熟，也因为主政者们不仅有资政的需求，还有存史和教化的需求；社会主义新方志的繁荣和发展，也是伴随国家改革开放、现代化建设需要先人经验、历史智慧，在文化大发展大繁荣的形势下促成的。因此紧盯社会变革，准确把握社会需求，并积极顺应和提供志鉴成果，以满足这种需求，是方志工作始终具有生机和活力的源泉，是方志工作者应具备并不断强化的首要知识。（《方志知识体系初探》）需求推动生产、推动发展，于是有了方志的产生；不同时代、不同人群，需求不同，故方志发展史上便有了地记、图经等不同发展阶段，以及产品形式；社会需求是客观存在的，只有认识它、掌握它、顺应它、满足它，才能推动事物的发展，方志于是繁荣。如此清楚地描述出其承传流变的过程，他让我们既看到了方志产生、发展本身的原因，又看到了外在的一些东西，告诉我们方志的繁荣是由社会经济、政治、思想、文化，以及对方志传统的批判与继承等许多因素决定的，虽然方志的繁荣同一般的发展不是成比例的，但方志的繁荣同社会经济的高涨、社会生活的安定、人民的需求有极大关系。不但立论正确，而且把一个深刻的道理说得形象生动、简明通俗，可谓要言不烦。而这种叩问，显示了对问题逐层询问的透彻性和思想能力。

一种学科的兴旺发达，主要在于时代的需要、社会的需求。西方哲人曾经说过，一种学说在某国流行的程度，取决于这个国家需要的程度。历史证明，这种看法有道理。新中国建立以来方志的兴旺，完全适应祖国文化建设的需求。这里说的实际上是学术的功能问题。关于志书的主要功能，一直是方志界探讨的重要课题之一，是涉及学科地位和事业兴旺发达与否的问题。中国地方志协会 1986 年学术年会后将志书功能概括为六个字，即“资治、存史、教化”。但这“六字”功能何以产生，众说纷纭，许多阐释有太多的主观色彩，仿佛是硬贴上去的。柄仁先生则从社会需要的角度，从其本来的意义上进行了阐释。他指出，在方志史上，志书编纂是为国家“大一统”服务的，故“资治”是其首要功能；伴随方志的接续编纂被社会各方广泛应用起来，特别是作为特殊产品的认识作用和教育作用越来越被各方重视，因此其“教化”作用也成为志书的重要功能；在中华文明的历史长河中，志书资料的原始性、真实性受到各界关注、社会信赖，因此把它视为历史资料的载体，“存史”功能的意义遂越来越被提升，甚至把它放在三者的首位。(《方志理论体系的构建》) 分析任何一个社会问题、一种现象，都要把问题提到一定的历史范围之内，探究其发展脉络和意义衍变，才能了解、把握历史活动的实质，柄仁先生上述的分析验证了这个道理。

至于横通的研究，方志学学科从本性上就是一种具有跨学科特征的学科，所以对横通的研究要求也就特别高。这些年来，方志理论研究成果尽管数量庞大，但质量还不够理想，原因很多，其中一个重要原因就是横通的研究不够、不深。柄仁先生文集中有多篇文章都是横通研究的成果，如对地方志各种知识之间的比较研究，志书与年鉴、百科全书、辞书等相关学科之间的关系辩证等，有专论，也有散评，不少精辟之论超越了以往的研究。如他指出，志书、年鉴、百科全书、辞书都是文化基础性著述，也都带有工具书性质，但由于各自的性质不同，承担任务有别，编纂的着眼点和侧重点也不一样，因此各有其编纂原则。他认为编纂原则主要有两类，一类是关于内容的，如志书的存真求实、述而不论、生不立传等；另一类是关于编纂方法的，如志书的横分纵述、越境不书、详今略古等。志、鉴、百科、辞书四种著述，有些原则是相同或相近的，有些存在较大差异，对内容要求而言，差异较大的主要是关于真实、关于议论、关于人物入书三个方面，并作了很精到的分析（参见《主编的功课·志书、年鉴、百科全书、辞书的异同》），辨析周详，判断坚确，使方志史的许多线索历历在目。限于篇幅，不再一一介绍了。

其二，守正出新。

守正出新是柄仁先生在指导工作、从事研究时展现出的另一个显著特点。所谓“守正”，首先，是贯彻批判继承的精神，实事求是，具体问题具体分析；其次，是吸取已有的各种理论成果和实践经验，尤其是新的成果和经验，使工作指导到位，学术研究后出转精，体现时代的水平。所谓“出新”，就是以严谨求实的态度，挖掘新的资料，采取新的视角，做出新的论断，力求有所突破和创新。其中，守正是基础，出新是生命。

判断学术研究是否守正出新，在哪些方面出新，就必须了解一定时期的学术发展大势，进行比较衡量，才能作出准确判断。改革开放30多年来，方志学术研究日新月异，中国古代的方志理论被挖掘出来，运用到方志学研究中来，取得突破性的成果；一些西方古典的和现代的理论也介绍进来，并被试着用到研究之中；而史学、地理学、社会学、经济学、人类学等学科理论的进展，也给方志研究许多有益的借鉴，方志学术研究遂有了更加广阔的理论空间，研究成果也随之丰富多彩，新的领域、新的资料、新的视角、新的方法、新的结论不断出现，并展示了与时俱进的态势。新方志理论研究论题广泛，数以百计，包括方志学研究对象与内容、方志学学科体系及属性，方志的性质、属性、特征、分类、功能，方志编纂的宗旨、指导思想、原则、体裁、结构、编写方法、文体文风、规范，各类志书的编纂，各个部分的编写，方志工作、方志事业及管理，旧志整理与研究，新志评价等，涉及基础理论、编纂与应用理论、方志史和方志学史等研究领域，几乎每个论题都有数十、数百乃至数千篇文章，无论题材之广泛，还是研究之广度和深度，都超越了历史既往，一些重要的理论观点和思想认识对指导修志实践发挥了积极作用。但是，理论研究不系统、不深入，重复研究，方志学学科建设薄弱等问题仍然突出，与把方志学建设成为学术界和社会认可的一门独立学科这一目标相比，还存在相当大的差距。主要表现在：多数研究还只是实践经验的简单归纳和总结，对经验、对感性认识的一般性总结多，进行抽象归纳、上升为理性认识的少；分散的、自发的选题研究多，对方志和方志学的一些重要问题、基本问题，有计划、有针对性地组织力量研究少；个别的、局部的、微观的分析研究多，全面、系统、整体、宏观的综合研究少；对编纂技巧研究多，对基础理论研究少；仅就方志的单一的封闭式研究多，与国内外相类著述、相关学科的比较分析的开放式研究少，等等。多年来，尽管理论研究著述发表和出版了不少，但真正的基础理论扎实、理论体系完备、理论与实践结合较好并在方志界有较大影响的方志理论著作还是太少。这种情况的出现，有其客观的原因。一是由于全国规模的修志工作迅速铺开，尚缺乏思想理论上的准备，方志工作者只能把大部分精力放在应付急待处理的实际工作上，对方志理论体系建设的重视程度不够，加之计划和组织工作的薄弱，理论研究“人自为战”的分散状态，以及研究论题的大量低水平重复的现象普遍存在。二是偏重于从实践应用角度选择研究课题，注重研究、讨论编纂中遇到的实际问题，缺乏理论的系统性和宏观高度，理论色彩不浓，抽象度不够，给人以“浅”的感觉，真正具有战略意义、理论深度和创新精神的论著较少。三是在各个研究领域之间存在着不平衡性，方志编纂工作各环节的研究以及方志编纂学的研究异常活跃且成绩显著，方志学基础理论研究则进展缓慢，成果不多。上述状况的形成，与人才队伍的建设和科研条件的制约也有关系。总的说来，方志理论研究成绩很大，问题亦复不少，如新方志本身诸多研究课题之间没有贯通。古今方志之间没有贯通，方志与邻近学科之间没有贯通，如何站在更高的基点，以更宽阔的视野审视和分析现实，分析辨别新事物、新动态，抓住本质、把握主流、预见未来，是摆在每个方志人尤其是主编面前无法回避的时代课题。

对此，柄仁先生始终关注着方志学术研究的走向，积极投身其间，一方面抓住大家常议论但没有系统研究的问题，以深度识力作为会通的神经，或考索源流，或申述新解，或匡正讹误，或探微烛幽，进行了重新清理、阐释和认识，使一些空白得到填补、一些薄弱环节得到加强；另一方面，他注意把方志放到文化建设这个大的背景上进行论述，从多学科的广阔背景上展开研究，努力在学科的交叉点上寻找新的研究课题，并在研究资料和方法上吸取其他学科的长处，勇于提出和解决新问题，不少解析新颖而深刻，是精思竭虑而出的。柄仁先生几部文集所讨论的问题面非常广泛，几乎涉及方志学术界讨论过的所有主要实践和理论问题。比较而言，他的进展不仅表现在面的扩大上，更重要的是在深度、高度和创新的程度上。他往往能在理论和实践的结合维度上解出新知新意，兼具思想性、政策性、指导性。这样的情况在他的三部文集中比比皆是，试举一例：

方志编纂有一个重要原则，就是“述而不论”，即志书除综述、概述、无题述外，主要内容应客观叙述，是什么记什么，编纂者不可随意发议论、做结论，观点主要体现在选什么资料，对资料如何编排，而不是大段大段地议论、评论、辩论。对这一点，方志界已基本形成共识，但理论上阐述不够，多局限于就现象说现象，就方志谈方志，跳脱不出来。对此，柄仁先生从志书、史书、百科全书、辞书等异同的角度进行了对比阐释，新解不断。他说，志书是资料性著作，编纂者的任务是收集、筛选、核实、整理资料，按照方志的编纂原则，把真实的、有重要价值的事物编写成特定内容的著述。志书的角度应是客观叙述，而不是主观论述。编纂者如果对资料进行主观的、随机的不断评议，不仅超越了其资料书的范围，抹杀了与历史书、百科全书等的区别，更主要的是给客观的资料加上主观的评述，极易反宾为主，把人们的注意力引向是非的争议，也先入为主地给资料罩上了主观定性色彩，影响资料的客观性。史书则是论述性著作，是研究历史发展规律的，编写者承担的任务是不仅要记述事物发展的过程，还要追索其形成、变化和消亡的原因，以及对时人和后人造成的影响，因此对事业的议论是必不可少的，可夹叙夹议，也可集中评论，对事物解剖分析，引申发挥，指点江山，激扬文字，评论结论，都是题中应有之义。百科全书是记述加论述性的著作，因其以传播知识为目标，其内容中只记史实是远远不够的，必须对史实有所论证，使读者一目了然地掌握资料蕴含的知识及其价值，其中属于思想理论观点类的内容，对其加以适当的议论更是必要的。字典、词典等语文类辞书，本身就是解疑释惑性的，更不排斥论述。百科知识类辞书是百科全书的浓缩，也允许必要的论述。（《主编的功课·志书、年鉴、百科全书、辞书的异同》）总之，他认为，编纂资料、探索规律、展示知识，是几者的不同特点，若皆述而有论，使志书与几者同质化，实质上是把志书送上了消亡的道路。

那么志书述而不论，是不是就是以纯客观的自然主义态度罗列资料？是不是不需要有分析、有观点，不分是非地对待资料？他认为当然不是。志书作为文化产品，无一例外地是在特定环境、特定思想指导下编纂的，贯穿着编纂者对客观事物的认识和评价，体现着编纂者的立场、观点、方法。讲述而不论，是在志书中对所编资料不作随机的、主观的评论，而把思想观点寓于对资料编纂叙述之中，即在资料的搜集和筛选时，哪些入志，哪些删除，在谋划结构篇章时，区分资料孰重孰轻，孰先孰后，放在何处，如何叙述等，都是在一定思想观念指导下进行的。讲述而不论，不等于编著者对历史发展没有倾向性认识、解释性观点和内心的褒贬。世上不存在没有思想观点的人，更不存在脱离意识形态的文化产品，志书编修必须坚持以马克思列宁主义、毛泽东思想、邓小平理论和“三个代表”重要思想为指导，全面贯彻落实科学发展观，就是要求把这个指导思想贯穿于编修的全过程，落实在志书的成品中。事实上，如果对资料没有科学的分析认识，也难以修出高质量的志书。他指出，志书的述而不论，并非完全排斥议论，主要是不能把叙事与议论夹杂在一起，更不可对所有的事件都作结论性评述，但志书的序言、综述、概述、无题述、编后记中，则允许明确展示编纂者的思想观点，这样做有利于读者对志书的理解，也强化了志书的思想性和教育功能。此外，在某些关键环节画龙点睛地加几句启示性议论，更有利于解除读者的思想混乱，加深对事件的认识，但除非十分必要，一般情况最好不去议论。他强调，即使是“述”体中的议论，即便必要，也应适度；对于争议较大的问题，还是不加评论、不作结论为好。他还对实践中违背“述而不论”原则的几种常见形式及其危害进行了分析，三种常见形式是：一是夹叙夹议，就是“叙事到了关键处，总想说几句”；二是爱作结论，强行表态；三是结构性演变，就是写着写着便改变了笔法，大段发表议论，一旦过了这一章节，又恢复了“述而不论”的状态。为什么志书的议论像慢性病、多发病不断出现，相当普遍，有的还久治不愈？他分析主要原因是人性中的自我表现欲常常不自觉地寻求表现的机会，遇到一些触发点便自然而然地流露出来。（《主编的印迹·论方志编纂“五原则”》）

在实践操作中，柄仁先生还提出几种需要注意的情况，很有实践意义。第一，要将不发议论与不讲政治两者区分开来。修志必须讲政治，这是人所共知的，但有人却把讲政治看成必须大篇大篇地发议论、大段大段地引用经典著作中的论述和结论，或者让自己的思想随意驰骋，不断发表自己认为正确的观点。他指出，这不仅不是讲政治，实际是对志书特点的背离。志书的政治观点，主要不是体现在议论上，而是反映在资料的搜集、选取和编排上，取什么，舍什么，哪些选得多，哪些选得少，哪些排在前面，哪些排在后面，都是以一定意识形态和政治观点为指导的，这是志书的讲政治和非资料书不一样的地方。（《主编的印迹·讲政治与讲真实》）第二，概述中表述编写者的倾向和认识，表述的方法不是推论、论证或夹叙夹议，而是精炼归纳、画龙点睛地展示结论性认识。（《主编的脚步·地方志主编的职位、职责、修养》）第三，编修“特色志书”

可以对“述而不论”原则略有超越。因为既然是特色志书，特在何处？一是它的内容充分体现地方特色；二是它的编纂不是规划志书的“众手成志”，而是规划以外的“专家修志”；三是它的写法要求生动引人，除了编进大量图片外，在如实叙述史实时允许作者作画龙点睛的评论，适度抒发激情和好恶，可以引发共鸣，启发思维，增强可读性。（《主编的印迹·关于编纂〈北京风物图志〉丛书的意见》）第四，编写人物时讲“述而不论”，不等于说编纂者在选入志人物之前对所选对象没有评价，相反，能否选择得比较公平合理，关键是编纂者对人物是否有比较全面的了解和比较准确的评价，在这个基础上才能进行比较，按既定名额选出对历史产生影响最大的人。（《主编的印迹·关于编纂〈北京志·人物志〉的意见》）第五，处理重大历史事件时，对事件的关键环节不应任意取舍，更不要直接评论是非。如果必须分清是非，可引用权威文件或权威人物的评议。如果对事件本身是否真实有不同看法，可将不同意见都记录在册。（《主编的印迹·关于〈北京志·共产党志〉的修改意见》）第六，关于社科成果，不应写、不必写对历史文献的议论评述，不要给它随便作评价；若是社会评价，特别是公认的评价和获得某项奖等，已是客观存在，是可以写的。（《主编的脚步·精心修好这部难度很高的志书——在〈北京志·社会科学志〉初稿研讨会上的发言》）第七，作评价性结论一定要有充分根据，要研究核实，避免抄书抄报、人云亦云。（《主编的脚步·对〈北京志·共产党志〉征求意见稿的审阅意见》）这些意见，有说理，有辨析，有示例，都是从事实出发针对实践而发的，他不是在系统地讲理论，而是通过一些具体的操作表述这些理论，分析不再是干巴巴的几句套话，实践中切实可行。

如上述真灼的眼光，文集中处处可见，疏而通之，在在可见出新之点，使读的人能够各取所需，从不同方面获得自己所需要解决问题的答案，有的则为读者提供了进一步研究的线索。柄仁先生的三部文集，从部头上说不算太大，但讨论的实践和理论问题众多，并都拿出了解决办法，可能是两种因素促成的：一是研究对象的复杂性，也就是客观上面对着一个纷繁复杂的局面，需要他面对、解决或提出解决之道；二是他个人的态度及素养，也就是主观上他有没有去解决问题的积极性，是否具备相关的素养和语言表达能力，并上升到一定理论高度。

关于第一个因素，我认为是客观存在的，那就是北京修志的复杂性、艰巨性。与其他省市修志比较，北京修志既有其共性特征，又有其特殊性和困难。地方志是全面记述特定行政区域自然、政治、经济、文化、社会的历史与现状的资料性文献，从理论上讲，凡在这一地域的事物都应是志书记述的对象。北京是中国的首都，中央党政军领导机关及大批中央企事业单位驻扎于此，有的工作与北京直接相关，大部分则是面向全国，是全国性的，涉及中央的内容北京修志是记还是不记？若记，则作为市级地方志编委会，不能统领中央机构修志，资料搜集难；若不记，则难以反映北京是全国政治中心和文化中心的地位和特点，《北京志》的内容就是不完整的。这就是必要性和可行性的矛盾。又如，新中国成立之后，在北京发生了一系列影响全国的重大政治运动、重大历史事件，政治敏锐性很强，记不记？怎样记？难度极大。再如，北京尽管行政区域面积不大，但修志的动员面却不小，仅首轮《北京志》即有154部专业志，再加上18部区县志，共172部分志；二轮修志，《北京志》有66部分志，还有18部区县志，修志规模大、行当多、卷帙浩繁，其间需要解决的问题不知道有多少，都需要主编给予明确回答和决断，都在考验他的政治智慧、领导才能、实践水平。前所未有的复杂形势，既给他驰骋才能提供了机会，也为他进行实践探索和理论创新开辟了广阔的天地，因为，对历史细节的理解，只有深入到历史细节之中，才会有深刻的体会。实践证明，他的工作是卓有成效的。

关于第二个因素，其实已不用分析了，实实在在的两轮修志成绩，沉甸甸的三部文集，已为这个问题提供了答案。《文心雕龙·知音》曰："凡操千曲而后晓声，观千剑而后识器。"见得多了才有比较，亲自从事实践才更精于鉴别，刘勰的话是很有道理的。柄仁先生从北京修志的实际出发，根植于修志的实践，掌握和研究第一手资料，吸取古今方志理论中的精华，却不因循守旧。他善于把握学术前沿需要发展的便加以发展，博采、精鉴、深味、妙悟，四者结合，从容不迫，层层剥茧，处处显示出总揽全局的能力，加之为学深湛而为文谨严通达，言必有据，充实而不空洞，便成就了他的事业。

其三，体系构建。

理论研究的深入，规律性认识的不断深化，必然逐步走向体系构建，这是一种理论自觉。如果说《主编的印迹》主要是对志书的编纂意见和书稿评论，一些理论性思考多是针对带有普遍性且需要尽快解决的"拦路虎"问题而发，《主编的脚印》所作的理论探讨、议论范畴有所深入和扩大的话，那么到《主编的功课》，作者则有了明确的理论体系构建意识。

从《主编的印迹》到《主编的脚印》，柄仁先生在对新编方志的历史和现状、动向和前景、成就和问题做了一系列深入的分析、研究后，已经全局在胸，洞察幽微。到《主编的功课》，他已通过排比归纳、旁征博引、精确立论，剔出了许多发人深省的学科建设的关键问题。这方面的成果主要体现在文集的第一、二部分，即"一孔之见"和"'体系'初探"。从某种意义上说，这两部分可谓是他多年理论思考的精华，是他将各种实践问题进行理论升华后进行的浓缩，并最终开始了理论体系的构建。

柄仁先生关于体系构建的意识，在《主编的印迹》中已初露端倪。在《创立、创新社会主义方志学理论体系》一文中，他提出构建方志学理论体系必须回答几个基本问题，并认为这是所有学科要建立体系都应解决的几个问题。它们是：为什么要编修社会主义新方志，即编修社会主义新方志的意义；编修什么样的方志，即新编方志的目标、要求，以及和旧方志的异同；怎样编修方志，即新编方志的方针、原则、基本方法，以及组织领导等；编修后怎样用于实践。他三部文集的大量篇幅实质上都是在从不同角度回答这些问题，只不过《主编的功课》将它们进行浓缩、梳理后，正式开始建设体系而已。

《主编的功课》共收录7篇关于体系构建的文章，即《方志知识体系初探》《方志理论体系的构建》《方志质量评价体系构想》《方志理论概念体系梳理》《方志编纂支撑体系架构》《构建方志知识体系的一次实践活动——〈方志百科全书〉知识体系解析》，其中前六篇是论证，最后一篇是例证，其间涉及的既有体系构建的共性问题，如知识体系、理论体系、评价体系、概念体系等，也有方志理论体系建设独特的要求，如编纂支撑体系。

尽管每篇文章都有其独到价值，但从创新性角度看，我认为最值得一提的是《方志知识体系初探》和《方志编纂支撑体系架构》。任何一个理论体系的构建，知识体系都是基础，故柄仁先生的体系建设即从此开始，也是论述分量最重的部分，实质上包括了两篇文章，即《方志知识体系初探》和《构建方志知识体系的一次实践活动——〈方志百科全书〉知识体系解析》，其中前者分析了方志知识体系的主要构成部分，后者则以《方志百科全书》为例对前者有关体系进行了补充、说明。作者提出，方志知识体系主要构成部分包括：主体知识，即志书，包括古今中外的志书，既有地域志，也有专志，还有地理总志、国家一统志、域外志等；主体的派生知识，主要是方志编纂、应用、管理知识和地情资料书；由主体和派生知识升华而成体系灵魂的理论知识；对主体及相关事业起决定作用的人物知识；主体及相关事业纵横发展的历史和地域延伸知识；方志生存发展的支撑知识。简言之，就是主体知识、派生知识、升华知识、人物知识和纵横展示知识。柄仁先生认为，这个知识体系架构必须涵盖有关方志各类知识的主要方面、主要内容，其中主体知识在方志知识体系中属于直观的基础性知识、起始性知识，是体系的中心，其他知识均以它为基础，为出发点和立足点，被它牵动，为它服务，围绕它而展开。他认为，构建方志的知识体系，只能从志书出发，把志书摆在主体位置，才可一把抓纲，一石奠基，一通百通。为此，他以方志主体知识为轴心，把有关方志的知识收罗汇集，根据其内在的相关性进行整理排列，形成系统性知识，构筑起他的方志知识体系。客观地说，他这个方志知识体系，其中的各个零部件大致别人也说过，但像这样分门别类地装进一个框架、纳入一个体系中，并明确为“方志知识体系”，似乎是第一家。至于方志编纂的支撑体系，柄仁先生指出，事物的产生和发展都有特定的环境和条件，这个特定的环境和条件一旦发生质的变化或完全消失，这个事物也随之而质变或消失。志书作为一种历史文化形态也不例外，它是依社会的需求应运而生，在适宜的大环境中得以发展，所谓“盛世修志”，这个“盛世”实际上就是有利于志书生存发展的大环境和具备了必需的各种条件，这个大环境的生成和各种所需条件相互配合，发挥综合作用，便形成了志书编纂的支撑体系，这个体系大致包括动力性支撑、制度性支撑、人力性支撑、思想性支撑、财力物力性支撑等。地方志工作开展、地方志事业发展，需要各种支撑条件，这是人所共知的事实，而把这些条件抽象出来进行体系构建，则是他比别人走得远的地方。

在方志界，进行理论体系构建并不是新鲜事，类似的工作别人大体也做过，只是不如他这般全面、这般有体系。柄仁先生的贡献，或者说他的不同之处在于，他通过深入翔实地梳理和考辨其来龙去脉，力图将古今修志过程中产生的各种各样散见零出的概念、观点进行梳理后，分门别类地纳入一个个体系中，使之各归其位。所以，他的优点在乎此——别人那里是零散的，他这里是综合的；不足之处亦在乎此——偏重于梳理，论证略嫌不足，因为总体的把握是需要细密的分析作为补充的。

一个成熟的现代学科的重要标志之一是必须有自己的概念系统，概念的阐述必须既抽象又具体，既概括又实在；一个学科体系的构建，需要对学科全部内容的逻辑关系做出精确的概括，这样才有利于学科的建立，以及在未来的实践中向着更成熟的阶段发展；任何学科都有自己确定的科学边界，边缘不清晰，或者超过边界，都有被吞噬的危险；方志学学科建设的许多工作根植于它从其他学科借鉴来的理论，特别是历史学和地理学，但对于它与历史学、地理学之间息息相关的亲缘关系，却缺乏深入、系统的梳理，等等。这些都是进行学科建设时要做的功课，也是衡量学科发展水平的重要标志。以此来衡量柄仁先生的工作，我们便可以发现，若从学科建设的要求去看，他的工作只能说是处在某一个阶段。此外，他虽力图建立方志理论的概念体系，但类别名称概念是否科学准确，归类是否完全妥帖，各大体系相互之间是什么样的逻辑关系等，还有待进一步论证。但不管怎么说，他指示了门径，提供了方法，一些领域拓展了方志学理的视境和深度，有筚路蓝缕之功，这是必须肯定的。就我个人而言，尽管他的很多观点还是“概”论，并未面面俱到；虽有许多引证，但力戒繁琐，自己的许多想法只是点到为止，但我所重视的是其启发性，而启发性也正是中国传统的学术追求。体系的建设，没有一个人可以把它全部“拿下来”，必须依靠各方面群策群力，团结战斗。对此，任何人都不能求全责备。若每个人都能自知能力绵薄，却又竭诚赴之，在方志学基础理论研究成果不多、进展缓慢，亟须创建立足于实践之上的理论体系和方法论，以便从整体上提升方志理论研究水平的今天，那就是贡献，而这也正是何以我始终能从柄仁先生文集中感受到一种驰而不息的勃勃生气。

读柄仁先生的几部文集，我一直有一种强烈的感觉，就是表面上看他为数众多的作品皆似随遇而作，不成体系，但实质上却如同下围棋，布子的时候看上去是散漫的，而心中却始终有个整体的格局。他心中肯定是有大格局的，所以我们有理由期待着他更加厚实、更加系统的方志理论著述的问世。

柄仁先生是新编地方志工作大规模开展以来，全国少数几位既挂帅又出征，既是指挥员又是战斗员的领导同志之一，是我一直钦佩、尊敬的前辈长者，望重、资深、学博。前几年我受命主持编纂《汶川特大地震抗震救灾志》，几乎也是组织协调与总纂通稿工作一身兼，因此在拜读他几部文集时，不但学术上深受教益，心灵上也似和弦共鸣。2015 年 6 月，柄仁先生到指导小组办公室商谈他主编的《方志百科全书》后期工作时，把《主编的功课》书稿给我，命我作序，虽自知才短，难以胜任，但不敢推诿。后百事缠身，更主要的是不知从什么角度去写，所以拖延至今，真是惭愧！曾经试图从论述柄仁先生方志思想的角度写一篇读后感，并将三部书的内容按问题进行了分类，作了初步的准备工作，后来发现那不是一篇文章，而是一部书的架构，几番犹豫，乃略抒阅读后的几许感怀，敬书如上，不敢言序，聊作同道之鸣吧。

邱新立

2016 年 4 月

前 言

这是我从事地方志编纂工作以来的第三部文集。第一部《主编的印迹》，是我介入地方志工作20年、担任《北京志》和《北京年鉴》主编10年后，于2008年，由方志出版社出版发行的。四年后又出版第二部，定名《主编的脚步》。又过近四年，集结第三部，名为《主编的功课》。有人问：为什么不以“印迹”一以贯之？“印迹”“脚步”“功课”，有什么区别？应当说，三部文集内容的范畴没有太大区别，多是在主编岗位上，针对工作中的问题而进行的一些思索。只是伴随时代变革、社会进步，方志编纂工作的广泛深入开展遇到的问题有所不同，主编工作需要解决的课题也在发展变化。在第一部文集中，对志书的编纂意见和书稿评论所占篇幅较多，而一些理论性思考多是针对带有普遍性且需要尽快解决的“拦路虎”问题。诸如志书编纂中一直困扰人们的“讲政治”和“讲真实”的关系，第二轮修志需要妥善处理的新修和续修、速度和质量、继承和创新等十二个关系，以及志书编纂的基本原则、人物入志和方志学理论架构等，提供了解析性认识，也多属于急就章，缺乏高屋建瓴的系统性思索。把这些成文的论述汇集成书，对我来说，只能是在方志编纂工作中留下的“雪泥鸿爪”式的印迹。第二部文集，因处于第一轮规划志书多已结稿、第二轮规划志书陆续起步的时期，方志工作者对理论指导需求的迫切性大大提高，而在总结一轮修志经验的基础上，方志界理论思索也大大深化了，对志书的性质、志书的质量标准、志书和史书的关系、主编的职责，都有不少新认识。而地方志工作的范畴也随工作的深入有所扩大。地域文化研究、地情人才培育、年鉴编纂的推广、方志馆的建设等，都为方志工作增添了新的内容。因此，我的工作和思索也随之而演进，理论探讨、议论范畴也有所深入和扩大。第二部文集没有沿用第一部的名称，而改用《主编的脚步》，意思是在“印迹”的基础上又向前走了几步。第三部之所以定名为《主编的功课》，是在国务院颁布《地方志工作条例》后，要把它落到实处，不仅应制定、完善一系列制度，使方志工作进一步制度化、规范化，还应深化理论研究，使方志工作建立在系统理论认知的基础上，以科学的理论指导制度建设，指导编纂工作实践。特别是一些根本性问题，诸如方志工作在我国现代化建设中，特别是先进文化建设中如何定位？方志的学科体系如何构建？地方志编纂为何适应信息化大趋势？以及志书的本质特征、基本架构和编纂要求等，问题需要刻苦深入地、扎扎实实地去学习、研究、解决。这就对方志工作者，特别志书的主编、主纂和研究者提出了更高的要求。作为志书的主编，必须用心做这些“功课”，否则是难以履行职责的。这部文稿中我对这类问题尝试着做了一些初步回应。比如，地方志应定性为基础性文化，或者叫历史文化永续利用的基础性载体，方志工作应定位为基础文化建设；在体系的研究中，对方志的知识体系、理论体系、理论概念体系、质量评价体系、编纂支撑体系等进行了一些梳理；地方志编纂要适应信息化大趋势和新常态、新任务等。当然这些“功课”是否“及格”，只能说有助于推动方志理论研究，为方志学科建设添砖加瓦而已。

这部文集在编纂上与前两集一样采取了类似的结构。不同的是，前两集大体分为理论探讨、编纂意见、志鉴评议和工作论述等四部分，每部分的文章都是按时间顺序排列的。这部文集为方便读者阅读，略作改动。一是分类更多了一些，共六个部分。一、二部分，即“一孔之见”“‘体系’初探”，是理论性探索；三、四、五部分，即“编纂意见”“审读评论”“书稿序文”，是志书及相关书稿的编纂和评价意见；最后即第六部分，是“工作论述”。二是每一部分，没有严格按发表时间排序，而是按内容的逻辑顺序作了一些前后调整，有利读者选择性阅读。

这部定名《主编的功课》的文集中，还收录了主编职责之外的四篇文章。目前，我肩负《北京志》《北京年鉴》《北京百科全书》《北京大辞典》主编职务，现又受命主编《方志百科全书》，在此职责范围内的文论，大多予以收录。但作为志书等基础文化建设的参与者，参加一些主编职责范围外的文化活动，是不可避免的。在一些活动中，常常发表一点见解，甚至形成文字，也是常有的。其中我选了内容与北京历史文化相关的文章，有王大明文集和傅正泰文集研讨会发言，有北京社科院主持的《北京断代史》纂修启动会发言，也有专论国家发展大趋势的郭万超专著研讨会的发言。有位同志说：“跳出行业，关注一下相关领域，也是当好主编所需要的。”这话不无道理，也是把这四篇文章选入集子的原因。

目录

三　编纂意见

四　审读评议

五 书稿序文

六 工作论述

一

一孔之见

让历史文化永续利用

习近平同志在北京考察工作时提出："让历史文化与自然生态永续利用，与现代化建设交相辉映。"这不仅有很强的针对性和现实意义，而且在理论上也是创新之说。历史文化是先人给我们留下的宝贵遗产，自然生态是大自然给我们造就的生存环境，把两者并列又和现代化建设相对应，这就把历史文化的定位和它在人类社会发展中的作用，提到了一个新的高度。

如何使历史文化和自然生态永续利用？这是一个大课题，是关系人类社会，特别是现代化建设的纲领性、根本性课题，它不仅仅是向文物、文化部门，而是对全社会提出来的亟待解决的课题。在认识上，我们把生产力的发展作为人类社会进步的核心指标。但生产力靠什么发展？有两个基础条件：一个是大自然赋予的土地、水、空气、矿产、生物等生态环境提供的物质条件，一个是前人积累的支撑和指导物质和精神生产的文化知识。两者相互交织，互融互通，缺一不可。但在我国现代化建设中，相当长的时期内忽视这两方面的建设，简单地以GDP论英雄，造成了自然环境的严重破坏和历史文化的淡化污损。保护环境和传承历史文化在一些领导人那里不过是标签，规划上写写，口头上说说，日程上很难排上队的。再加上政绩浮躁病，不重视基础性、长远性建设，以致"严肃的法律、规划，不如领导一句错话"。直至中央提出以人为本，全面、协调、可持续的科学发展观，这种现象才开始扭转。在中共十八大报告和十八届三中全会关于全面深化改革的决定中，明确提出推进生态文明，建立系统完整的生态文明制度体系，建设美丽中国；推进社会主义文化强国建设，建设优秀传统文化传承体系，弘扬中华优秀传统文化等要求。习近平同志在视察北京的讲话中进一步指出："历史文化是城市的灵魂，要像爱惜自己的生命一样保护好城市历史文化遗产。北京是世界著名都城，丰富的历史文化遗产是一张金名片"，"要本着对历史负责、对人民负责的精神，传承历史文脉"，这不仅适用于北京市，也是我国现代化建设的重要指导思想。

在实际行动上要想使历史文化永续利用，必须在文物保护、文化传承利用等方面树立历史文化是国家根脉、民族灵魂、发展基础的理念，建设完整的制度体系，广泛深入地宣传教育，实行严格的源头保护、绩效考核和责任追究制度，解决法规缺位、落实困难、工作边缘化、浮躁化等问题，特别要处理好现代化建设和文物保护的关系问题，确实做到在保护中发展、在发展中保护。

处理好文化建设和经济、政治、社会、环境建设的关系，使文化建设成为多方面建设的灵魂和指针。处理好基础文化建设在文化建设中被忽视、被边缘化的问题，使文化的繁荣发展建立在坚实的、可持续性的基础上，重视文物的发掘、展示、解析，文化典籍的整理、研究、选译，特别要重视史志的编修。在社会发展中，实体文物在不断消亡又不断新生。但在消亡其形的同时，要保留其神，对新生文化及时给以记载保存最有效的办法是修史修志。习近平同志在参观首都博物馆北京历史文化展览时说："要在展览的同时高度重视修史修志，让文物说话，把历史智慧告诉人们"，抓住了历史文化永续利用的重视手段和切入点，有很强的针对性和指导意义。在历史文物保护、传承和利用的方式上，要适应信息化大数据时代的要求，充分运用现代网络技术研究举措并尽可能满足不同人群的多元需求。要多方位、多视角传承中华文化，使其大众化、精华化，克服典籍整理愈来愈雅，远离大众，普及愈来愈俗，滑向娱乐的倾向。

（2014 年 3 月）

地方志是历史文化永续利用的基础性载体

习近平同志最近的一系列讲话中，有不少涉及历史文化、关乎国家和民族生存发展的内容，意义重大而深远。他说"让历史文化与自然生态永续利用、与现代化建设交相辉映"[①]，"要本着对历史负责、对人民负责的精神，传承历史文脉"[②]，要"高度重视修史修志，让文物说话，把历史智慧告诉人们，激发我们的民族自豪感和自信心，坚定全体人民振兴中华、实现中国梦的信心和决心"[③]。习近平同志的这些思想并不是现在才形成的，早在地方工作的时候和到中央工作以后都多次讲过。给我印象最深的是在中央党校和中共中央政治局学习会上，要求各级领导同志"要认真学习党史、国史，知史爱党，知史爱国"[④]，并把学习党史、国史提到"是坚持和发展中国特色社会主义、把党和国家各项事业继续推

---

① 新华社电：《立足优势　深化改革　勇于开拓　在建设首善之区上不断取得新成绩》，载《人民日报》2014 年 2 月 27 日 1 版。

② 新华社电：《立足优势　深化改革　勇于开拓　在建设首善之区上不断取得新成绩》，载《人民日报》2014 年 2 月 27 日 1 版。

③ 新华社电：《立足优势　深化改革　勇于开拓　在建设首善之区上不断取得新成绩》，载《人民日报》2014 年 2 月 27 日 1 版。

④ 张烁：《在全党大兴学习之风　依靠学习和实践走向未来》，载《人民日报》2013 年 3 月 2 日 1 版。

向前进的必修课”[①] 的高度。这次到北京考察工作的讲话，思想更有发展。特别是提出了让历史文化和自然生态永续利用，把历史文化和自然生态摆在同等重要的位置，并与现代化建设相对应、相辉映。大家都清楚，在我们的现代化建设中，曾经走过不少弯路。其中影响较大的是对自然生态的保护和建设没有给予应有的重视，造成了在经济发展较快的地区，土地、水、空气的严重污染，现在不断出现的严重雾霾，与前一段认识不到位、指导方针的缺失有直接关联。对这个问题在认识上开始转变，并在工作上有所变革，是科学发展观，即“以人为本，全面、协调、可持续发展”提出之后，人们对自然环境的保护和建设逐渐形成共识，保护自然环境的法律、政策和措施的制定与落实也引起了人们的重视。但对同样是人类生存和发展不可须臾离开的历史文化，特别是对它在国家和民族发展中的根脉作用、灵魂作用、基础作用的认识，则远远不足。尽管我们讲文化要大发展、大繁荣，讲建设先进文化，但在工作上对历史文化边缘化、不重视的问题并未从根本上解决。这次，习近平同志的讲话明确无误地指明，在现代化建设当中，必须重视两个“永续利用”，即历史文化和自然环境的永续利用。这就对历史文化在人类社会发展中的定位和我国现代化建设中的作用，做出了符合历史发展进程的判断，在理论上也是一个新的突破。

怎么做到历史文化的永续利用？这和保护环境一样，是个大课题、大文章，对我们实现“中国梦”的现代化建设是一个非常重要的指导方针。具体到地方志编纂在历史文化的永续利用中是个什么位置？应起什么作用？这是我们在认识上需要解

① 新华社电：《在对历史的深入思考中更好走向未来　交出发展中国特色社会主义合格答卷》，载《人民日报》2013年6月27日1版。

决的问题。我觉得地方志是历史文化永续利用的基础性载体，在历史文化永续利用中起的是基础作用、积聚作用和传承作用。

地方志编纂具有文化建设的基础性。它是全面、如实地记载特定地域、行业、单位历史进程的资料性著述。全面，就是地方志所记载的内容涉及自然环境、经济、政治、文化、社会等方方面面。如实，就是客观记述历史进程，编纂者可以寓自己的观点于记述当中，但不允许对所记事物随意剪裁或者引申议论、主观定论。存真求实是志书的首要原则。资料性，就是尽可能地保留事物的原生态，是资料的整理、概括、编纂，不是改变，更不是创作。志书的全面性、真实性、资料性，构成了一座独立的、发展的、权威的知识宝库，在我国历史发展长河中发挥着思想文化建设和文化产业生长发展的母体作用。人们的知识成果、文化产品，不少是以志书为依据、为启示生发出来的。

地方志编纂具有历史知识的聚集性。它把特定时段和范围的各类有用知识汇集起来，不仅为子孙后代保存了历史文脉、文明精华，为读者认识历史、借鉴前人的经验和教训提供了便于使用、查找的知识宝库，还产生了“1+1>2”的聚集作用。人们既可使用其中某一种资料，又可从全书资料的整合当中，以及资料的前后关系当中得到启示，激发创造性思维，产生创新性的物质和文化的各类产品。

地方志编纂具有使历史智慧得以保存和代代相传的继承性。它是中华文明发展的常青树。我国历朝历代凡是有作为的当权者，都十分重视修志写史。中华文化之所以能够在人类七大文明发展中成为唯一的不曾中断的永续发展的文明，地方志编修立下了汗马功劳。国务院《地方志工作条例》吸取历史经验，对志书编修做出了若干规定，其中明确要求20年一轮。

目前，第一轮规划志书的编修是从事物发端开始到1990年左右，已在全国范围内完成，第二轮修志也进入了收获期，连续编修志书，保障了历史文化的永续利用。在社会发展中，实体文物十分宝贵，我们应当珍视、应当千方百计加以保护，但保护只能延长它的寿命，不可能阻止其消亡。在实体文物的物质形态不断消亡中，如何使其精神形态流传下来，靠的是编修志书和史书。旧的实体文物不断消亡和新的实体文物不断产生的过程就是历史。把这个鲜活的、生死交替的状态和过程记载下来，就是修志。也就是说，志书的编修就是代代接续把历史智慧告诉人们的过程。

如何使地方志编纂在我国历史文化的永续利用当中能够充分发挥基础作用、积累作用和传承作用？首先，必须紧跟时代的步伐。修志人要以全球的视野和历史的眼光去审视我们的事业。我们的事业是记载史实的事业，也是与时俱进的事业，无论记述内容和记述形式，还是编纂的体制、机制和制度，都要紧跟时代的步伐，适应新形势的发展。现在，人类社会已经进入信息化时代，信息技术日新月异、突飞猛进，大数据、云计算、人工智能、网络全覆盖、网上交流、网上购物等新技术正在迅速普及，向各个领域渗透。地方志编修如何适应这个大趋势，是摆在我们面前新的重大任务。与此相应，在思想观念上应进一步开阔视野，跳出志书编修去认识志书编修，把修志工作纳入建设中国特色社会主义的大框架当中，纳入建设社会主义先进文化的总体目标当中，充分地利用、获取国内外各种有用的信息资料，在文化发展的国际比较中、在中国文化事业各个工作领域的关联当中来认识修志事业的性质、特点和重大意义。避免把自己的思想束缚在一小块自留地上，产生井底之蛙、鼠目寸光、自我束缚、只在业内循环等现象。在体制机制上，要适应信息社会的新变化，承担新任务，解决新问题。深化各项体制机制的改革，诸如领导体制、编修体制和资料搜集储存、文化展示传承、志鉴宣传和应用等机制、体制和制度，充分调动社会各方面修志的自觉性、积极性，提高志书的质量及修志的效率和效益。特别是改革和完善领导体制，克服修志工作常常摆不上领导工作日程、被边缘化的倾向。要适应新的形势，使编修队伍的组织配备更符合工作的需求。比如，二轮修志中一些专业志编修，从行政部门转移到专业研究部门或行业协会、学会，已明显见到效果。又如，不少地方的二轮修志组建的主编队伍，就没有延续首轮志书。首轮志书的主编们多是以离退休的行政领导为主，二轮修志而是以专家为主体。以修志专家为首，吸收了法律专家、统计专家、党史专家、行政管理专家等。在实际工作上，应大力拓展数字化工作力度，加快建设地情资料网，实现地方志资料的数字化；建设志书、年鉴的全文检索数据库，实现馆藏资料的数字化处理；构建网络办公平台，提高办公和资料收集整理的自动化水平；地方志工作机构应建立资料网站，更好地为社会各界提供咨询服务等。要把地方志工作和自身的改革融入当前全面深化改革的大潮当中，为改革开放做出应有的贡献。换句话说，就是进一步推动各级领导和有关人员读志、用志，为发展完善国家治理体系、提高治理能力提供资料和信息。我们地方志编纂的过程，也是对一个地区、行业、单位全面、深入调查研究的过程。从涉及的范围和历史的跨度上，是一般性调查研究难以比拟的。其成果就是志书、年鉴和地情资料。虽然提供的不是对问题的判断和结论，也不直接提供解决问题的路径和方法，当它在忠实记述历史发展的实况中对曾经有过的某些问题的发生、发展和结果做如实的记述、展示，提供了人们对类似问题的认识和解决的样本。对领导工作来说，这些样本无疑对决策和决策的执行有着借鉴意义。因此，我们在编纂志书的同时应当尽可能多地向领导机关和领导同志提供有针对性的“样板”和信息，以促进决策的科学化，提高领导工作的效率和效益。这需要有两个前提：一是修志工作者应十分关注改革开放的大形势，以及改革开放对我们的需求，应当对这个大形势一目了然，对需要解决的问题有比较清楚的认识。二是把地方志编修工作和改革开放的形势紧密联系起来，在埋头撰写志书的同时，还要抬头环顾四周，使盯着志书的眼睛和盯着大形势的眼睛同时使用，这样才能找准服务的目标，提供准确的信息。这需要有适当的措施和积极的行动。比如，在修志过程中发现有助于推动某方面改革开放的资料应及时报送有关方面。我们不是经常讲“修用并举”吗？这就是边修边用。根据有关方面的需求，特别是改革开放当中亟须解决的问题，有针对性地从地方志当中查找有用的资料，积极主动地“送货上门”。当然，这需要对我们地方志资料的掌握和研究有深入的了解。对地方志中与现实生活紧密相关的某些方面的资料进行系统地研究，提出有根有据的真知灼见，形成报告或者文章，及时报送有关部门或发表于报纸杂志上，来推动改革开放。有些志书编修部门出一些定期或者不定期的简报，把有用的、新鲜的资料及时报送到有关领导部门，起到了很好的资政作用。我们国家的改革开放已经进入到关键期、深水区，需要群策群力加以推进。地方志部门一定要清楚，自己不是世外桃源，应主动积极地投身其中，这不仅是形势的需求，也是地方志自身发展的需要。志书编修的目的是为了使用，反过来，只有通过使用才能检验志书的质量和修志工作的效果，也才能促进修志工作的不断进步，对历史文化永续利用做出更多的贡献。我们常说，修志工作是坐冷板凳的工作，也经常埋怨，在领导那里很难排上工作日程，这固然有修志工作是基础文化建设的原因。基础性工作一般都是投入大、产出慢，在短期难见效，在一些眼光短浅急于见到政绩的领导人那里很难排上应有的位置。但更应注意的是，我们自身的工作是否做到位。如果地方志工作显示不出自己的作为，修志工作对当前形势变化的关注度和重大任务的参与度不足，是很难得到领导重视和社会支持的。有为才能有位。我们的“有为”不仅仅是面对子孙后代，也应对当前工作产生积极推动作用。这样下去，“冷板凳”肯定会逐渐热起来。

习近平同志在视察北京的讲话中还讲了：“历史文化是城市的灵魂，要像爱惜自己的生命一样保护好城市历史文化遗产。”① “北京是世界著名古都，丰富的历史文化遗产是一张金名片。”② 修志工作者如何使这个“灵魂”更有活力、有光彩，使这张“金名片”的含金量更高、更耀眼，一定要“要本着对历史负责、对人民负责的精神，传承历史文脉”③，这是我们的职责、我们应有的态度。习近平同志还有一句话：“要高度重视修史修志，让文物说话，把历史智慧告诉人们。”④ 这是说修史修志是历史文化永续利用的切入点和重要手段。这些话，应当作为我们修志工作的指导方针。

（2014 年 3 月）

---

① 新华社电：《立足优势　深化改革　勇于开拓　在建设首善之区上不断取得新成绩》，载《人民日报》2014 年 2 月 27 日 1 版。

② 新华社电：《立足优势　深化改革　勇于开拓　在建设首善之区上不断取得新成绩》，载《人民日报》2014 年 2 月 27 日 1 版。

③ 新华社电：《立足优势　深化改革　勇于开拓　在建设首善之区上不断取得新成绩》，载《人民日报》2014 年 2 月 27 日 1 版。

④ 新华社电：《立足优势　深化改革　勇于开拓　在建设首善之区上不断取得新成绩》，载《人民日报》2014 年 2 月 27 日 1 版。

志书、年鉴、百科全书、辞书的异同

近些年来，在国家统一规划和部署下，全国各地普遍开展了地方志书的编纂工作。目前省、地、县三级规划第一轮志书近万部，已出版发行，第二轮规划5882部志书也已陆续出版。与此同时，许多地区和单位的年鉴编纂工作已制度化，地域性百科全书和地域知识辞典的编纂也已陆续展开。一个地区编纂了志书，为什么还要编写年鉴、百科全书和辞书？它们有什么不同？是否是造成人力、物力、财力浪费的重复劳动？需要给以明确的回答。

先讲志书、年鉴、百科全书、辞书的共性。人们之所以提出“重复劳动”的问题，原因就在于它们有许多共同之处。

第一，它们都是文化基础性著述，其编纂工作属于基础文化建设工作，或者说是公共文化事业。基础文化是文化事业赖以生存和发展的文化，是为建设先进文化打基础的文化。它承担着三大任务：即民族文化的积累任务、传承任务和普及任务。他们都是代代接续编纂的“常青树”、承前启后的接力棒、面向大众的宣教馆。具有三个特点：普惠性、长远性和优先性。其成果全社会不分阶级、阶层、民族、宗教、地域，都可享用。在历史长河中不论今天明天都有使用价值，不仅效劳于当前，还服务于子孙后代。它们必须先行建设，类似城市建设必须先做水、电、气、热、道路、交通等基础工程，科学发展首先应从基础研究开始等。先有土地、水分、空气，这些最基础的东西，生物才能生长，而且根深才能叶茂。基础不牢，地动山摇。文化事业也不例外，必须打好基础。基础文化落后，要实现文化的大发展、大繁荣，等于无渊求水，无本求木。也正因为它们属于公共文化事业，为大众服务，不和单位、个人的利益直接挂钩，在工作的开展上常常会产生被冷落、被边缘化的现象。因此尤其需要国家的重视、社会的支持，需要领导者们把它们摆在工作的重要位置和专业人员不为名利、脚踏实地、默默奉献的精神去支撑。是否重视基础文化的建设，是检验全社会，特别是各级领导者们文化自觉程度的重要标尺。

第二，它们都是以记述式介绍一个地域或专业、单位特定时期的知识为目的的文化产品。特别是综合性地方志和年鉴、地域性百科全书、地域知识辞书，相似之处就更多一些。最大的共同点是地域性、内容的全面性和规模的宏大。所记述和介绍的内容都有一个特定的地域范围，在这个范围内的自然、经济、政治、军事、文化、社会等方方面面有历史价值的资料、知识，都是其记述和介绍的对象，要求在越境不书、时限不破的前提下，不遗漏重要领域、重要方面的内容。应针对读者的需求，展示历史文化，具有时代特点，反映地域特色，突出重点、特点、亮点。也正因它们所记述和反映的内容丰富、多样、全面，篇幅一般都比较长，多数可归之于“大部头”一类。北京市地方志，首轮市区两级规划志书编纂 172 部，版面字数近 1 亿字。《北京年鉴》每部 150 万字左右。《中国大百科全书》第二版 6000 万字。《北京百科全书》第二版 1800 万字。《上海大辞典》670 万字。

第三，它们都是提供人们查找资料和寻求知识的工具类书籍。工具书是专门为大众查找事物而编纂的著述。它们不是为了探索新知而写的研究性作品，而是对已有知识，特别是基础性知识按特定方法加以展示的著述。它们不是供人连续阅读的小说、教科书、专著等书籍，而是只供人查找资料和获取知识的书。它们不同于各种论著。各种论著必须具备四要素：即论题、论点、论述、论据，也就是要求作者针对某一问题，提出自己的观点，讲出立论符合逻辑的道理，并有充分的、有说服力的事例加以佐证，力争使自己的观点有理有据，立于不败之地。工具书大体可分两类：一类是语文工具书，即字典、词典等汇集并介绍词语的工具书；另一类是百科性工具书，即百科全书、年鉴、名录等。志书既可连续阅读，又便于查找资料，是否是工具书？人们认识不一。但从实践上，人们更看重它的资料性功能，其工具性质甚于提供系统性知识的功能。和其他工具书一样，志书设了比较完备的检索系统，前面有《凡例》，对编纂原则和方法作了规定，使不同类型的知识和编纂者众手之间的差异，有一个统一的、比较规范的遵循原则。后面要有索引，如内容分类目录索引、条头汉语拼音索引、条头汉字笔画索引、条头外语索引等，对书中的内容做出有序的引导性提示，以方便读者查找。此外，大事记、大事年表、参考书目、条目之间的参照系统，条目释文内的层次标题等也有检索功能。地方志亦可归之于工具类书籍。

第四，在编纂的组织领导上，多是由政府主导，社会或大企事业单位主持或支持的众手成书的著述。由于它们的社会性、大众性和规模宏大，社会效益大于经济效益，没有政府和社会团体或大型企业的有力支持，编纂工作是难以行进的。志书的编纂，国家设置中央、省、地、县四级专门机构并制定了政府法规，全国已有 10 万多人在依法修志。年鉴和地域知识辞书也多由地方志办公室、科学研究部门和各专业部门、单位承编。国家为编纂百科全书，专门设立了编纂出版机构，已出版的黑龙江、北京、拉萨市等地域百科全书，也都是在各地政府强有力的领导下进行的。为编好这些大型公益类书籍，有关领导部门抽掉了一批顶尖专家学者参与编纂工作，以确保质量合格和社会认可。

共性是从不同的事物中抽象出来的，要认识某一事物，只研究它和其他事物的共同点是远远不够的，事物的不同，即和其他事物相比较的特性才是最重要的。

志书、年鉴、百科全书、辞书不同或差异。

第一，性质不同。志书和年鉴是资料性著述。其任务是搜集整理如实记载某地域或行业、单位曾经存在过的、有历史价值的人、事、地、物、情。国务院颁布的《地方志工作条例》（以下简称《条例》）规定："地方志书，是指全面系统地记述本行政区域自然、政治、经济、文化和社会的历史和现状的资料性文献"，明确地方志也包括地方综合年鉴，是"年度资料性文件"。衡量志、鉴质量高低的标准，首先是资料的真实性、完整性；其次是对资料选择的精到和编排的科学。资料是志书的第一着眼点。但志书和年鉴是各自独立不可互相替代的文体。主要区别：一是历史渊源不同。志书与中华文明共生共长，两宋时期已经定型，流传至今。年鉴是近代资本主义国家的一种资料性文化产物，19 世纪下半叶才被引入中国，但很快与中国地方志结下了不解之缘。不仅为社会各界提供连续的、有权威性的年度资料信息，而且成为志书编纂资料积累的书刊。二是记述内容时间跨度不同。志书的创修，一般都是从事物的发端写起，我国社会主义新方志规划第一轮志书多是从古记述至今，有的时间跨度达 3000 多年。规划二轮续修志书，时间跨度多在 15 年至 25 年之间，按国务院《条例》规定"地方志书每 20 年左右编修一次"。年鉴只记载一年中特定地域、行业、单位发展变化的主要情况。三是资料的稳定性不同。志书披露的资料是经过多年沉淀比较稳定的史实，而年鉴编纂的是刚刚过去一年的资料。前者资料的共识度、浓缩度远远超过后者，后者提供资料的及时性和新鲜度大大超过前者。

百科全书和辞书是知识性著述。其任务是记述说明和传播某一范畴的知识。它们也十分重视资料的搜集和使用，但着眼点是知识的传播，而不是资料的汇集。内容的可靠性和丰富性，对问题解释的准确性、权威性，编撰上的精粹规范性和方便查阅，是衡量其质量高低的主要标准。百科全书被称为“工具书之王”“取代一切书籍的书”“没有围墙的大学”。百科全书可分为古典百科全书和现代百科全书。古典百科全书是伴随人类文明的产生和发展而逐渐形成的。西方在中世纪正式使用“百科全书”这个概念。我国古代的类书，诸如魏时刘劭等人编撰的《皇览》、唐欧阳询等编撰的《艺文类聚》、宋李昉等编撰的《太平御览》、明解缙等编撰的《永乐大典》、清陈梦雷等编撰的《古今图书集成》等，都相近于西方的百科全书。《永乐大典》共3.7亿字，被《不列颠百科全书》誉为“世界最大的百科全书”。但我国古代的类书是把已有著作分类编纂，编纂者只抄录不加改动。现代百科全书是把已有的知识加以选择，编写成条目，然后按一定原则排列，以方便读者查找。最早18世纪在西方形成的《不列颠百科全书》，搜罗世界古今知识，创造了规模宏大的知识宝库。我国启动“现代百科全书”的编纂，是从《中国大百科全书》开始，已是20世纪70年代末。2009年发行第二版，字数6000万，被誉为我国现代工具书的龙头，“历史文化丰碑”。地域性百科全书《北京百科全书》以“最大限度地浓缩古城精华，尽可能充分展示首都风貌”为目标，出版后被称为“建造了一座全、精、新的北京知识宝库”。

辞书是引导人们进入知识大厦的工具书。对中国文化发展做出巨大贡献的《辞源》《辞海》《康熙字典》等，已成为代代不可割舍的经典型辞书。其中，地域性、行业性辞书是古代字典、词典的发展。曾有人主张这一类辞书可归之于“百科全书”类，也有人把《百科全书》归之为辞书，实际上它们的差别也是比较大的。一是它们虽然都是知识性著述，但各自的知识容量差距很大。百科全书规模没有限制，常常是以编者们可能获取的知识为限。辞书的规模则以方便人们移动查阅为限。二是对回答问题深度要求不同。《辞书》一般只回答“是什么”，不必回答“为什么”，更不对某一问题展开论述。《百科全书》回答问题，不仅有结论，还常常论述得出结论的原因和对结论的客观评价。三是条目撰写方式不同。百科全书的条目有大小之分。《中国大百科全书》分为特长条目（2 万字以上）、长条目（4000～2000 字）、中条目（2000～700 字）、小条目（700 字以下）。《北京百科全书》第二版小条目 500 字，大条目故宫、长城等 2 万字以上。《辞书》在设计上虽然也分大中小条目，但实际条目字数差别不大，《上海大辞典》最长条目 1500 字左右，最小 300 字左右。

第二，功能不同。志书的编纂是为了留存历史资料，传承文化精华，借鉴前人的经验教训，以推动社会健康发展。有人把它概括为“存史、资治、教化”，得到了学界的认可。地方志的功能是全方位的、历史的，其作用和地位已被人类文明发展的历史充分证明。人类社会文明史上曾出现过七大文明实体，其中 6 大文明实体都先后中断、衰落，即两河流域苏美尔文明、尼罗河流域古埃及文明、南亚印度河流域古文明、爱琴海的古希腊文明和古犹太文明、古美洲文明。只有黄河、长江流域的中华文明虽然经历无数次战乱、外敌入侵、分分合合，但仍然生生不息，发展壮大，流传至今。原因何在？十分重要的一点是代代接续编修志书，使中华文明利用这一载体在流传中与时俱进，不仅越来越深地扎根于这块土地，而且产生了巨大的文化包容性和民族凝聚力。尽管外来文化多次入侵，中华文化不仅未被取代，反而吸取其精华，为我所用。地方志为中华文明的生存发展壮大立下了汗马功劳。换个角度也可以说，地方志书的主要功能就是传承中华文明。

年鉴是紧跟时代步伐立足于社会发展实践的前沿，记载刚刚过去一年的“年度志书”。和志书一样也有存史、资治、教化的作用。但它的主要功能是为社会提供年度的、全面的、最新的、最有权威的资料信息。有人说，它是“资政之鉴、信息之源、史书志书之本”，不无道理。

百科全书，特别是现代百科全书，是“集天下学问，举其概要，陈于世人面前，并传于后世”的著述，它承载着多种功能，既有保存历史文化资料的作用，又有用知识进行启蒙，使人们从各种偏见中解放出来的作用，更有向社会提供各类系统的基础知识，以便利知识的扩散、应用和人们的自学。其中主要功能是传播人类文明。在辞书中，语文辞书的主要功能是对学习语言提供辅导。百科类辞典相当于压缩精选的百科全书，其功能是面向更广泛的读者，更便利地传播简明知识。

功能是对服务对象具备的服务能力，具有不同功能的著述，有的是读者对象有所不同，有的虽然面对相近的读者群，但提供知识的范畴、内容和深浅程度亦有不同。志书和年鉴的服务对象相似，主要是学者、研究人员和社会各部门领导和管理人员。它还可以经过加工改写变成各类基础知识教材和宣传品、文艺作品，为更广泛的社会大众服务。百科全书的服务对象是具有一定文化水平的各类知识大众。《中国大百科全书》确定的是“主要适于高中以上，相当于大学文化程度的广大读者使用”。辞书的服务对象可以从刚学认字的幼儿到具备学习能力的老人。

第三，编纂原则不同。志书、年鉴、百科全书、辞书都是文化基础性著述，也都带有工具书性质。但由于各自的性质不同，承担的任务有别，编纂的着眼点和侧重点也不一样，各有其编纂原则。编纂原则有两类：一类是关于内容的，如志书的存真求实、述而不论、生不立传等；另一类是关于编纂方法的，如志书的横分纵述、越境不书、详今略古等。志书、年鉴、百科全书、辞书四种著述，有些原则是相同或相近的，有些存在较大差异，就内容而言，差异较大的主要是关于存真求实、关于议论、关于人物入书三个方面。

关于存真求实。这是志书编纂的首要原则。志书是资料书，资料的价值首先在于是否真实，如不实不真、以假代真，不仅会造成当代人的思想混乱，也将贻害千秋万代。因此真实性被称为志书的生命，志书编纂的不二法则。这一原则也适应用年鉴、百科全书、辞书。但年鉴记述的是刚刚过去一年的情况，重点是一年中的发展变化，因此年鉴编写原则不仅要求真，还要求新。百科全书，虽然也十分重视使用和保存真实资料，但着眼点是对知识的广收博蓄，而知识除要求真和新外，还要注意其丰富性、深刻性和精确性，因此它的编写原则应是求真、求全、求深、求精。辞书是基础知识的简约汇集，十分注重知识的基础性、稳定性、精准性。

关于议论。志书要求如实记述历史事实，编纂者对事实不作直接评论，更不允许引申发挥，这叫“述而不论”原则。当然不议论不是不分是非、没有观点，而是把观点寓于资料的编写中。有些必须申述的观点，可在概述、无题述中扼要点出。年鉴同样遵守这个原则，但它不设概述和无题述，必须亮明的观点可在前言或后记中点出。百科全书因其以传播知识为目标，其内容中只记史实是远远不够的，必须对史实有所论证，使读者一目了然地掌握资料蕴含的知识及其价值。其中属于思想理论观点类的内容，对其加以适当的议论更是必要的。字典、词典等语文类辞书本身就是解疑释惑的，更不排斥论述。百科知识类辞书是百科全书的浓缩，也允许必要的论述。

关于人物入书。志书对人物入书十分注意。已去世的重要人物，都力争其能入志。但一般分为三种类型：一是历史上产生过重大影响的已去世的人物，专门给予立传，对生平事迹作比较全面的记述。省级志书多数设有人物卷，地、县级志书多设有人物篇或专章，这叫“立传人物”。二是有些人物影响程度够不上立传，但达到一定职级也作群体性列表，简略介绍生平，这叫“列表人物”。还有大批烈士、劳动模范和一定职位的官员，只记名字或生卒年，叫“名录人物”。对一些有重要影响的在世人物不能列传，只能在一些事件的记述中带出，这叫“以事带人”。因此志书的一条原则叫“生不立传”，就是不给尚未“盖棺论定”的人物立传。年鉴一般不设人物传，但对当年去世的重要人物也多有报道式的记载。百科全书同样重视对人物的介绍，但对在世与去世人物是否入书没有严格的规定。有的规定“生不列专条”，有的则是在世、去世同等对待。《中国大百科全书》就为在世人物列了专条，《北京百科全书》则一律采取“以事带人”的写法，没有设立人物专条。辞书，特别是百科辞书和专业辞书与百科全书同宗同族，就人物入书而言，字典、词典类辞书一般不收录人物专条。百科辞书，特别是地域知识百科全书，把人物作为重要内容，收录范围和原则与百科全书相近，只是繁简粗细不同。

第四，编纂方法的不同。在编纂方法上，志书、年鉴、百科全书、辞书也各有其遵循的原则。有的已在本专业达成共识，在理论上被确立，实践中已成撰写要求。有的只是通行的做法，尚未在理论上确立。如横分纵述、越境不书、详今略古，已成方志的撰写原则，但是否适用于其他文种，尚在探索。从近些年实践上看，志书、年鉴、百科全书、辞书编纂方法的差别，主要表现在体式、体例和总体设计上。

体式是著述的体例结构和表述形式。志书的体式曾有繁辑体，即编纂者对诸多文献只编纂不改写；编年体，即以时间为序记事；记事本末体，即设立篇目，再以时间顺序系统记述；分期体，即古今分开或各历史阶段分开；类目体，按事物属性分类目层次编排，最低层次为目等。20 世纪以后章节体逐渐兴盛，我国社会主义新方志多数采用这一体式。章节体是按事物属性分类后，以篇章节目分层次标引内容的形式，篇章节目上下层之间是统领关系，左右是并列关系，这种体式，既便于系统阅读又便于查询。年鉴、百科全书、辞书，主要任务是供回答读者某个问题使用，从方便查找着眼较多，从其产生之日起，就使用条目体。条目是它们的基本寻检单元，其中年鉴的编纂是先按事物属性分类，在类下设条目，百科全书和辞书，则一律以条头字母顺序排列先后。

体例是关于体裁的规范，是指著述使用什么体裁，如何谋篇布局，如何撰写章节或条目，如何审稿、加工等一整套规范要求。志书的基本体裁有述、记、志、图、表、录，另有序、跋、凡例、索引、编后记等。述，就是概述和篇章下面的无题述，是对一地区一类事物、一个行业或单位历史和现状的全面情况的综合性记述，要求从宏观角度，概述大事大略、特点优势，以说明本志内容之大要。记，即大事记，主要勾勒一地历史发展脉络，对读志者起向导与检索作用。传，即人物传。其要素是姓名、生卒时间、籍贯、民族、党派、职业、主要学习工作经历、历史功过等。图，即地图、统计图、示意图、绘画、照片等。有插图和随文图，图文相照，既增添了志书的生动形象性，又强化了真实性。表，即用表格形式分类排列记录事项，一般由表题、表头、表文、表注构成。表与图文配合，既省略了文字，又增强可比性，使人一目了然。录，即附录。

收录与志书相关的珍贵文献资料，附于志文后面，可全文照录，也可选择节录，但都要注明出处，强调文献的原始性。序、跋，是介绍式评述志书的文字，置于书首。凡例，是说明著述内容和编纂原则的文字，包括三部分。一是通例，即编纂人员共同遵守的条例，包括指导思想、编纂原则，记述范围、行文规范等；二是分例，即分门别类地说明各种体裁、体例等问题；三是特例，即一些特殊问题的处理原则和方法。凡例放在序言后面。索引，是查询内容的检索工具，一般放在书后。编后记，主要记述编纂过程、经验教训，以及一些需要向读者说明的问题。志是志书的主体。一般设篇、章、节多个层次，要求横不缺要项，纵不断主线。年鉴、百科全书、辞书的体例，是条目的分类或不分类大排列，着眼点是条目（标题、释文和参考书目构成），每个条目都应设置一个独立的概念和独立的知识主题，是以条头、文字或拼音字母排列顺序。由于它们是纯粹的工具书，更加强调权威性、整体性、规范性。

总体设计，是各类书籍编纂的先导、开端、蓝图，是书籍质量所系成败攸关的决定性工作。志书、年鉴、百科全书、辞书的编纂都要做总体设计，也就是确定编纂方针原则和工作规划，设计总体框架结构方案。编辑方针原则和工作规划，因编书的环境条件、编者的希望要求、书籍服务对象不同而有差异。但最需要关注的是内容总体结构的框架方案。志书叫篇目结构，除序、跋、凡例、概述、大事记、索引、附录、后记外，关键是志书主体志的框架结构设计。先把已有的众多资料按事物属性分成各类，“事以类从，类为一志”。它的初步设计既可指导资料的搜集范围和重点，又可为编写人员做初步的分工，定型后就是志书的目录。年鉴的设计框架，同样是以事物属性分类、分层次，设计成类型划分较细的栏目。其主要栏目相对稳定，以保持逐年的连续性，提供年度可比的情况。全书不设概述，但每一门类前有个小概述。前面一般设有专文，主要是登载当前制定的法律规章和重要的工作报告、文件、文章和统计公报等。后面有统计表和索引。百科全书的框架设计，首先确定总的规模，选条的知识分类体系和门类比例，各知识门类的交叉关系，条目的长、中、短结构。如《北京百科全书》设计20卷本，分总卷、地图卷、18个区县卷，总卷和区县卷设计8个分支：历史、地理、区划、地名、政治社会、科技文体卫、经济、文物古迹、综合。对版面字数、图片和表格做出了大体规定，同时确定这些分支志书中条数、字数的大体比例。提出了条目撰写要素，总体上是800字以下的小条目占70%，800~2000字中条目占20%，2000字的大条目占10%。辞书的设计，先定词典类型，是单语词典还是双语词典，以及规模大小、选词立目的原则，然后按一定方式编排词目。百科辞典的设计介于语言类词典和百科全书之间。作为地域知识辞典的《上海大辞典》总目录是序言、凡例、上海简述、分类目录、正文、附录、后记、词目笔画索引、历史地图，共45个大类，每类前面写有综述。这个设计汲取了地方志和百科全书的优点，不同之处是内容高度浓缩，释文尽量简化。与志相比，采用条目式结构；与百科全书相比，条目释文只作基础性知识介绍，不追求全面深入的解释。条目规模虽然也分大、中、小三类，但大条目也很少突破1500字，小条目百字左右，没有4000字以上的大条目。

（2014年4月）

关于志书续修的几个问题

第二轮规划志书编修以来，在汲取第一轮志书编修经验和教训的基础上，中国地方志指导小组办公室制定了一系列制度和规定，各地区和专业部门调整和充实了各级修志机构，按照确定计划推进了各项工作。就北京市而言，多数单位成立了编委会，聘任了主编，制定了志书编目，广泛开展了队伍培训和资料搜集工作。不少单位经过试写已推进到初稿形成阶段。从总体上看，工作进展是比较顺利的，但也出现了许多困难和问题。我就大家关注的志书续修中出现的、带有普遍性的几个问题讲点意见，供开拓思路、推进工作参考。

一　什么是续志?

第二轮规划志书编修的主体形式是续志。什么是续志？概括地说就是接续前志，重点记述历史发展新的特定时段的志书。具体说它有四个要素：第一，必须有前志，否则谈不上续志，这是前提。第二，既然是接续，所记述内容的地域范围相对于前志不能有重大的变化。第三，在编纂方式上，应采取与前志大体相同的体例。第四，重点记述新的历史发展时段。

续志是志书的续修，不是创修。创修也叫首修或原修，是在没有修过志书的特定地域或部门、单位修志；或者特定地域内只修过专业志和局部地域志，再编修全局性综合志，以及只有综合志而没有专业志，再编修专业志的；或者与前志相距时代久远，社会发生根本性变化，地域有较明显的缩小或扩大，使用全新的体例，没有能与之对接的前志等三种情况下编修的志书。也就是说，创修志书是属于在未被开垦过的处女地上拓荒种植的开创性事业，而不是沿着前人的脚步继续前进的接续性事业。当然，接续也需要开拓，需要创新，不开拓创新就难以迈开新的步伐，但毕竟不是挖第一铲、打第一枪、第一个吃螃蟹。

续志也不是重修志书。重修志书有广义和狭义之分。广义的重修是指特定地域内有了创修的志书后再修志书，一律称之为重修，即使是以详今略古原则编修内容全新的新志书，也称之为重修。翻开民国以前的志书目录，不少志书名为《重修×××志》，因此有的研究者把社会主义新方志也称之为重修志书，依据就在于此。狭义的重修是与前志对应，主体内容的门类和空间范畴没有重大变化，但因种种原因旁观者或后人对前志不满足或持全面否定的态度而重新修编。主要情况有两种：一种是编纂的指导思想变了，即对历史的认知发生了变化，或因行政管理系统发生变革，使编纂者关注的重点发生变化，或体例结构的创新产生了新的志书形式等，因而对前志进行全新的改编。第二种是前志质量不高，观点、内容、体例等多方面缺失较多，局部的补充和修正已解决不了问题，必须推倒重来。而续修则是对前志的接续，而不是推倒重来。

续志也不是志书的补修。补修是对一些存在缺失的志书在续志中加以补充和更正。补正的方式，一是在续志中牵涉此类内容时加以注释，即用作随文注或页下注、书后注等给予说明。二是把缺失的内容综合归纳，或单作一篇，放在续志的后面，我们把它叫“志补”。还有一种情况是前志的缺失较多、较大，但又无必要推倒重修，便把这些缺失按志书撰写原则编排成书，称补志。补志是补不是全，续志则是全不是补。

续志不是也不可称之为“断代志”。首先，续志应“通”不应“断”。它是前志的接续，而不是截然分离，虽然要求详今略古，但又要求史脉贯通。其次，“代”字在时间上的应用是比较严格，并有特定限度的。只有本质区分的时限才可称为一代。比如，历史分期、朝代更替、辈分继承，即文一代、事一代等。在第二轮规划志书的续修志书，时限大体是二十世纪八十年到二十一世纪初，这一段不论从任何意义上说都构不成一代，与前志没有代沟，同属于中华人民共和国成立以后的社会主义革命和建设时期。有的同志把这一时间段称之为改革开放时代，这是不科学的。续志的上限并非全是改革开放的起点，下限更不是终点，难以“断代”。“断代志”这个名称可能是从断代史借用过来的。断代史一般是以朝代的更替为时限的。借喻一下可以，但以此冠名则是不妥的。将来是否会出现名副其实的断代志，现在不敢断言，但目前第二轮规划志中的续志与前志既未“断”，也难称“代”。

二 续志续什么，如何续?

续志主要是在特定空间范围内续前志主体内容的发展变化，就是大体上以前志的下限为上限，到新设定的下限这段时期，特定地域、专业或单位的发展变化。抓住了发展变化就抓住了续志的要义、要领、主体内容。续志中所有内容都应围绕发展变化，为说明发展变化服务。如何续？要遵循三个原则。一是接续性。在特定时空范围内做到空间大体吻合、时间前后接续。不仅内容上要前后脉络相通、事物相连，体例上也要尽可能延续前志的规范。二是时代性。续志要反映出特定时限内的时代特征、发展变化的特点，应使读者在和前志的比较中感受到在改革开放的推动下经济社会迅速发展，特别是市场化、国际化、信息化带来的新成就和新问题。三是独立性。续志虽然是前志的接续，但不是前志的简单延续，不是前志的附属体，而是新的、完整的横不缺要项、纵不断主线自成体系的志书。

实现三个原则，必须做好两种接续。一种是宏观历史的接续，就是从整体上使人有贯古通今的深邃的历史感，使新的发展变化不仅有模有样，还应有源有头，使现实深深扎根于历史的土壤中，这就需要对历史发展的大势大略有一定的追述。但这种追述不是对前志的有关内容在续志的新结构、新篇章中重写一次，更不是对前志内容照搬照抄，而是把必要的内容给予高度浓缩，放在适当的位置，使其和新的内容相连相融，成为独立整体中不可分割的步伐。这就要求在篇目设计时眼光不能只盯在续修志书的时限内，而是要回过头从事物的发端想起，把历史的长河接续起来。这个任务一般是在篇目设置时就应有安排，具体任务应由概述、大事记、无题述和志补完成，也就是在概述中对前志的核心内容作简略的叙述，使概述除对本志有提纲挈领的叙述，让读者有整体性的认识外，还增加了一项职能，即对本志的前志的关联性做出展示，从而让读者从更高、更深的时空范畴认识历史的发展变化。大事记的内容，也不仅仅局限于续志时限内，而应新旧贯通，但这种贯通也不是把前志的内容原封不动地搬过来，而是同概述一样采取高度浓缩的方法，只记前志时限内影响历史发展质变的大事、历史转折性变化的节点。时间间隔要拉长一些，课程大跨度简略记述。无题述对前志的相关内容也应承担简述接续任务，有些事物在无题述中应回述，使这一篇章的内容与前志自然相接。志补主要是对前志的修补，实际上也是反向接续。另一种是微观事物的接续，即在具体事务上，后志上限和前志下限的接续，以体现事物的完整性。有些事物的发展，在前志的时限内尚不到一个阶段，续修时为说明发展变化，可突破上限，适当向前延伸，从一个阶段或事物发端写起。有些续志是一志接多志，但前志的下限并不一致，接续时应以前志中最早的下限作起始，即前志的内容被多部志书分别接续，其时限按既有历史延续性又保持独立完整性的原则设置，即按续志的需求设置是妥当的。

比较难以处理的是，一些内容稳定性较强，在特定的时限内变化不大，续志时如何处理？比如，综合志中的变化不大的自然环境、建置沿革、民俗民情、文物古迹、非物质文化遗产及没有变化的立传人物等。专业志或部门、单位志中的基础设施、管理体制以及风景名胜、老字号店铺等，变化也不很大。这些内容，既不宜从前志中照抄照搬，那样会造成大量重复，又要做到横不缺要项、纵不断主线，保持续志的完整、独立性，这就要求在设计上，根据不同情况分别做出安排。一种是在宏观上变化很小的内容，如自然环境和建置沿革等，可在概述或无题述中作扼要反映；另一种是内容有局部变化的，可在记述变化时延伸扩展到整体，如旅游志中对园林的记述等；再一种内容完全没有变化的，如纪传人物，在续志的人物部分是重复记述还是完全省略，我倾向既不重复也不完全省略，而是采取对前志人物列表处理的方法，这样既不重复又体现延续性，还方便读者阅读查找。

在篇目结构的设置上，续志是否必须和前志有相同格局，这要看续志内容变化情况而定。篇目结构是为科学反映志书内容而设定的，是内容的外在表现形式，应随内容的变化而变化。有些续志在内容的类型上与前者没有大的区别，如政治类志书中的党志、政府志、“人大”志、“政协”志等，在篇目设置上，如果前志比较科学，续志就可大体沿用前志的结构。有些续志内容有局部变化，如文化、教育、卫生、体育等志书，类型和格局没有根本性变化，但各项改革在逐步深化，类似民办学校、民办医院大量涌现，行政管理也有变革，在篇目设置时就应对一些内容进行增减调整。特别要注意，反映发展变化时要突出新生事物，展示时代特色。有些续志的内容变化较大，如经济类志书，近些年管理体制进行了改革，行业结构有所调整，出现不少新的行业、新的经济体、新的经营方式，在篇目设置上就应与时俱进，做出较大调整，比较准确地反映这种变化，首轮《北京志》为154部分志，续修规划压缩为68部，其中续志的大部分在篇目结构上都作了较大调整。

三　必不可少的两项准备工作

志书续修，有大量的准备工作应做。比如，组织领导、完善制度、组建队伍、制定编纂规划和工作计划等，还有两项工作是必不可少的。一是组织有关人员精心研读前志。通过研读，不仅要熟悉其内容和脉络，掌握其体例和结构，而且要学习其成功经验，了解其不足和失误。只有对前志有深入的了解、准确的认知，才有资格去做接续工作，也才有可能做好接续工作。北京市多数修志部门，在二轮修志准备工作中把研读前志作为必要环节，现在效果已显现出来，在篇目设置、资料搜集、试写和初稿形成阶段进展都比较顺利。二是对续志时限的时代背景进行认真研究。从宏观和微观结合上，掌握时代的特点、发展的主题、主线，特别是续志内容发生、发展的条件，和前志的共性在何处，变化在哪里，一定要心知肚明。否则，无法从宏观上做全局性接续，也不可能从微观上掌握发展的脉络。试想，如果对近几十年人类和平发展的时代主题，经济全球化、社会信息化的大趋势没有一定认识，对我国以改革开放为主线，以实现富强、民主、文明、和谐的社会为目标，全面推进经济、政治、文化、社会和环境的现代化建设没有深刻理解，对本地区和部门、单位发展变化的重点、特点和脉络没有全面系统的掌握，怎么能实事求是、全面科学地反映续志这一时段的真实面貌。在第一轮规划志书编修时，不少单位在篇目设置上反反复复难以定夺，使志书编修走了不少弯路，原因就是没有经验，对我们要记述反映的客观对象没有下功夫去分析研究，就匆匆制定篇目，展开编纂，结果处处碰壁，不得不回过头来研究历史发展脉络、动力、节点和重大事件及这些情况发生的国内外大背景。应当说，第一轮志书编修是从摸着石头过河的状态下走过来的。第二轮志书编修应汲取经验教训，把研究时代背景、形势任务、动力和节点作为起步阶段必须做好的准备工作，也只有这样，才能比较顺利地进行篇目设置，比较全面而又有重点地搜集、整理和使用资料，从而使志书编纂少走弯路，提高质量和效率。

（2013 年 4 月）

应重视研究第一轮规划志书的不足之处

为更好地编修第二轮规划志书，不少地区和单位开展了研读第一轮志书的活动，这是修志人员紧密联系实际，对志书编修的基础知识、基础理论和主要方法学以致用的有效方式，也是对第一轮规划志书的再学习、再研究、再认识，不仅对第二轮规划志书的编修起到了实实在在的促进作用，对修志队伍熟悉业务、提高素质也产生了立竿见影的效果。但回过头来看，多数地区和单位的研读活动，着眼点是学习第一轮规划志书的成功经验，对其不足和失误关注甚少。第一轮规划志书的编写取得了前所未有的明显成果，积累了丰富的修志经验。其内容横向包括了中国内地各地的自然环境、经济、政治、文化和社会发展的主要内容；纵向记载了各地有史以来，直至20世纪末历史进程的基本状况，为在我国进入改革开放和现代化、信息化的新时代，继承和发扬优秀中华文化，创造中国特色社会主义新文明起到了最基础性作用，其规模之宏大，记事的广度和深度是当今任何文化建设项目难以企及的。总结、学习志书编纂的成功经验是十分必要的。

然而，还应看到，社会主义新方志的编纂是二十世纪八十年代在全国范围启动的，是在理论准备不足、制度建设不健全、人才稀缺的状况下进行的，无论是编纂进度还是志书质量，各省、市、区、县拉开了很大的差距，也不可避免地走过或长或短的弯路，出现过不同程度的失误，有些缺失甚至深深印在了已出版的志书中。如何找出这些缺失，分析研究其产生原因和改正办法，对于提高二轮志书以至今后志书编修的质量和修志队伍水平，并不亚于对成功经验的总结，相比较而言，更有难度和紧迫性，需要给以更大的重视。这些缺失，从微观层面看，虽然有些地区和部门对已出版的志书做过一些研究，并计划在第二轮规划志书编修时对首轮志的缺失采取一些纠错和补充措施，对少数志书还采取重修，完全推倒重来；但从全国看，多数地区和部门对此缺乏应有的认识。笔者建议，这项工作应尽快提上日程。每一部志书的承编单位，特别是主编和有关领导人、参与编纂者，都应积极主动地听取、搜集并研究读者的意见。同时，有计划、有组织地集中一段时间，对本地区或部门编纂的首轮规划志书进行一次认真的审阅，尽可能揭示其不足之处。从宏观层面看，虽然已有不少修志工作者和研究人员对于第一轮规划志书带有普遍性的问题不同程度地有所揭示，但缺乏集中的、系统的、深入的研究，上升到理论层面加以认识解决。比如，在人们的议论中涉及较多的三方面的问题，就带有认真研究解决的紧迫性。

其一是指导思想上，不少志书常常流露出浓厚的政治化色彩。我们曾多次讲，志书编修要讲政治，但不要政治化。但讲归讲，一旦落实到编修上，其烙印总是难以消除。比如，我们曾一再反对在志书出现空洞的议论、标签式口号、宣传性语言，应避免唯上、唯书、跟风，但现在翻开志书，这些问题仍然时有所见。特别是不少志书的图片，重政治、轻专业，重领导、轻群众，处处是领导开会、领导视察，开卷插页好多都是领袖像，好像没有领袖像就“缺高度”，就“压不住台”。有的志书插页排一个领袖照片还不够，力争凑够三代，第一代、第二代、第三代领袖依次排下来。有些照片和志书内容毫无关系。领袖的照片不是不能排，如果和志书内容紧密相连，不仅应当排，还应摆在突出位置，因为领袖人物的活动往往能展示重大事件。但如果把与志书主体无关领袖的图片当做招牌，放在志书重要位置，则是不妥的，是对志书存真求实原则的背离。

政治化色彩还表现在对讲政治的片面理解上，认为政治无处不在，政治部类的志书就更要突出政治，而把突出政治又理解为突出现行方针政策、现任领导的政绩，往往让历史迎合现实政治的需要。经济、文化、社会类，甚至自然环境类志书的一些与政治无关的内容，也硬性与政治挂钩，用政治的标准取舍其内容。我们讲政治，主要讲的是政治方向、政治目标、政治路线，也就是指导思想、方向道路、方针原则等，而不是处处事事都与政治挂钩。每一类事情都有自身发展变化的规律，不能用政治来代替其他、涵盖其他，更不能取代其他。我们一些志书的某些内容，为什么常常不恰当地以经典著作、党政文件、领导讲话作为材料取舍的标准？原因就是政治化作怪。

其二是志书内容上，只唱或多唱赞歌，少讲或不讲失误，讲成绩轰轰烈烈，讲问题吞吞吐吐，讲失误遮遮掩掩。比如，我们对有些政治运动的记述就没有实事求是地写失误。对于土地改革、“三反五反”运动、“一化三改”运动等，我们几乎是完全肯定的，但其中的曲折、失误，类似早期土改中的过火斗争，“三反五反”运动中的扩大化等，就很少提到。至于“大跃进”中的问题、“文化大革命”中的问题，也多是轻轻一笔带过。当然，其中有些内容在目前条件下难以写全、写实，尚需时间的过滤、历史的沉淀，有待后人研究，更全面、更准确地去写。还有些时段，因为受历史偏见的影响，我们没有下功夫搜集资料、研究是非，因此志书中反映的内容与其历史地位不相称，记载比较少。比如，北洋政府时期等。

我们搞地方志的同志一定要明白，历史的成功和失败都是先人留下来的精神财富，不仅成功是精神财富，失败也是精神财富。写历史的失误比写历史的辉煌更有意义，也更困难。写历史的失误，需要有勇气，需要有远见，需要不失原则地变通。所以，如果不明白这个道理，我们讲实事求是就是一句空话。还应当说明，当代人写当代事，特别是第二轮修志写的是我们身边的事情，或者刚刚过去的事情，这既需要实事求是的精神，更需要公正无私的献身精神。当然有些事情虽然已经发生，如果不具备记述条件，如认识不一致、档案未解密等，现在写不了，只能等条件成熟时再记述，那时的记述可能更客观、公正、全面。有些事件现在不可能全面地、详细地记述，但应力争将可记的记下来，为后人的补充完善创造条件。当代人写身边事，写到什么程度，需要研究环境允许度，这就需要变通，需要智慧。

其三是编纂原则上，违背存真求实、述而不论的规则。不少虚假的内容，空洞的议论出现在志书中。有的志书，不在真实性、准确性、完整性上下功夫，而在作评价、发议论、分析推理甚至“穿靴戴帽”上做文章。在志书分类上，如何科学地做到以类系事，有不少欠缺。首轮规划志书的分类，并不完全是以事物的性质划分，而是更多地照顾了事物的管辖权，即以党政部门的分工来分类，这在当时是难以避免的。第一轮修志，各方面都准备不足。谁来承担任务？只能依托于行政单位。如果严格按照科学分类，有一部分志书的编纂就无法落实。第二轮志书也未完全避免这个问题，既要按事物性质分类，又要照顾部门分工，这个度需要准确把握。

当然，第一轮规划志书的不足之处远不止这些。比如，内容不全、不实以至失真，重点不重，亮点不亮，特点不特以至轻重倒置，多次重复，前后矛盾等问题；体例不规范，同一地区志书使用不同的体例，不是记述体一以贯之，而是杂之以论述体、条目体等；文字不准确、不精练、不朴实，喜欢臆造、铺陈和华丽辞藻；同一著作中时限不统一、数字不规范、入志人物标准不一致等，都需要认真检查，避免在今后修志特别是第二轮志书编修时重复出现，其中一些重要缺失还应在第二轮修志中加以补修和改正。

事物的发展中总会存在这样那样的曲折和失误，自觉主动地认识曲折，找出失误，是推动事物前进不可或缺的重要环节。从一定意义上讲，前人在进程中的曲折和失误，也是后人的精神财富。志书编纂也不例外，只有准确认识第一轮规划志书的不足，才能使第二轮志书以至今后的志书编纂质量更上层楼，才能为尽快建立方志学科理论体系做出新的贡献。

（2012 年 6 月）

年鉴是基础文化建设的“排头兵”

北京市首届年鉴质量评比活动顺利举办。对于评比，曾有各种不同的意见，能不能搞起来、有多少单位愿意参评、搞个什么评比标准、能否取得较好效果等问题，认识并非一致。最终评比取得了多数同志满意的结果，颁奖会开得兴高采烈。对评比能否搞好的种种顾虑实际上是对年鉴工作的认识问题。目前，北京市有各种类型300多种的年鉴出版，比较规范又坚持定期编纂的有200多种，这次自愿参评的有80多种。应当说，能有这么多种年鉴愿意参评，已经很不容易了，但还没有达到半数，为什么？理由很多。不少单位认为自己编纂的年鉴质量低，拿不出手；还有一部分是因为单位的领导脑袋里面没有这项工作，认为评比可有可无，不支持本单位的年鉴参评；也有我们对评比工作缺乏经验、宣传不到位的问题。

如何认识年鉴编纂在文化建设中的意义？如用一句话概括，应是基础文化建设的“排头兵”。基础文化是文化赖以发展的铺垫性、先导性、根源性文化，基础文化建设犹如城市建设中的水、电、气、热、道路交通建设，如果没有这些先行工程打基础、创造环境条件，就不可能有屋宇房舍、高楼大厦的起立。目前我们编纂志书、年鉴，搞各种辞典、字典、百科全书等资料书、工具书，都是基础文化建设的一部分，而年鉴是最早、最全面记录一个地区、一个行业或一个部门的现实生活的资料性著述，也就是把刚刚过去的一年的、某个范围的物质文明和精神文明的变化记载下来，是在基础文化中记述历史最近、最快，也比较具体的著述。因此，它是基础文化建设的“先锋”“排头兵”。由于年鉴的编纂，不仅直接为来年或以后的工作提供了参照资料，直接助推了特定范围的事业发展，同时也为其他学科的研究提供了最新资料，而且为编纂地方志打下了很好的资料基础。实践证明，凡是编纂年鉴的单位，在编纂地方志上就省时省力，投入少一些，产出快一些，质量也比较有保障。因为志书编纂前已经有若干年的年鉴，提供了比较具体的、系统的资料，同时通过编纂年鉴培养了一支编写队伍、收集信息的队伍。虽然这支队伍不是很整齐的、也是经常轮换的，但总有一些沉淀下来、成长起来，成为编纂地方志的骨干。当然，这对编纂年鉴的地区、部门、单位来讲，也培养了一些了解本单位全面情况的专门人才。在地区，可称地情专家；在行业、部门和单位，可称内情专才。编纂年鉴既有现实意义，又是发现和培养人才的一种途径。所以，凡是有远见的领导，都比较重视志鉴工作。这次评比中，许多质量较高的年鉴总结经验时，首要一条就是领导重视。而许多有条件编年鉴但还未启动的单位，或已经编年鉴，但打打停停、没有形成制度的单位，其领导大多缺乏这方面的觉悟。我们应加强宣传工作，首先应给有关领导层做宣传，力争在较快时期，使北京市主要部门、主要地区有条件的大多都有年鉴，使我们的基础文化建设有一个新的局面。当然，作为资料性著述，年鉴也有弱点，主要是资料多是“现炒现卖”，尚未经过历史沉淀，编纂年鉴的同志也多是那段历史的参与者，有些问题很难摆脱利益的牵扯，有些资料很难做到客观和完善，因此在编志书时还需据实论证。

我们这次评奖，实际上是对全市年鉴工作的一次调查研究，也是对成果的检阅、经验的总结、问题的审视和相互学习的过程，必将促进北京市的年鉴编纂工作。比如，我们制定了评奖标准，其中有详细的评分表，分框架设计、条目编写、装帧设计、编校质量、检索手段和其他六大项，每一项都提出了具体要求和评分细则，把尊重差异和鼓励创新的原则纳入评比标准，这实际上是对年鉴质量深化认识的过程，也是对现阶段年鉴质量的再认识。通过评比，可以进一步认识什么是高质量的年鉴和年鉴在质量上存在的问题，所以评奖的标准实际上是质量标准。如果能认认真真地按照评奖的质量标准回过头来审视年鉴的话，以后再编年鉴，脑袋就清楚多了。所以评奖是提高年鉴水平很好的措施。凡是参与评奖的，都会有一些收获，都会对如何提高年鉴质量有所领悟。当然，现在这个评奖标准还有不完善之处，应根据这次评比中发现的问题和大家的意见进行改进。

还有一点应特别提出，就是评奖过程中有一个自评环节，按照规定标准自我打分，这是提高年鉴质量十分重要的环节，也是提高编纂人员业务水平的有效措施。自评本身就是自己审视自己的工作效果、产品质量，是自我认识的过程。有些单位十分认真地进行自我审查，其评分结果和评委评分相差无几，甚至高度一致，说明这些单位确实把年鉴编纂工作摆在了重要位置，抓住评比这个机会，对自身的工作进行一次深入的审视，必将大大促进年鉴工作的开展和年鉴质量的提高。也有一些单位对待自查不够重视，在自我打分时草率从事，采取了一种应付的态度，这不仅是对评比的认识问题，也是本单位的敬业状态和工作作风问题。我受此启发，希望能进一步研究一下，把评奖程序中的自查环节纳入到编纂年鉴的程序当中，如在初稿和终审之间增加自查环节，这对提高年鉴质量是有好处的。

总之，近两年年鉴工作发展较快，相当多的领导同志对编写年鉴的重要意义有所认识，不少单位开始编写年鉴，年鉴的质量也在迅速提高，发展势头很好。但也有发展不平衡、不稳定，内容不规范、不全面等问题。

一是不平衡。区县陆续开始编纂年鉴，16个区县已都编纂综合年鉴；几个大的委办局也逐步进入年鉴的编纂行列，市经信委的工业年鉴、统计局的统计年鉴都已编纂多年，受到各界好评；一些走在时代前列的单位，对年鉴都比较重视，如中关村科技开发试验区、亦庄经济技术开发区的年鉴编得都比较好。高等院校年鉴较多，党政机关和大型企事业单位的年鉴较少。也有很多单位，有条件编、应当编，但是没有编写年鉴，主要是单位领导在认识上的差距比较大，也有我们宣传不够、工作未做到家的原因。

二是不稳定。全市现有300多种年鉴中，有100多种打打停停。有些单位编几年之后就停了，有些单位突然想起来就编一部。这和单位领导的思想有关，对本单位文化建设比较重视的领导人负责此项工作就能搞起来，换人后就停顿了。

三是不规范。年鉴怎么编，应有一个大体的规范。比如，内容的规范、结构的规范、编写流程的规范、条目要素的规范、语言文字图片的规范等。现在，有点“百花齐放”“各显神通”的状态。当然现在我们还不能过分强调规范，在尚未研究清楚的情况下就可能搞死，搞死就遏制了创新。但是要向规范化发展。地方志办公室、年鉴社要研究年鉴如何规范化的问题。

四是不全面。年鉴的内容缺胳膊少腿，一些影响较大的条目没有纳入，比较突出的、较为普遍的现象是讲成绩多，讲曲折、失误少，甚至有意回避，不去记录。有的像总结报告一样，“只见颂歌嘹亮，没有缺失悲伤”。工作中不可能没有曲折和失误，应如实记录下来。在一定意义上，记录教训要比记录成就更有意义。当然，没有的不能随便写，发生了重大失误，就应当实事求是地记录下来。

年鉴是以年为断限的连续性、资料性著述，核心内容是记录特定范围内年度的变化，编纂者一定要紧紧盯着某一特定范围的每个新的变化、新的成就、新的困难。作为一个单位，应由有特定机构或专人记日志或大事记，到年底做年度总结，同时筹划年鉴的编纂。这等于从年度第一天起就开始为年鉴编纂积累资料，这样做肯定会加快编写进度，提高年鉴质量。今年的评比，互相传授、学习了不少新经验，希望明年的年鉴起步更早一些、质量更高一些，全市年鉴工作上一个新台阶。

（2014 年 10 月）

方言土语的文化价值

为发掘北京的地方文化成果，保护北京的语言文化遗产，北京市地方志办公室资料信息处经过两年多的努力，录制了《京郊方言访谈录》系列节目，在市方志办门户网站——京网《京韵视听》栏目中播放，得到社会各界的热烈反响。感谢栏目的录制工作者，特别是平谷、延庆、门头沟、密云、怀柔和房山6个区县地域文化研究专家，以及给予这项工作大力支持的区县方志办公室和有关人员，大家共同奋斗为北京地域文化保护和研究弥补了一项空白，深化了文化遗产保护的领域。

语言是人的思维的展示，是社会交流的工具。鲜活性、多样性、传承性是其三大特点。它不是一成不变的，总是伴随社会的变革不断推陈出新，旧的消亡，新的诞生。不同地域的语言千差万别，即使是一个乡、一个村，在不同的人群中也有差异。一种语言，一旦形成，其基本要素便会代代相传，形成特定历史时期语言的地域特色。但是在语言的鲜活性中，其稳定因素总是在较长时期内占主导地位，也就是说，语言的自然变化是极其缓慢的，使置身其中者难以有明显的感觉。多样性中，总有一种语言在特定时空占主导地位，属于通用语言，否则人们就很难沟通交流。传承性中，也有因自然环境或经济社会的急剧重大变化，产生本质性变革或传承断裂的现象。总之，语言就像潺潺流淌的江河，在其行进中一部分被蒸发，一部分渗入地下，又有一些支流汇集于主流中，不停地行进。方言土语是语言家族中最基础、最鲜活的语言，是在具有通用语的相对较大时空中，不同地域的居民所使用的具有明显区别的独特语言。中国疆域辽阔，又是一个多民族国家，在悠久的历史发展中形成不同民族的多种语言，其中，汉语是涉及人口众多、分布地域最广的语言。语言学界根据语音、语意、语法的差异，把汉语大体分为 7 种方言：即中国北方方言、吴方言、湘方言、客家方言、赣方言、闽方言、粤方言，每一种方言大区又有不同的方言小区。北京地区的方言属于北方方言。由于社会演变的种种原因，在历史发展的长河中北方方言逐渐成为汉语的官方方言，成为中华民族大家庭中的通用语，北京音被定为汉语的标准语，这就是我们通常说的普通话，在台湾叫国语，在新加坡、马来西亚叫华语。随着社会的进步，人际交往范围的扩大，通用语言逐步拓展强化，方言却相应地萎缩，直至消亡。当今社会伴随工业化、信息化、国际化的迅速发展，大大加速了不同语言之间的沟通、融合以至统一的步伐。共同语的扩张强化，方言的萎缩消亡，是语言发展的大趋势。我们为什么要大力推广汉语普通话？就是因为语言的统一共用，可以加快人际交流的频率和密度，提高社会活动的效率和效益，增强民族凝聚力、向心力和国际交往能力。因此，20 世纪 50 年代，国务院曾向全国发出推广普通话的通知，把它提到了是一项重要的政治任务的高度，并在中央和各省市自治区成立推广普通话的相关机构。中共第十八次代表大会把“建设优秀传统文化传承体系，弘扬中华优秀传统文化。推广和规范使用国家通用语言文字”作为推进社会主义文化强国建设的一项不可或缺的任务，为推广汉语普通话、进一步规范使用国家通用的语言文字工作创造条件，强化力度。

我们一方面大力提倡规范使用国家通用语言文字，积极推广普通话，同时又倡导发掘、保护和研究方言土语，是否矛盾？这是在同一领域迈开步伐前进的两条腿，不仅不矛盾，而且相辅相成。方言土语有很高的文化价值，是可以持续开发的“文化宝矿”。首先，它是特定地域的文化载体，是开启相应地域历史文化宝库的一把钥匙。如果懂得方言，会使用方言，就可深入了解并挖掘相应地域人们的生活历史和现状，生活特点和创造，文化积淀和传承等。比如，北京方言中，溶进了不少蒙、满、回等少数民族的语言因素，这反映了北京地区历史上是多民族交往、交融的地区，呈现了鲜明的文化包容的特点。在北京郊区，常常听到和山西相近的方言土语。通县地区，“尾巴”叫 yi 巴，“大伯”叫大 bai，“吃里爬外”叫吃扒外。延庆地区，“早晨”叫早起，“夜晚”叫黑间，“清楚明白”叫几弥等。证明了北京人不少是从山西移民而来。京郊有不少民间传统、风俗习惯，以及俚语、谚语、歇后语等文化形态中，包涵着丰富的文化内容，如果不懂当地的方言土语，很难全面准确地掌握它、理解它、使用它。类似歇后语，“白茬地——没经过的土地”，如果不知道耕地的“耕”，在当地读“经”，就不可能理解它的意思。老舍等京味作家的许多名著，人民艺术剧院的不少经典名剧，如果不懂老北京方言，很难欣赏其韵味、享受其艺术盛宴。其次，它是活跃群众文化、创造高雅文化、发展文化产业的重要因子。基层的群众性文化活动多是当地群众自发组织进行自我娱乐、自我表现、自我教育、自我服务的活动，生活气息浓厚，地方特色鲜明，使用的大多是方言土语；高雅的昆曲和苏州评弹如果不使用吴语、电影《一九四二》如果演员不讲河南话，就很难表现真实性、时代性。莫言能获得诺贝尔文学奖，其作品带有浓厚的山东高密地区的乡土气息是重要原因之一。如果没有当地方言土语融入其内，作品就不可能有如此强烈的表现力、吸引力、感染力。现在我们大力提倡发展文化产业，其产品的原料许多来自方言土语。旅游行业的导游，特别是“地陪”，各行业到一些地区做调查，聘请的“调研助理”，方言的整理、翻译、出版发行等，都是靠方言的应用而产生价值。再次，方言土语自身的存在和对它的研究，可展现语言的多样化和丰富性，为语言学宝库充实内容、探索发展规律提供了素材；同时了解其特点，掌握其发展轨迹，也为推广普通话，规范使用国家通用语言文字的工作，针对性更强，目标更明确，进展也就更顺利。

我们研究保护甚至抢救正在消亡的方言土语，并不是保护它的生存、巩固它的传承、阻碍它的消亡，更不是去推广方言土语，而是研究保护先人创造的珍贵的文化遗产，使它在走向消亡的过程中被完整地记录留存下来，为今人和后人继承发扬优秀文化传统创造良好的条件，这是承前启后、功德无量的好事。这一点并不是现在才有认识，我们的祖先早有行动。可以说，对汉语方言的研究源远流长，在先秦古籍中已有方言的记录。东汉应劭的《风俗通义序》上说，“周秦常以岁八月，遣輶轩之使，采异氏方言，还奏籍之，藏于密室”。杨雄专门写了一部诠释方言词语的工具书，全名为《輶轩使者绝代语释别国方言》，简称《方言》，是中国第一部汉语方言比较词汇集，在世界方言史上占有重要地位。此后，历朝历代都有方言的研究专著，其中有许多种续补杨雄方言的著述，不少史书、志书中专门设有方言的章节，还出现多部《方言志》。1924 年 1 月，北京大学成立方言调查会，并发表宣言书，多次组织方言调查，完成了许多研究成果。中华人民共和国成立后，与推广普通话同步，1956 年进行了一次全国范围的方言普查，出版了中国方言研究领域的第一份专业杂志《方言》季刊。1981 年，成立中国汉语方言协会。北京市依托高等院校和研究机构，较早地开始了方言土语的研究保护工作，特别是 20 世纪 80 年代开展全国性编修志书以来，在规划志书中都设了记录方言土语的内容。154部《北京志》专门设有《方言志》，在远郊区县志中都专设章节记录方言土语。市地方志办2010年开始录制《京郊方言访谈录》。如果说志书保存了部分方言的文字资料，访谈录则录制了音频和视频资料，对文字记载做了不可或缺的补充，使京郊部分方言能完整地保留下来。最近，北京市语委启动了老北京话的录制工作，计划建设中国语言资料有声数据库北京库，这说明文化事业越来越受到各方面的重视，保护和挖掘文化遗产，增强全民族文化创造活力，让一切文化创造源泉充分涌流，积极建设先进文化，提高文化软实力，已成为中国社会的共识。希望在中共十八大精神的指引下，把这项工作更红火、更深入、更扎实地搞下去。

（2012年12月）

关于“三审制”和二轮志书编纂中的几个问题

一 关于“三审制”

“三审制”就是一部志书的定稿必须通过三次审议，即初审、复审、终审。这是北京市地方志办公室在第一轮志书修编时的一项制度性规定，可称分级把关、各负其责的三审定稿制度。实践已证明，这项制度十分重要，是保障第一轮志书质量必不可少的关键性规定。为了使这个制度进一步深化、细化、规范化，肯定成功的经验，补充完善其不足，以适应第二轮修志的新形势，确保志书按质量要求和计划进度完成编纂任务，市地方志办又起草了一个文件，把三审的每一审都具体化、规范化，是有关三审的程序性规定。大家讨论中提了不少修改意见。如何修改？前面应有几句制定这个文件的目的和依据。目的是确保志书质量，依据是中国地方志指导小组制定的《地方志书质量规定》和《北京市实施〈地方志工作条例〉办法》。然后分别规定初审、复审、终审的条件、组织主体、审议形式和要求、参加人员等。

初审。志书编纂具备什么样的条件就可初审了？必须是在篇章结构审定以后，资料收集大体完成并按志书编纂要求写出初稿之后。初审的组织主体应是北京市各分志编委会办公室或各区县地方志编委会办公室；审议形式一般应采用评议会方式，在分志或区县志主编对志稿编纂情况汇报后，与会人员展开评议；评议的要求是对初稿的质量做出全面评估，重点是指出不足和差错，特别要关注体例、史实和敏感问题。比如，内容尽可能全面、真实，没有重大遗漏和失实，体例大体符合志书要求，记述清楚，符合法律规定，重大政治事件和敏感内容的表述准确等。对评议会的要求应是会前尽早把初审稿送到评审人员手中，会中要充分听取评审意见，会后对初审稿的修改求得共识、做出计划、提出补充修改内容和时限等；参与人员一般是分志或区县地方志办负责人、编纂人员、责任审稿人员、特约专家学者、市志有关副主编等。

复审。复审的条件，应是志稿初审后，经过补充修改，分志或区县志的主编和志办负责人认为比较成熟，可送编委会审定。组织主体应是编委会及其办公室；审议形式应是编委会会议；参会人员应是编委会成员，参与编纂工作的人员列席。重点审查主编或地方志办负责人向编委会报送的工作报告和需要编委会认定的志书有关内容和需要解决的有关问题，并对志书质量是否合格做出决定，或对某些内容提出补充修正意见，根据这些意见对复审稿进行修改，而后报市编委会终审。

终审。终审的条件是分志或区县志将经过各自编委会审议认定的复审修改稿作为终审稿，报送市地方志办，由市地方志办责任审稿人员提交市志主编会议审查。终审的组织主体是市地方志办；审定形式是召开主编会议，由责任审稿人员向主编会议汇报该志编写的简要情况、特点、有争议的问题和质量是否合格的意见。与会人员讨论后，由主编会议做出“通过”或原则通过（少量修改）或退回补充修改后再次终审的决定。这实际上是最后一次对志书是否合格的审查验收。合格的志稿由市地方志办公室出具终审验收报告，市志主编签署审查意见，以批复形式下发有关分志或区县志编委会。主编会议参加人员应是市志主编、副主编，市地方志办主任、副主任，责任审稿人员，分志或区县志办负责人、志书主编和有关人员。这里应说明的是，终审的责任应是本级编委会，即区县志的终审应是区县志编委会负责，但我们在第一轮修志时把终审权上提了一级，由市志编委会负责，市志主编会议代行，也就是由市级统管终审，这样做区县也是欢迎的，因此二轮志书仍然延续一轮修志的办法。

以上是对志书"三审制"程序性规定的意见。程序性规定是工作质量和效率的保障，也是志书编修的制度建设，应把这个规定修改好。

二 关于二轮志书编纂过程中的几个问题

1. 区县志的凡例可不可搞一个通稿？凡例是志书编纂的指导原则，凡是独立成部的志书都应有凡例。北京市区县志编纂原则大体一样，但也有各自特点，按通稿难以包含这些特点，建议可以搞一个包含区县志书凡例诸要素的样稿供大家参考。在这个基础上，根据各自特点做一些补充调整，形成各自独立的凡例更好一些。

2. 关于领导人的图像。原则上不专门为领导人，特别是现职领导人出图、出像。只有参与了重大事项或因其工作对地区的发展产生了重大影响，如中央主要领导到北京视察，中共市党代会、人代会、政协会的图像等，原则应是以重大事件为主，在重大事件的图像中把人带出来，不倒过来以人为主。特别要注意避免出现让市领导人、区县领导人都露露脸、排着队上像的问题。

3. 关于保密。现在遇到的主要是在新形势下有些情况是否保密的问题。凡拿不准的要请示保密办公室审定。

4. 区县志中的公安、检察、审判、司法排序和各自应占篇幅问题。排列顺序应是公、检、法、司，占用篇幅原则上按实体内容而定。

5. 关于篇幅。原则上应坚持原要求，即分志一般为50万字左右，区县志不要超过80万字。有的分志是一轮志书的多部、二轮志书合成一部的，可以适当增加。

此外，二轮志书的编修还有四个问题应给予特别关注：

第一，关于志补。就是二轮志书对一轮志书中相关的内容进行补充、修正。二轮志书多数是一轮志书的续志，有责任对一轮志书中缺错进行弥补和修正，对此，市地方志办公室曾发了文件，但没有引起重视，不少分志和区县志在篇目结构中没有列入这项内容，有的初稿也不见志补。各分志和区县地方志办应查一下，前志有没有重大遗漏和重要差错，有重大遗漏和差错的一定要有志补，如果确实没有可补的应报告市地方志办公室。

第二，关于时代特点。志书要反映时代特点，否则很难说是合格品。但时代特点是什么？如何反映？则是在二轮志书初稿中没有完全解决的、带有普遍性的问题。我们常讲近些年市场化、社会化、信息化突飞猛进，是时代特点，但用什么事实和方法展示它，则应认真研究。比如，市场化是否以商品价格由市场调节的比例来说明？社会化是否以单位人向社会人转变、社会生活很大部分是由社会组织调整来体现？信息化是否以人均计算机、手机的数量，涉及网上信息交流、网上购物、大数据的使用等作为标准？城市化是否以农村人口、从事非农产业和向城市转移等为尺度？都是新问题，都应深入调查研究，加以解决。

第三，关于志书的全局性思考。我们的志书是以地区或部门、行业单位为单元，一部一部编纂，大家的着眼点主要放在了单部志书上，如何从北京市全局考虑，使志与志，特别是区县志和各分志的内容不出现矛盾，如同类事件过程和性质的描述不要出现南辕北辙性的差异，统计数字、统计标准应一致，使用数字要规范，16 个区县加起来要和全市的总数合拍等。应把宏观层面的考虑与微观层面的选材结合起来，避免出现全局和局部不一致，甚至前后矛盾、左右打架的现象。

第四，关于体例上的一些探索。现在二轮编修的区县志篇目结构或初稿各有特点，特别是在体例上有一些新的探索。有的曾计划把本区县历史的亮点作为概述性专文，写在概述后面、篇章前面；有的要求搞施政纪略、大事纪要；有的要把地区或部门的亮点从主题内容中摘出来，浓墨重彩地写成专记，放在后面等。这些探索精神是可嘉的，但缺乏认真地研究。什么是“大事”“要事”？首先应有明确标准，如果无标准，很可能造成内容的重复、不平衡。如果把主体内容中的亮点摘出来作为专文，不仅削弱了主体内容，反而造成不可避免的重复。总之，在体例上的变革一定要谨慎，没研究清楚不要随便改动。

（2014 年 7 月）

关于地域知识辞典人物入典问题

如何安排人物入书一直是史书、志书、辞书、百科全书编纂的一个难点，也是颇受社会关注的比较敏感的问题。在地域知识辞典的编纂中，关于什么人可以入典、如何入典等一系列问题，需要进一步探索、研究、明确。

1. 什么人可以入典？地域知识辞典是把有关特定地域范围的古今知识，以一定标准，有选择地编入辞典，供读者查阅。其中，人物无疑是地域知识宝库中不可或缺的重要组成部分，人物入典是题中应有之义。那么古今知名人物浩浩荡荡，哪些人可以入典？第一条原则是收入对历史发展产生过重要影响的人物。这是基本原则，是史书、志书、辞书、百科全书等都适用的原则。什么是重要影响？影响有大有小，有正有反，主体应是在推动历史前进中做过较大贡献的人物，也应包括对历史发展起过阻碍作用的人物。具体标准应是在一定历史时期，在某一方面有创新型业绩，被社会公认出类拔萃人物；或生平劣迹产生了重大影响，被历史认定可作反面教育的人物。第二条原则是收入与特定地域有关的人物。是地域原则。应包括在特定地域出生的、工作过的或与在这个地域发生过的重大事件有关联的重要人物。我们讲的特定地域，不是伴随历史变迁时大时小的范围，而是以现域划定范围。如北京市，即现属16个区县，1.64万平方公里的范围。在这个范围内，人物还有个归属问题，有些属中央管，有些属地方管，是否同等对待？原则上应以相同标准收录，即入不入典、列不列条目，应按人物在历史上影响大小而定。但不同地域历史发展不同，人物结构也千差万别，人物入典特别是列条目的标准也常常有地域特点。如北京市，因为是中华人民共和国的首都，当代政治精英人物不仅数量很多，而且因种种政治原因的制约很难对一些人的历史地位做到准确描述。因此在《北京大辞典》中对当代政治人物的收录规定了两个例外：一是在北京市任职的人物，相对于在中央任职的人物，标准应适当放宽，如对中央人物，只收录国家级领导人，对北京市则收录市级正职，这样更突出北京特点。二是凡没有在北京市工作过的中央领导人，一律不列专条，但可以事带人，作简略介绍。因为列专条就要作全面介绍，分寸很难把握。这对编者来说是"心有余而力不足"，只好留待后人补充。第三条是在辞典各门类和每类不同行业之间，人物入典数量应大体平衡。这是平衡原则。人物入典有两种情况，一是列专条。原则上一个人列一个条目，也可父子、兄弟、师徒共列一个条目。二是以事带人。即在事件中带出人物。其中的重要人物要随文做出生平简介。这一类入典人物是由事件引出随事件而定的，难以讲各行业类型之间的平衡。但列专条人物在辞典设计时，就应给出大体的比率、数量。即按人物分支在大辞典中的占比及每条平均字数，计算出人物列条的总数。这个大体数量又按政治、军事、经济、教育、科技、文化等分成类型，每类根据历史人物的社会占比给出各自数量。这个数量除按人物对历史发展产生影响的轻重择优选择外，还应尽可能做到照顾各方，使各类入典设条人物做到不缺、不倚重倚轻、大体平衡，以提高辞典知识覆盖的广度，尽可能满足社会各界的不同需求。第四条是"生不设条"原则。这是从志书"生不立传"借鉴过来的。为什么生不列专条？这是因为专条必须对人物进行全面介绍，逝去的人物生平不会再有变化，其业绩已经过一定时期的历史沉淀，比较容易全面、准确地加以论述，即所谓“盖棺论定”。在世人物生命还在行进中，生平事迹还会有所变化，难以做出全面准确、比较稳定的论述，如果评价欠妥还会对本人造成不良影响。特别是在世的政治人物，敏感度很强，一旦论述不妥还容易造成社会矛盾等。但是有些在世人物他们的社会影响应不亚于一些逝世人物，如果在辞典中没有一席之位也是一个缺陷。我们采用以事系人的方法，因为事件和人的关系已成历史，不受人物变化的影响，用事件把在世人物带出来，不仅使辞典有关人物的内容得到充实，也弥补了“生不列条”的不足。

2. 人物如何入典？在内容上，专条人物应全面介绍其生平，在介绍中应突出其对历史发展的影响，突出与地域相联系的信息，突出个人特点。也就是通过人物讲历史、讲文化、讲地域。以事带出的人物，主要写事件与人物的关系，有些重要人物应对其生平做出简介。在方法上，应坚持三条原则：一是客观陈述。编纂者对人物一般不作评价，在整体上对人物的功过是非也不去议论、作肯定否定的结论。如历史上已有定论，应加以引用。在重要结论有争议时，应引述争议各方的不同观点。这并不等于编纂者没有是非观念、主观认识，也不可能在文字上不带主观色彩，但主观认识是体现在材料选取和安排上，而不是议论和评价上。要特别注意，因感情色彩过浓而产生片面性。二是准确、公正、规范。对与人物有关的历史事实要准确无误，如时间、地点、职务、环境等最易出现差错，应按历史本来面目是什么写什么，对历史有贡献者，无溢美，也不避丑。对开过历史倒车者，既不掩饰，也不夸大。不论是先功后过者，还是先过后功者、功交叉者，都应按历史面貌叙述。同类人物取材标准应一致，字数不可差距太大。规范是准确和公正的保证，写什么、如何写都应有明确要求，如应提出撰写设条人的内容要素等。三是系统、精炼、引人。在整体设计上应有科学分类，具体安排上应符合客观实际和历史逻辑，使辞典的诸多条目相互联通、互为补充，形成文化内涵向深广拓展的整体结构。精炼，首先是选条要精，由于辞书的规模限制，任何辞书条目只能是“选”而不可能是“全”。选条是否科学、精炼是辞书质量高低的重要标准之一。文字也应精炼，尽可能把可有可无的文字删去。还要强化可读性，以丰富的知识、严密的逻辑结构，生动准确的语言，使读者读得进去，读出味道。

3. 充分利用现有成果，在研究比较中有所创新。辞书是给人们提供特定范围的简练精确知识的工具书，其内容是对已有知识的汇集与简介。能否编成上品佳作，首先取决于对特定范围知识汇集的丰富程度、选择的精到程度、解释的准确程度，特别是地域知识辞典不同于《辞源》等专业辞典，而是多种知识的综合性辞典。其中，有关人物的记述和简介，也是多方面的。能否充分利用现有研究成果，汲取其精华为我所用，并在知识结构、人物的选择简介和资料的核定上有所创新，决定着辞书质量的高低。近些年来，有关人物记述和研究的综合成果越来越多，各种史书、志书、辞书和百科全书陆续出版、修订，给我们编纂地域知识辞典提供了良好的条件。诸如《北京大辞典》的编纂，《北京志》《北京百科全书》《北京古今名人辞典》《中国大百科全书》《辞海》《上海大辞典》等，就是必读的参考书。应对这些成品做深入细致的比较研究，不仅汲取其编书指导思想和基本方法的优点和经验，更把适用的东西拿过来，而后补充、完善、改造、提高。除在知识结构等方面尽可能更为科学、更能适应新形势下的读者需求外，着重在四个方面有所突破、有所创新。一是全面性。就是把特定范围内应收的人物尽可能收进来。这里主要不是选多选少，而是结构合理，要人不遗。即不遗漏任何行业和这一行业在全社会产生重大影响的人物。对专条人物作介绍时，尽可能不遗漏其主要方面。因为我们是后来者，理所应当比前人做得更好些。二是准确性。就是客观准确地选取和介绍人物。可以在对各种书籍记载人物的比较中研究人物的影响大小、评价标准，核对资料的真实性，汲取其中的新发现、新成果。三是深广性。即在文化内涵的深度和广度上有所超越。应采用更为完整的参见系统，使知识量大大增加，知识之间的关联度大大增强，发挥一加一大于二的作用。在每一个条目中都应尽力掌握并挖掘其文化内涵，使条目译文更有知识性、启发性、吸引力。应十分注意不同知识的链接，因为科学合理的链接常常可以产生新的概念、新的知识。四是规范性。就全书而言，设条人物应有大体一致的标准，每个条目都应按其内容原则上规定写什么，大体字数是多少，并提供出范例，使条目安排和人物介绍客观公正又方便操作。

（2013 年 12 月）

初稿形成是确保志鉴质量合格的关键阶段

质量是志鉴的生命，是志鉴工作自始至终应关注和研究的中心问题。编修出质量合格的志书、年鉴，是对志鉴工作者的起码要求。编好高质量的年鉴，修出佳志、良志、名志，必将流芳百世；相反，质量低劣、不合格的志鉴即使出版，也只能昙花一现，流传下去还可能贻害后人。因此，在志鉴编修的每个阶段都要把确保质量合格、追求高质量摆在首位。北京市规划的第二轮修志，经过组织准备、人员培训、篇目制定、资料收集和试写等阶段，不少承编单位将陆续进入初稿形成阶段。在志书编纂的全过程中，有两个关键性阶段，一是篇目结构制定阶段，二是初稿形成阶段。篇目结构的制定，是设定志书的时空范围、总体框架、篇章节的大体结构。篇目结构设置得比较科学，符合实际和志书体例要求，就为编写合格志书打下了基础。这一步，我们已经走过了，现在进入初稿形成阶段。这一阶段，特别要做好以下三方面的工作。

一　资料的选用、核实和补充

志书和年鉴都是资料性著作。资料是志鉴赖以成立的基础，就如人的生存主要靠水、空气、食物一样，资料的真实性、丰富性、完整性是决定志鉴质量的首要因素。在志书形成初稿阶段，首先是按照篇目设置精心选用资料，把那些决定事物发展变化的关键性资料，特别是能反映事物演进的节点，即转折性变化的材料毫无遗漏地吸收进来、使用起来。要选得准、选得好，对编纂者来说，很大程度上取决于三个方面：一是对资料的熟悉程度。对资料的内容、资料的质量和资料的效用、资料的轻重分量等有所认识。二是对宏观大势的认识程度，对历史进程的理解深浅。在选用材料时，眼睛不能只盯在一堆资料上，要从宏观认识和微观比较中选择适用之材。三是要坚持客观公正的原则，尽可能避免主观偏见干扰材料的选用。应清醒地看到，第二轮志书编纂是当代人修当代志，许多事件，我们是经历者，甚至是参与者，与自身有直接关系，而且关联到当权者和身边人，很容易产生片面性，自觉或不自觉地丧失公正立场。要特别注意反映发展中的问题、曲折和失误的材料，不能只注意以至过分渲染成就，而对问题采取回避态度。比如，在北京市第二轮志书的时限内，如果不反映或不充分反映人口增长过快、贫富差距拉大、交通严重拥堵、空气污染加重和某些改革走了弯路等问题，就很难说你编纂的志书是合格的、高质量的。

资料选用时要再核实。求真存实是志鉴编纂的一条根本性原则。真实是志鉴质量的首要标准。在志鉴成品中不允许有虚伪的内容，我们的先人曾以血的代价捍卫历史记述的真实性，以至前仆后继为此不惜牺牲生命。为确保内容的真实，对选用的资料即使曾经核实过，也要再核验一次。首先，要搞清楚它的出处是否可靠。来自于网络或道听途说，要追根溯源，搞不清楚出处，暂不选用。有些出处可能来自于法定部门的规划、计划、工作报告和总结，也要审核其讲成绩时是否有泡沫，讲问题时是否有隐瞒。有些资料十分宝贵，如被抢救的口述资料，有许多历史的细节是只有当事人才能讲清楚的，但总体可贵不等于全部可信。现在社会上流行的口述史等，可以说鱼龙混杂，多数是很认真、很严肃地回顾历史，也有故意给自己涂脂抹粉夸大或隐瞒关键事实，甚至编造历史的。我们选用这些资料时，一定要慎重从事，认真核对。再如，网络信息十分方便而且广泛，但使用其资料时更要慎之又慎。现在网络中流传的许多历史事实更是真伪难辨，矛盾百出。有的是传来传去，连出处都混乱不堪。当然，有些资料无论真伪都会给我们以启发，有时可从中发现珍贵线索，但不要轻易相信，只有核实清楚才可使用。此外，在使用资料时要注意版权，要按法定程序办，不要违反著作权法。

资料的搜集有一个集中阶段是必要的，但并非在这一时段一蹴而就。应当说，在志鉴没有终审定稿前都有搜集、挖掘资料的任务。特别是初稿的形成，是对资料是否充足、是否完备的一个检验。在这个过程中，常常会出现某些重要资料欠缺、某一重要资料不完善等问题，需要继续搜集、补充。因此，缺失的重要资料能否补充到位是使初稿内容消除重大遗漏，做到比较完善、丰满必须进行的一项工作，是保证志鉴质量的一个重要环节。初稿形成过程中的资料补充，看起来容易，做起来并不轻松。因为补充的资料是在动笔前资料收集整理工作已完成后进行的，多是难以获取的。同时，它是根据初稿需求在特定范围内收集，因此常常出现牵一发动全身的状况，把资料翻箱倒柜地再反复一次，或者采取多种手段寻找线索，常常出现费时费力而难以满足需要的情况，最后不得不因关键资料的缺失而改变原先设想的结构。这时要注意的是千万不可以将没有审定甚至似是而非的资料去滥竽充数。设想的结构要以资料为基础，要服从资料，随资料的变化而调整，而不是相反，否则必定会使志鉴失实失真。总之，方志工作者任何时候都应重视资料的收集、核实、整理，平时多积累，用时少费力。

二　初稿的起草、统稿和求教

任何文章书稿，起草工作都是打头阵的、开创性的，也是最吃力的、奠基性的。志书、年鉴不同于个人专著，是众手成书的。起草工作常常是按篇目设置分头由有关单位或人员承担。而承担起草工作的同志有些是有一定修志编鉴经验的，但多数是新手，因此，为保证修志质量，一定要把人员培训贯穿修志全过程，不断提高队伍素质。前几个阶段对志鉴编修人员进行过多次培训，但现在进入初稿形成阶段，要真刀真枪地动作。能否使初稿写作一起步就走上正轨而避免走大弯路，过去的培训是远远不够的，必须针对起草工作的要求再次培训，特别是小范围、个性化培训，最好是选择有经验的同志指导或带动新介入者。起草的方法是在熟悉资料的基础上，按照志书撰写规范和篇章设置，对承担编写任务的部分进行认真研究，明确观点、理顺思路，安排好结构和资料，然后动笔。起草者不仅要尽可能把自己承担的那一段的有用资料转化为篇章节目，而且要摆正自己这个局部在志书全局中的位置，使之上下相接，左右相连，关系顺畅，为主编或总纂通稿打下良好的基础。

统稿是初稿形成的关键环节。一般由主编或总纂承担。要求是把众手写成的稿件，依照宏观总体设计和志书特定的规范原则，从头到尾统一修改。这就需要主编或主纂挂帅出征。首先是对起草者们，特别是关键内容的起草者进行指导，把一些预先想到的难题解决在起草者手中，然后进行统稿，对内容该增加的增加，该削减的削减。在结构上根据总体需求需要调整时可作适当调整。有些地方在写作过程中发现原先的篇目设计不符合实际，也可改动，初稿形成阶段也是进一步调整完善篇目结构的阶段。当然，重大变动应和有关领导、专家商讨后再定。文体上要严格统一于叙述体，尽可能做到文通语顺。要明确篇目结构对初稿编纂具有指导制约作用，但不是不可变动的。如果在资料搜集和初稿撰写中发现了新的情况，就应从资料出发，修正篇目结构，而不是硬性地、不合实际地从篇目结构出发去选用材料。

统稿过程中，在每个章节完成后最好求教于有关专家过目，请他们在内容的真实性、准确性、完整性上审核、把关。特别是专业性很强的内容和有争议内容，应请具有权威性的专家审定，后根据他们的意见修改、补充完善，形成初稿，进入初审程序。

应特别强调，初稿的形成主编或总纂是关键。主编或总纂一般都主持制定过志鉴工作规划、计划和志书篇目结构的总体设计，有的还亲自组织领导队伍培训，对于统稿是有一定基础的。但也要看到，不少主编介入修志工作时间不长，他们熟悉本地区和本行业的情况，但对修志的业务还有待深入学习，也只能在工作实践中逐步提高。应鼓励主编们大胆提笔，承担统稿这个新的任务，同时市地方志办公室和有关领导部门应尽力给他们创造一些学习提高的条件，如搞一些专为提高统稿能力的主编培训活动，对他们业务上拿不准的问题给予及时的帮助指导。有些主编、总纂在必要时可请方志专家做顾问或助手。总之，只要主编到位出征，加上有关方面的支持，即使出现一些困难也是可以解决的。我希望，通过第二轮修志在志鉴起草者、统稿者中间出一批修志专家，或者为一些同志的成才、成大才打下坚实基础。在第一轮修志中我们队伍中的主力是一批离退休老同志，他们转行修志全身心投入，不少已成为全国或全市受人尊敬的方志专家，可惜多数同志年事已高，急需有人接班。第二轮志书编修有一大批中青年同志介入，有些已成为单位的修志业务骨干，可以肯定地说，第二轮修志涌出的人才，无论数量上还是质量上都将大大超过首轮修志。

三 对修志理论的学习、研究和创新

理论是对事物发展的规律性认识。人们一旦掌握了事物发展的规律，就可深入了解其变化的动力、变化的复杂状态、上下左右内外的相互关系和变化的方向与结果，就可以适应事物发展规律，充分发挥主观能动性，促进有关各方面的工作。编修志书也有其自身发展规律，也应有系统成套的理论。从整体上看，志鉴质量的高低，是和志鉴理论的发展创新紧密相连的，志鉴编纂的实践，呼唤产生志鉴理论的诞生和发展、志鉴理论的形成和发展，反过来又促进志鉴编纂水平的提高。在志书编修进入初稿形成阶段，更需要理论指导，也是理论创新的大好时机。这不仅仅是因为我们的修志工作者多数缺乏方志专业理论素养，也不仅仅是在全国范围方志理论的研究和创新远远落后于修志实践，至今没有形成公认的学科，更主要的是修志的实践提出了大量问题，需要在理论上给予回答、给予指导。方志的基础理论如方志的性质、特征、分类、功能等，方志的编纂理论如编纂原则、体例结构、文法文风等，方志的应用理论如资政、存史、育人等，都未形成比较成熟的统一认知，需要系统、深入地研究。这是当前二轮修志，特别是续修志书急需从理论上说清楚的问题。比如，什么是续志？其要义、要领、主体内容是什么？以及它和创修志书、重修志书、补修志书有什么异同？续志续什么，如何续？相对于前志有哪些共性，又有哪些特性？在对前志接续的同时，是否也要保持横不缺要项、纵不断主线自成体系的完整性？续志对于前志的自然环境、建置沿革等稳定性较强的内容如何接续？是照搬照抄还是完全舍弃，或者既要反映又不照抄？还有一志续多志、多志续一志等如何断限？对前志的缺失要不要补充纠正，如果需要，如何去补充纠正？此外，续志的概述如何写，是否承担接续历史的任务，写成一地之史略？入志人物是否设专篇？市和区县二轮志书篇目设计中，多数区县志设有人物篇，少数未设人物篇。怀柔区以荣誉篇替代人物篇，并在附录中展示了怀柔籍在外地工作的地师级、正高职称以上人名录；密云县有人物篇也有荣誉篇，市志的分志篇目中暂未设人物分志。附录和专记的设置也不规范。我们的区县志中多数都设附录，有的设专记不设附录，有的设专记又设附录，有的前有特载后有附录等。附录、特载、专记有什么区别，各自完成什么任务？还有图照、表格如何规范等？这些课题需要从理论上讲明方向原则，在实践上具体解决。这也是联系实际学习理论，在提高志鉴质量的同时创新理论，为创立方志学科理论做出贡献的良好时机。

（2013 年 2 月）

主编统稿要点

众手成志是志书编纂的特点，但要把多人动手写成的志稿最终成书，必须有一人主持统稿，这叫笔削一人。这个人就是主编，或叫主笔、总纂。主编如何统稿？四句话：着眼全局，抓住重点，攻克难点，规范行文。

一 着眼全局

统稿者必须从这部书的全局出发，首先考虑志书的全局性问题。什么是全局性问题？概括地讲，就是既定的篇目结构是否得到落实。篇目结构是志书撰写的骨架，它是经过了多人长时间讨论并经过一定程序审定的，并报市地方志办公室备案。所以，志书初稿要按照既定的篇目结构起草，主编统稿时首先要考虑的也是众手形成的志稿是不是按照篇目结构来写的。当然，在撰写的实践中也常常发现既定篇目结构有不完善、不科学的地方，主编应考虑是否调整，若是重大调整，要经过一定程序审查。具体讲，全局性的着眼点，主要是体例、内容、主线三个大问题。

1. 体例。体例，是各类文种独特的表现形式。志书的体例，就是志书区别于其他著述的整体表现形式，也就是说，著述是不是志书，主要看体例。在中国地方志指导小组办公室印发的《地方志书质量规定》中，对地方志书的体例做了概括性的论述。这些年，方志界也做了比较深入的讨论，认识尚未完全统一，但倾向性意见是体例应包括体裁、体式、章法三要素。体裁，就是指志书的八大体裁，述、记、志、传、图、表、录、索引，以志为主，集于一身。主编应审视这八大体裁是否齐全，每一体裁是否遵循既定规则。目前，较大的问题是对于索引没有给予充分重视，有些志书没有索引。有的体裁，特别是述、记、图、表不规范。体式是指志书结构和表现形式。传统志书主要有纂辑体、著述体、纪传体、编年体等，新方志多数采用章节体或章节体与条目体的结合体。主编要审视体式是否能充分容纳并反映内容，是否与内容水乳交融。章法是志书内容安排的逻辑顺序和行文规范。主编要审视章法是否符合志书编纂的通例、通则，行文是否严谨、质朴、简约、流畅等。总之，新方志的体例，应包括序言、凡例、志书名称、结构体式、以志为首的八大体裁和行文规范。这里应特别强调，志体是志书的核心体裁，从一定意义上讲其他体裁都是围绕志体，与之配合，以至服务于志体的撰写原则和特定方法，是主编统稿时以主要精力关注的问题。在志体的结构上是否按照事物的科学分类和社会分工相结合的原则横分纵述、统分结合，是否超越时空界限，是否详今略古、生不立传等。

2. 内容。主要是看真实性、完整性和合理性。具体讲，一看主要内容、重大事件有无不真不实之处，特别要注意有意无意地回避和掩盖矛盾的问题。二看是不是有重大的遗漏。不能把历史上有过重大影响的自然变迁、社会事件和人物漏掉。概述点到了没有，大事记记录了没有，志的类目中是否有表述。三看内容安排是不是合理、是不是平衡。即各门类所占的篇幅是不是和它在历史与现实中的影响相称。要从全局的视角统筹协调。应注意小事小类占位过大、大类大事被挤压的问题。内容的安排，实际上是对历史的公平、公正问题。四看时空是不是错位。即所记述内容的时间不能超过规定的上限和下限，越时不写。五看内容的前后有没有自相矛盾的地方。不要顾前不顾后，前面是肯定，后面是否定，前面的说法和后面的说法不一致，甚至矛盾。常见的问题是概述和篇章节目中的具体内容差异较大、观点不一。

3. 主线。主线是一个地域、部门、专业发展中具有主导地位并贯穿始终的一个脉络。这个主线，全书有，每一篇、每一章、每一节都有。主编头脑里如有主线意识，就把全局串联起来了。主要审视的是志书中的主线是否准确、是否清晰。在第二轮志书编写中，地域综合性志书的主线是明确的，就是改革开放，这是时代的特征，如果改革开放这条主线不明显、不具体，这个志稿很难说是成功的。在这个前提下，不同的志稿有不同的主线。比如，在经济部类中，主线是经济体制改革开放促进发展的轨迹；在政治部类中，如《共产党志》主线是在思想和组织领导中的方针政策的变革，《人民代表大会志》主线是民主和法制的发展和变化；《科技志》主线应是科学技术的创新等。这些主线，又是部门、行业的特色。不论哪类志书的主编，在制定篇目结构时心中都应有一条通贯全书的主线，在统稿时不仅不可忘掉它、淡化它，而且应使其更加清晰起来，具体化起来。

二 抓住重点

主编是对志书质量承担责任的。因此，在志书编修中，无论大问题小问题，都应给予关注，积极地加以解决。但是对一些重点问题，则应当给予特别重视。

第一，资料是否真实准确、全面系统，具有代表性和权威性。主编统稿，从一定意义上说就是按照志书体例对资料进行审核、选择、排列、组合。第一位是审核所使用的资料是否真实准确，这是志书生死攸关的问题。真实性主要体现在所使用的资料是不是可靠，一是来源是否可靠，二是内容是否经过了审核，三是表述的是否准确。资料不真、不实，是假的，或有重大缺失，志书就毫无用处，而且还有害。资料的组合应全面系统，主编统稿时应尽可能弥补不全面、不系统的地方，防止重大缺失、断章取义、片面选材或者前后难以衔接等问题。资料的选用还应注意是否具有代表性、权威性。资料信息无处不在，可以说要多少有多少，但如何从浩如烟海的资料中选择有价值的、适合志书使用的资料，需要反复了解事物发展的规律，了解哪些是对事物变化起决定性作用或有重大影响的资料。不足的给予补充，多余的加以删除，特别应注意删除和压缩不典型或价值不大的资料，删去次要的，重要的才能突显出来。

第二，立场、观点、方法上是否有偏颇。比如，与宪法确定的原则和法律的规定不一致，违反国家统一、主权和领土完整，泄露国家机密，危害国家安全，有损国家声誉和利益，煽动民族仇恨、民族歧视，破坏民族团结、或者侵害民族风俗习惯，宣扬邪教迷信、赌博、暴力，侮辱诽谤他人，侵害他人合法权益，危害社会公德或民族优秀文化传统，以及法律、法规和国家规定禁止的其他方面内容等。对一些敏感问题，一定要反复推敲，谨慎落笔，特别要注意政治性比较强的问题。比如重大政治事件，类似1989年北京春夏之交的政治风波，涉港、澳、台等问题。杨振宁来华，有报道称他是“回国”。错了。他是美国人，是外籍华人，不是华侨。华侨可称“回国”，外籍华人只能称“来华”。还有涉及国家和政权的一些问题，如“清朝”不可写成“满清”，“日本侵略者”不可写成“日寇”，“国民党军队”不可写成“白军”，等等。

第三，人物入志和记述是否妥当。只要涉及人物，都应慎重对待。特别是当代人物、在世人物都很敏感。哪些人入志、如何入志，应精心考究，有一个具体明确的标准。主编统稿时要审核入志人物是否符合规定标准，还要严格区分立传人物、简介人物、列表人物、人名录。对应入志未入者或越轨入志者进行调整，对有争议者做出决断。在人物的记述上应尽可能准确，注意避免要素不足和说过头话。还要在写出人物特点的基础上，对相近地位的人给予相近的篇幅，使字数大体平衡。

第四，对争议问题是否公正对待。无论是历史还是现实中，都有一些争议问题需要记述。应明确，志书对一些争议问题并不承担分清是非的责任，但承担如实记述的任务。如果对某些争议是非比较清楚，有判断的依据和能力，可在叙述中予以说明。如果是非难以分清，则必须客观记述各方面观点，不可有所偏向。

以上四个方面是带有普遍性的问题。由于各类志书的内容不同，和编纂者水平的高低、主编统稿时的重点也有差异，需要实事求是地把握，特别是一些特性的问题，要格外给予关注。

三　攻克难点

不同的著述有不同的难点。不同的主编面对相同的著述，难点也不尽相同。统稿时较为常见的难点，也有多种多样。

难点之一，是关于历史发展中曲折和失误的记述。在规划第一轮志书的编纂中，它是费时费力最多的地方，特别是对于政治运动的记述，常常不敢放开手脚，如实记述其失误的一面。规划第二轮志书，时限大体是 1990 年至 2010 年。这一段最难写的是改革中的弯路。改革开放是我国现代化建设的动力。30多年来，我国经济发展之快速、社会变革之深刻，被世人称赞，创造了近代国家发展的奇迹，主要原因就是我们进行了改革开放。改革开放既然是探索，就不可能一帆风顺，走弯路、出现曲折是不可避免的。比如，人口管理、住房制度改革、非典型肺炎及交通拥堵、空气严重污染等，能否如实准确地记述，是衡量志书质量的标准之一。在准确掌握事实真相和来龙去脉的基础上，大胆给予记述，同时要精心研究记述的深浅和尺度。爱吹不爱批，写“过五关斩六将”就兴高采烈，写“走麦城”就紧皱眉头，这是多数人特别是领导人的常态。这个问题难就难在有些领导人不愿触碰问题，不愿实事求是地记述历史真相，但更难的还在于因一些历史现象有的还在曲折行进中，有的虽然已大体告一段落，尚未经过历史的沉淀，很难准确地加以认识，这就需要主编深入细致地进行调查研究，请教有关专家学者，严肃、认真、准确地把握是非界限，以敢于担当的负责任精神如实记载问题。这需要功夫，需要水平。

难点之二，稿件的某些内容脱离了既定篇目结构。有的是新增的内容，有的没有按照篇目结构记述。这是我们撰稿过程中常出现的情况，也是统稿颇为费力之处。比如，对篇、章、节、目的变化，就应审视原定篇目结构是否科学，新增的内容是否必要，如果必要，安排何处，占多大篇幅。有的是重要内容缺乏或记述过于简单，就应分析是什么原因，是资料欠缺还是起草者的功力不足。如果是起草者的功力不足，主编应手把手地加以指导，甚至直接动手补充、修改。如果资料不足，要尽可能挖掘，实在无可用资料，只好修改原定结构。应当明确，结构服从资料，结构是资料的条理化，撰写必须以资料做基础，建立在资料基础上，资料有变化，结构要随之而变化。不可把小事夸大，用难以立证的资料来凑数，迁就初定的但并不很科学的结构。

难点之三，理论上的不同意见。由于志书的编纂在理论上尚未形成体系性共识，在实践中也有多种不同写法。比如，人物传和人物表之后要不要有一个包括在世人物在内的人物简介。有些在世的人希望入志，但没有以事系人的条件，要求增加人物简介。在人物传的写法上，既不可用评价式和文艺笔法，又要有倾向看法，有血有肉、生动感人，如何处理。概述如何写。是鸟瞰式，从宏观角度来概述事物发展全貌和特征；浓缩式，按志书原样压缩；图说式，以图照为主，文字穿插；总分式，先总说后分说；简介式，类似书籍的内容；提要式，类似对文献的提要等。图照，选用什么样的图照，配置多少合适，包括体位与大小如何安排，需要精心设计。大事记，编写史实是按编年体还是纪事本末体，或两体结合，哪些事可归于大事，等等，都是主编很费脑筋的事。

四 规范行文

地方志既然是众手成志，在草创时，无论是文体还是文风、文气，都不可能统一规范。主编统稿就是在文体、文风、文气上使志书符合规范，文正气顺；还要在时间、计量、数字、引文、图照、标点等方面，按照国家统一标准和志书《凡例》规定，把众手草创的文稿修改好。行文的总体要求是八个字：严谨、朴实、简洁、流畅。应特别注意以下几个问题：

1. 按照方志体例要求和原则编纂，使用规范现代语体文记述。要用记述体，不用总结报告、新闻报道、文学作品、教科书、论文的行文方法，避免使用鼓动性、论述性、描绘性、格式性等写法。志体要严格遵守述而不论原则。在记述事物、事件、人物时，寓观点于记述之中。概述和无题述可有必要的、不空泛的议论，但应适度。在规划第一轮志书的编修中，不时出现大量议论文字，曾是很难克服的问题。二轮修志一定十分注意这个问题。主编头脑一定要清楚，统稿时要随手删除一些不必要的议论。主编自己也应特别小心在不经意间加入一些自认为深刻的议论。

2. 注意图、表、文的准确配合，做到相互补充支撑。图、表因直观形象，文约事丰，实证性强，应加大使用力度，提倡多用图表。但应形式多样，整齐美观，更应有典型性、资料性，防止广告色彩，避免出现图、表、文三者毫无关联，甚至有矛盾的问题。地图应采用国家测绘部门或有关部门审定的。图的制作主题应明确，要素要齐全，包括必要的图题、图例、注记，要统一编号。表的内容不与正文简单重复，内容包括表序、表记、表体和必要的表注。全书的表格设计要合理准确，式样要统一。

3. 在文字词语的应用上，尽可能按照既定法规修正。比如，记述除引文和特殊地方外，一般应用第三人称，不用“我”“我省”“我市”等称谓。应客观质朴，避免出现浓烈的感性色彩。特别不要用文言格式、方言土语。忌用模糊的词语，如“取得了明显成效”“跃上了新台阶”“多数人认为”“大约”“大体上”“附近”“周边”“拳头产品”等。应规范用字，准确表达，按照国务院公布的《简化字总表》，不用繁体字、异体字。不滥用描绘性语言，如“最”“极大”“重大”“开创了新局面”“谱写了新篇章”“迈了一大步”“飞速发展”等。要用规范通用名称，如“中共中央”，不可写成“党中央”，“国务院总理”，不可简化为“某总理”等。时间表述要严守断限，明确具体。忌用“去年”“今年”“从前”“至今”“建国前”等不准确表述。数据表述应科学规范，统计口径和计算方法清楚、准确，防止口径不一致引起的混乱，表述不确切造成失误。计量表述、符号表述、引文表述、注释表述等都应按照已有规范执行。关于标点符号，是当前志书编纂以及其他著述都未认真对待的问题。标点符号作为辅助文字记录语言的符号，和文字符号是构成现代书面语言的两大组成部分，没有标点符号的读物很难阅读，如“下雨天留客天留我不留”，因标点位置不同就有多种解释，应认真学习《标点符号用法》。为了规范行文，建议大家在学习《地方志书质量规定》外，阅读几本书，如《现代汉语通用字表》《出版物汉字使用管理规定》《图书编校质量差错认定细则（修正版）》《报纸编校质量评比差错认定细则》等。文字问题是一个需要认真对待、持之以恒地在实践中提高的问题。志书体例又有特殊的行文模式，主编统稿时必须依规而行，这是提高志书质量的一个关键环节。

总之，主编统稿时，在体例上，主要是落实既定的篇目结构，必要时给予调整、补充、完善；在结构上，调整篇、章、节、目的占位平衡，改正领属不当的地方，使其层次分明、排列有序，适当使用类目升降格；在内容上，解决多、少、重、错问题，去除多余的，补充遗漏的，删并重复的，纠正错误的；在文字上，实现严谨、朴实、简洁的目的。主编统稿是修志成功的决定性条件，是志书质量高低的关键性环节，希望下点功夫，力争锤炼精品佳志。

（2013 年 11 月）

二

“体系”初探

方志知识体系初探

知识体系，是一组知识之间相互依存、紧密勾连，整体组织性和逻辑性都很鲜明的独立有机组合体。方志学科建设，首先应构建方志知识体系，把有关方志的知识收罗汇集，根据内在的相关性、逻辑性整理排列，形成系统性知识，为学科搭起初步框架，提供必要内容，打下良好基础。这个知识体系框架主要是：主体知识，即志书；由主体知识派生的方志编纂、应用、管理知识和地情资料书；由主体和派生知识升华而成体系灵魂的理论知识；对主体及相关事业起决定作用的人物知识；主体及相关事业纵横发展的历史和地域延伸知识；方志生存发展的支撑知识。

一　主体知识

作为一种专业的知识体系，首先应在其内容构成中确定主体知识。方志知识体系的主体就是志书。志书是这个体系的源头、体系的基础、体系的中心，这个体系所有知识都是因它而生，靠它而活，为它服务。作为记录中华民族历史演变和文化积淀的重要载体，志书对中华文明几乎是全景式展示。既有隐约可见、只言片语，可为志书基因的夏、商、周遗存，更有从秦汉至民国，历朝历代编纂的浩如烟海、其数量已无法统计的志书。现留存于国内外馆藏的1949年10月以前的传统志书就达8500多种、11万多卷，包括总志、通志、郡志、道志、府志、厅志、州志、县志、卫志、所志、关志、屯志、旗志、里志、场志、乡志、镇志、村志、墩志、山水志、名胜志、警法志、风土志等。志书中记载的知识包罗万象，从自然环境到社会应有尽有。比如，全国性总志最著名的有唐代《元和郡县图志》、宋代《太平寰宇记》、《大元大一统志》、《大明一统志》、《嘉庆重修一统志》（《大清一统志》）等，多是以道（省）为纲，以州县为纬，分类记述自然和社会各类事物。以《大元大一统志》为例，共1300卷、600册。该书以元代中书省及11行省为纲，下为宣慰司辖路，路辖州、县，所志诸事分为10门：建制沿革、坊郭乡镇、里至、山川、土产、风俗形势、古迹、宦迹、人物、仙释。卷帙浩繁，内容丰富，被后称之为“网罗极为详备，诚可云宇宙之巨观，堪舆之宏制矣”。（吴骞：《愚谷文存》卷4，《大元大一统志》残本跋）《大明一统志》所属149府为纲，分类内容扩展为20门，特别是后列“外夷”各国，记述了相邻国家或地区的地理形势，是为首创。清代康熙、乾隆、嘉庆三修一统志，以《嘉庆重修一统志》为最，共560卷，另外目录2卷，内容分为京师22统部和“外域朝贡各国”，内容分类各统部不一，各府、厅、州大体分25门，内容之丰富、考证之严密，也被后人称道。

又如，各地通志。比较典型的是清光绪《顺天府志》，130卷，350万字，分10门，即京师、地理、河渠、食货、经政、故事、官师、人物、艺文、金石。各门下设小目，共69小目，是汇集北京古代历史资料最为完备的珍贵典籍。李鸿章称道：“至其体例之善、文采之美，则九能三长，授简缀辞，极天下之选，以成一代之书，信今传后无疑也。”（李鸿章：《顺天府志》序）《光绪山西通志》，184卷，340万字，分图、谱、考、略、记、录6类。“图以辨方，谱以序世，考以稽古，略以记今，记以述事，录以存人”。类下分门，门下分目或附目。全志引书多达三千余种，包罗甚众，考证精赅，被梁启超称为全国杰出方志之一。

再如，郡县志和专志。宋绍定《吴郡志》，50卷，全书分设35门，引用正史、野史、类书、专著、别集、方志、笔记等150种及170余人的诗文，《四库全书总目提要》称其“征引浩博而叙事简核”，是“著书之创体”“地志之善本”。民国《川沙县志》，24卷外加卷首一卷，内容记述与时俱进，增设了选举、议会、司法、警务等门类，各卷之首创设概述，全志之首创立大事年表，各卷之末增设“赘录”，增加时代气息和实用价值，被称为民国名志。清乾隆《钦定盘山志》，是山水志，16卷又前5卷，16卷分图考、名胜、寺宇等8门，图考有盘山全图、内外八景等图40幅。《南海诸岛志》，民国时期编修《南海诸岛地理志略》《西沙群岛小志》《团沙群岛小志》，其中史之回顾章引述历史文献，证实南海诸岛一向为中国领土，记述了日本、法国等入侵海岛的史实，很有历史价值。

中华人民共和国成立后，截至2014年，全国累计出版新编志书31200多部，其中规划内首轮省、市、县三级志书5800多部，多是从历史发端记起，大体到20世纪90年代。第二轮1400多部，其中规划省、市、县三级志书，多是接第一轮志书，下限至二十世纪末至二十一世纪初。部门志、行业志、专题志2万多部，乡镇志、村志等4000多部。其中地域综合志书涵盖了一地之建置沿革、自然环境、政治、经济、文化、社会和人物等诸多内容。比如，地域综合志《北京志》，记述了北京从发端到1995年前后北京地区发展的方方面面，共35卷154部分志，计有总述、大事记、历史概要、建置、地名、区县概要、人口、人民生活等综合卷，自然环境卷，地质矿产、水利、气象卷，自然灾害卷，中央机构卷，政权、政协卷，政务卷，共产党卷，党派、工商联卷，人民团体卷，政法卷，军事卷，综合经济管理卷，城乡规划卷，建筑卷，市政卷，工业卷，农业卷，商业卷，对外经贸卷，开发区卷，旅游卷，教育卷，科学卷，文化艺术卷，档案卷，著述卷，文物卷，世界文化遗产卷，新闻出版广播电视卷，卫生卷，体育卷，民族·宗教卷，人物卷，民俗·方言卷等。湖北省《红安县志》，记述了清光绪八年（1882 年）至 1989 年间红安县自然、社会百余年的进程和现状，除概述、大事记外，设置 35 卷，144 个类目，526 条子目，突出了革命根据地的特色。在人物卷中，以传、表、录三个层次，着重介绍了在革命战争中锻造出的 61 位将军和 174 位师以上指挥员。浙江《河头村志》，专设村民章，记述姓氏、人口构成、生育、村民生活，详记 6 个户数较多的姓氏源流，并附《河头村民世系表》。文化体育章，详载该村民间文娱、婚俗及体育活动，如婺剧、迎龙灯、哭嫁、打罗汉、钓鱼打惊等。

又如，各类专志。不仅有《长江志》等名山、大川、气象、动植物等自然环境专志，而且有《中国烟草通志》等专业、行业性专志，特别是各地具有招牌性自然和人文特色，大都做了专门记述，其中多数列入省、市志的分志中。诸如《河北省志·长城志》《河南省志·黄河志》《江苏省志·方言志》《黑龙江省志·国营农场志》《青海省志·长江、黄河、澜沧江源志》《山东省志·孙子故里志》《陕西省志·黄帝陵志》《天津通志·附志·租界》等。有的是单独成志，如安徽省《黄山志》，是新方志中出版较早的山水志，记录历史发端到 1983 年黄山风景区 154 平方公里的历史和现状。前有黄山全图，后有附录文献辑存等，主题部分设有胜景篇，包括名峰、松石、奇松、云海、温泉、时景、秀水、岩窦、岭经、石刻等；自然环境篇，包括地质地貌、气候、植物、动物；建设篇，包括道路、屋宇、亭阁、水电；宗教篇，包括道教、佛教；游山名人篇；艺文篇，包括诗、词、赋、歌曲、散文、传说故事、黄山画派、书目辑存；旅游篇，包括服务、游览；管理篇，包括行政、园林、治安。类似专志还有河南《嵩山志》、湖北《汉正街志》、湖南《岳阳楼志》、湖北《神农架志》《武当山志》、吉林《抚松县人参志》《长白山志》、江西《井冈山志》《龙虎山志》，辽宁《乙丑水灾志》、宁夏《中宁杞乡志》、山西《五台山志》《雁门关志》、陕西《秦始皇陵志》、上海《名园志》、四川《三星堆图志》、新疆维吾尔自治区《喀纳斯志》、云南《红塔集团志》、北京《北京胡同志》《北京四合院志》等。

以上举例不过是志书的九牛一毛，也并非十分典型，但可起滴水见大海的作用。试想，现存约 14 万多部（卷）古今志书，作为中华民族源远流长的文化积淀，人类文明进步的历史记录，其知识的全面性、丰富性、深刻性不能不让人惊叹，令人倾慕。也可以说，方志这个大家族，对中华民族乃至人类文明发展的贡献，是其他任何文化载体都无可企及的。因此，构建方志的知识体系，只能从志书出发，把志书摆在主体位置，才可一把抓纲，一石奠基，一通百通。

二 主体的派生知识

主要是志书的编纂、应用、管理知识和一大批地情资料书。

1. 编纂知识。一个有价值的事物出现，人们总想探究并力求掌握其生成的原因和方法，志书也不例外。一部合格志书，蕴藏了丰富的编纂知识。每一类型的志书，都有其具体的编纂要求和方法，不同时代的志书，又有其不同的适应时代特点的编纂要求和方法，这些知识都需要学习、辨别、掌握。但志书一旦定型，就成为独立的事物，有了特定的编纂要求和生存特点，这就是编纂的指导思想、编纂的基本原则、编纂的主要规范。指导思想反映的是编纂者的立场和观点，也就是以什么思想主导志书的编写。不同志书因编纂时代和编纂者不同，具有不同的指导思想。社会主义时期的新方志，指导思想是辩证唯物主义和历史唯物主义，是一切从实际出发，实事求是地对待历史，是以中国特色社会主义理论和先进价值观统领，是以符合宪法、法律为准则等。编纂的基本原则主要是“存真求实”“横分纵述”“述而不论”“生不立传”“详今略古”“越界不书”“超时不记”“执简驭繁”等。编纂的主要规范是有特定的体例、体式、体裁，有独特的文体、文风和行文规则，有规划设计、资料搜集、志稿编审和书籍印制的程序规范等。因此，借鉴前人的有益传承，总结当代修志的经验教训，形成一整套志书编纂的指导思想、原则和规范，并伴随时代步伐不断完善、创新，是构建方志知识体系的关键一环，是编纂合格志书，以致出精品佳志不可缺少的知识，志书编纂者必须尽心尽力去学习、掌握。

2. 应用知识。应用是志书编修的出发点和落脚点，不仅是实现志书价值的通道，也是检验志书质量的标准和推进志书发展的动力。展示志书应用的方法和效果，是构建志书知识体系的重要一环。志书的应用可分直接应用和间接应用。直接应用是按照需求，从志书中直接获取资料使用。人们在各种社会变革时，常讲要“以史为鉴”，这个史就包括志书在内的历史资料。特别是政府的决策，常以先人的经历为参照，其资料来源多是志书史书。各项建设事业，直至抗击各种重大灾害的内容，多可从志书中找到相应知识。我们不少地区的地方志工作机构经常针对形势变化、领导决策的需求，摘取志书中的有关资料，利用简报、快报形式直送需求者，被称为“及时雨”式的知识。特别是科学研究，志书是可靠的资料来源、有效的申说论据，许多学者依靠志书资料，写出了不少创新型著作。英国著名学者李约瑟编写的鸿篇巨制《中国科学技术史》，不少内容征引的是地方志资料。1975 年开始的由北京天文台负责的《地方志中天象记录的整理和研究》工作，全国先后参与这一项目的 300 多人，整理出我国近 500 年旱涝史料及旱涝等级分布图，成果汇编成《中国古代天象记录总集》《中国天文史料汇编》《中国地方志联合目录》，1978 年被列为中国科学院重大科研成果。这个编纂集体，被评为中国科学院先进集体，授予“古为今用”奖旗。在学校课堂上、新闻媒体上、领导人的报告中，也经常会听到从志书中引来的各种故事。间接使用就是把志书中的一些资料编写成各类教材、宣传品，如地方史、地方百科全书、各类辞书辞典、“爱祖国、爱家乡”教育宣传品，以及文艺作品等，把志书资料转化为各种形式的使人们易于接受的文化产品。总之，地方志的开发利用，不仅发挥资治辅政，推动经济建设、精神文明建设和科学研究工作的作用，还为各省市、国内外文化交流，发挥重要作用。

我们讲，地方志书是基础文化，是不少文化产品的母体，许多文化产品由它而生，靠它而长。为了使志书更好地应用和传播，又产生了方便读者查询的方志目录、方志索引、方志辞典，以及志考、提要、辑佚等方志工具书。比如，由中国地方志指导小组办公室编纂的《中国方志通鉴》，收罗 2007 年前出版的目录索引类书籍，共 288 部，其中国外及外国人所编 20 部。又如，由金恩辉、胡述兆主编的《中国地方志总目提要》，分旧志提要和新志提要两种。旧志提要 1996 年出版，收录国内外图书馆所藏1949年10月以前的旧方志8577种。新志提要2002年出版，收录1949年10月至1999年9月全国正式出版的各省、市、县级志书3402种。又如，《中国社会科学院图书馆新方志总目》，2002年出版，收录1949年10月至2000年12月正式出版的中国社科院图书馆藏的全国省志、市志、县志、区志、街道志、乡志、镇志、村志、山水名胜志、厂矿企业志、部门志，地区大事记、农场史志也酌情收录，共计11000种。还有旧志整理，也是为使用而开展的工作，古人早已开始，清乾隆年间编修的《四库全书》，就从《永乐大典》中辑出失传的多部宋、元方志。此后对旧志的校勘、辑佚、考录、编目始终未停顿。1983年中国地方志规划会议通过了《中国旧方志整理规划实施方案》，许多学者著书立说讨论这项工作，截至2014年，全国地方志系统以校点、注释、影印、复印、描摹、原版复制等方式，已整理旧志2000多种。

3. 管理知识。管理是志书编修、传播、收藏和开发利用的支撑条件，主要指方志编纂和应用过程中的决策、组织实施、协调、监督、成果及效果的评估和各种服务设施的建管等工作，是与方志编修同生共长的事业，蕴含的学问，大体包括法规制度、机构设置和队伍组织、方志收藏和信息化建设等。法规制度是管理工作的依据，也是管理工作稳定进行的规范和保障。法规制度有国家层面的、省市等地域和行业层面的、每部志书层面的。国家层面的制度性规定，最早见之于文字的是东汉光武帝诏令南阳编写风俗传。隋炀帝大业五年“普诏天下诸郡，条其风俗、物产、地图，上于尚书”（《隋书·经籍志二》），是我国古代中央王朝命令全国各地普遍修志的开端。唐德宗建中元年规定：“请州图每三年一送职方，今改至五年一送，如州县有创造，及山河改移，即不在五年之限”（《唐会要》卷59，《职方员外郎》条），是现知最早对修志时限的统一规定。北宋初期规定职方郎中、员外郎"掌天下图籍，以周知方域之广袤，及郡邑、镇砦道里之远近。凡土地所产，风俗所尚，具古今兴度之因，州为之籍，遇闰岁造图以进……"（《宋史、职官志二·兵部》）。朝廷三令五申各地编修图经，要求具体明确，掌管职责分明，各级官吏按章办事，各地普遍开展了编修图经工作。元《大一统志凡例》，使全国志书向统一凡例过渡。明永乐年间，连续两次颁降《纂修志书凡例》。中华民国十八年，南京国民政府内政部呈奉行政院转奉国民政府令准颁行《修志事例概要》。中华人民共和国成立后，于1956年国务院科学规划委员会在《十二年哲学社会科学规划方案》中，把编写地方志列为12个重点项目之一。1958年10月印发《关于新修地方志的几点意见》，是新中国成立后关于地方志编纂工作的第一个指导性文件。1985年，中国地方志指导小组办公室发布《新编地方志工作暂行规定》，同时国务院办公厅印发《国务院办公厅转发中国社会科学院关于加强全国地方志编纂工作领导报告的通知》。1996年，国务院办公厅再次颁发《关于进一步加强地方志编纂工作的通知》。1997年，中国地方志指导小组办公室颁发《关于地方志编纂工作的规定》。这些文件，大大推动了全国性修志工作。2006年，国务院颁布《地方志工作条例》，标志着我国地方志工作进入了法治化轨道。2008年，中国地方志指导小组办公室颁发《地方志书质量规定》，针对方志质量提出了原则性要求和标准，指导方志编纂向质量稳定提高的方向发展。省市等地域和行业层面，不仅制定了各类实施国家规定的具体办法，还出台了大批制度性规范。据《中国方志文献辑存》统计，从宋代到民国，现存志书编修文献81件。新中国成立后到2012年，国家和省、市、自治区颁布地方志工作的法规规章20件，国家层面修志文件23件，各省市区120件。比如，北京市，2003年至2013年10年间，共出台地方志文件21件，其中包括编纂方案，资料管理，主编负责制，志书内容和结构，人称表和人名录，关于领导人记述，关于法律、法规、规章的记述，关于大事记和资料长编的编纂，关于入志照片，关于“志补”，关于注释，等等。随着修志的发展深化，这类管理性文件扩展到了工作的方方面面，大大提高了修志工作的规范化程度。志书层面，每部志书都有《凡例》或《凡例》性前言、序言，这就是其特定的“法规”。

机构和队伍，是实施任务目标的保障。方志工作的机构设置和队伍建设也是和修志事业同生共存的。历史上绝大多数志书编修，需首先确定编纂人员和包括机构在内的保障条件。中国古代的修志机构多为临时组建。国家层面的管理机构，史载最早是宋徽宗大观元年，朝廷设立的“九域图志局”，命全国州郡编修图经，上呈志局。南宋时编修志书，已成州县官吏的职责，若年久不修，会被舆论批评为失职。康熙诏令编修一统志，成立一统志馆的同时，从当朝亲信大臣中选择任命了总裁官、副总裁官和编修官。清代各省普遍成立了通志馆或相应机构，使志书编修进入全盛的局面。中华人民共和国成立后，国家层面的方志编修领导机构是1956年成立的国务院科学规划委员会地方志小组。以后多次变更，发展为现在的国务院委托中国社会科学院代管的“中国地方志指导小组”及其办公室。1981年，成立了全国性学术团体——“中国地方史志协会”，后更名为“中国地方志协会”。与此相应，全国各省市县，成立了以政府首长为主任的地方志编纂委员会，下设“办公室”等地方志工作机构。省市普遍建立了地方志协会。修志在古代多由政府主持，人员由各级官吏、地方绅士、儒学生员组成。新修地方志也是政府主持，参与者有专职、兼职干部和离退休人员及专家学者。同时开展了多种形式的人员培训和人才培养工作。

方志收藏及信息化建设，是志书保存和传播的手段。方志收藏有官方收藏和私人收藏，中国古代朝廷十分重视收藏方志，明清两代把征集的志书分别保存在文渊阁和内阁大库中。近代伴随图书馆、博物馆的兴起，大批志书被国家和地区所属公共图书馆、博物馆或高等院校、科研单位所属图书馆收藏。明清时期私家藏书鼎盛，浙江“天一阁”藏书楼共收藏明代志书435种，存世271种。近代以来，由于交换、收购和掠夺等原因，大量中国方志流落海外，其中美国、日本收藏最多如犹他家谱学会耶稣基督后期圣徒教会收藏中国历代方志5000余部，曾赠送中国首任驻美大使柴泽民其故乡旧志《闻喜县志》，日本53家图书机构收藏中国历代旧志4025种，其中孤本179种，中国国内残缺全帙在日本的有71种。此外，法国、英国、德国、澳大利亚、瑞典、加拿大收藏中国旧志多在2000余种。近些年来，收藏地方文献资料和展示地情公共文化服务的基础设施方志馆建设受到重视，已建成国家级一个，省级15个，市级60多个，县级200多个，这为志书的编纂、馆藏、展示、交流和开发利用创造了良好条件。伴随互联网信息技术的迅猛发展，地方志系统信息化、地方志数字化工作、地方志网站和数据库也飞速发展。截至2014年，全国已有省级网络26个、市级近200个、县级470多个。不少地区已实现全省联网、资源共享，并将海量资源上传网络，供社会各界查阅。

4. 地情资料知识。在编纂志书过程中，各地收集了一大批地情资料，用于志书的不到1/5，其余多数编成资料汇编或资料长编。这里蕴藏丰富知识，也是留给后人的一笔可贵的文化财富。

此外，“年鉴”原是从国外引进的文化知识载体，近些年来迅速发展，其中综合性年鉴被《地方志工作条例》列为地方志的组成部分。中国地方志指导小组办公室于2012年发布

《地方志综合年鉴编纂出版规定（试行）》，规定它是系统记述本行政区域自然、政治、经济、文化、社会等方面情况的年度资料性文献并“具有工具书性质”。到2014年，全国地方志系统组织编纂的地方综合年鉴已达1700多种。各单位编纂的专业年鉴，仅北京市已达400多种。它不仅发挥了及时提供地情最新资料的作用，也为地方志的编纂打下了资料基础。

三　由主体和派生知识升华而成理论知识

理论产生于实践，又在更高层次上服务和指导实践活动。方志理论是人们在长期编纂地方志的实践中获取的规律性认识，它伴随方志的产生和发展逐步深化和提高。同时它又是指导方志编纂的方向性、规范性学问，可称为方志工作的灵魂。清代以前，修志理论观点，主要体现在志书的序跋中，清乾、嘉时，章学诚采其大成，创立方志学理论，对后世影响深远。晚清和民国时期，逐步有专文、专著出现。中华人民共和国成立后，特别是进入20世纪80年代，顺应方志编纂实践的需求，理论研究迅速发展，理论研讨日趋活跃，专文专著和理论刊物不断推出，理论研究的涉及面越来越广泛，从志书编纂到志鉴工作，无所不包。孟繁裕、徐蓉津主编的《中国地方志论文索引（1981—1995)》收录了在有关地方志杂志上发表的论文达21000篇，涉及方志学理论、方志编纂学、方志史和方志学史、旧志研究与评价、新志研究与评价、方志学家专记与研究、方志的整理和利用、方志工具书、地方年鉴、文献备征10个方面。《方志百科全书》选择收录2010年前的论著85部。王伟光同志在第五次全国地方志工作会议上的报告中指出，从2008年11月到2014年4月，全国地方志系统共发表方志论文6000多篇，出版专著、教材、论文集90余部。理论研究的阵地和活动也日渐兴旺。中华人民共和国成立前地方志刊物只有四种，中华人民共和国成立后，兴办《中国地方志》等专业期刊近70种。各种层次的理论研讨会不断深入，中国地方志协会的学术年会、城市区志专业委员会的学术研讨会以及各地区各行业的定期、不定期的学术研究交流活动，涉及方志定义属性、方志学对象和内容、学科体系、批判与继承、与其他学科关系的研究，方志起源、历史分期、特征、功能、分类、指导思想、编纂原则、质量标准、体例、体式、体裁、文风、语言、美学研究，方志资料收集、总体设计、篇目设置、编写方法、各类志书编纂的特点的研究，志书续修、补修、人物入志、不同地域或不同类型方志的比较研究，章学诚等方志学者的理论研究，方志馆藏、传播、开发应用研究，方志批评、管理、信息化、网络化研究，方志编纂的组织领导、机构设置、人员配置的研究等。归纳起来，主要是方志基础理论、方志编纂理论、方志应用理论、方志管理埋论和方志史论等。

在传统志书的序跋中，不少涉及志书理论。比如，唐太宗李世民对《括地志》作者魏王泰的诏书，不仅叙述了方志发展脉络，对《括地志》及其作者作了评价，而且提出了“简而能周，博而尤要”的修志标准（全唐文卷7，《赐魏王泰诏》）。唐高宗时，长孙无忌领衔编修的《五代史志》，其中《经籍志》将历史舆图、地记、图经、异物志、山水记等139部、1432卷编为地理类，对隋唐以前方志发展情况进行了总结，成为后世方志目录学的鼻祖。其序文总结隋唐以前方志发展基本梗概，对方志起源和发展作了系统论述，影响深远。宋熙宁年间，赵彦若序北宋《长安志》，提出“远者谨严而简，近者周密而详”，是对“详今略古”编纂原则较早表述。宋光宗年间，郑兴裔序《广陵志》，提出“郡之有志，犹国之有史”，把方志与国史相提并论。元《大一统志凡例》提出志书应包括的大体内容，是后世修志统一体例的过渡。清代戴震的山川应记“切于民用”的水利等内容，章学诚的“志属信史”以及“三书体”等多是在序例中提出的。章学诚志书序例和《方志立三书议》《方志辨体》《州县请立志科议》《修志十议》等方志论著，提出了一套修志理论，被学界称为中国方志学史上形成系统理论的第一人。纪昀的《四库全书总目提要》，对500余种志书作了提要，并逐书加以评论，对方志源流、性质和史志关系提出了独到见解。民国时期方志理论研究专著陆续出现，影响较大的有梁启超的《清代学者整理旧学之总成绩——方志学》，第一次探讨了中国方志发展史，肯定了章学诚在方志史上的地位，对于方志功能、编纂要求也有论述。瞿宣颖的《志例丛话》，综论方志源、性质、内容、体例等问题。李泰棻于1934年撰成《方志学》，次年出版，是我国最早以“方志学”命名的方志学专著，在自序中称该书“前论方志之性质，次论旧志之偏枯，中述余之方志主张，末陈余之编志方法”。傅振伦于1934年编著的《中国方志学通论》，“首论方志之意义及其范围与其学术价值，次论方志之起源、发展、派别、通病，又次论方志之收藏、整理，再次论其编纂的方法”，于1979年，作者对该书进行了修订、重写，增加了新志编辑的内容，更名为《中国方志学》。此外，甘鹏云的《方志商》、寿鹏飞的《方志通义》、王葆心的《方志学发微》、黎锦熙的《方志今议》、吴宗慈的《修志丛论》等，都在方志界产生了较大影响。1949年以后，中国大陆和台湾对方志的理论研究逐步展开。1954年，台北方志研究会出版了胡适、陈绍馨、蒋黻等著《修志方法论》；1955年，台湾唐祖培出版《新方志学》；1957年，山东省地方志资料征集委员会办公室编印《地方志论文集》，汇编了其时发表在《人民日报》等报纸杂志上有关地方志的文章；1961年，中国科学院地方志小组和国家档案局制定《新修地方志提纲（草案）》。理论研究的成果大量出现是在我国改革开放以后，由中国地方志指导小组办公室主持编纂的《新方志理论著述提要》中，共收录20世纪80年代至2003年全国出版的新方志理论著述196部，其中专著66部、个人论文集56部、集体论文集74部。

总之，方志理论伴随方志事业的发展，不仅在获取规律性认识上不断深化，所涉及的相关学科也逐渐扩大，加之在研究中不同观点不断论争，使方志的理论知识更具丰富性、创新性，各个方面、各个层次的论文、专著等成果迭出，成为方志知识体系的统帅性部分。

四 对主体及相关事业起决定作用的人物知识

方志知识体系中，不能没有对编纂志书、研究志书，以及为之服务的修志人物的知识，特别是为方志事业的创立、创新、发展做出重大贡献的人物知识。记录、了解并研究他们，不仅会加深对志书编纂背景、中心思想、编纂原则和方法的了解，加深对修志事业及其发展历史的认识，也必然会对后人起榜样性的指导和激励作用。从古到今，这是一个多么大的队伍，已难以统计。在金恩辉和胡述兆联合主编的两部《中国地方志总目提要》中，分别著录1949年前历代方志的修纂者13685人，1949年10月至1999年9月，又有23982人。《中国方志通鉴》收录古今方志名人200位，《方志百科全书》收录220位。此外，还有一些专门记录和研究方志名人的《名录》《传记》等。诸如于1989年出版，黄德馨、付登舟主编的《中国方志学家研究》；1990年和1992年分别出版，潘喜延主编的《中国地方史志主编名录》，共收录3068人；1994年出版，林桓、李爽主编的《中国当代方志学者辞典》；1990年出版，林正秋主编的《中国地方志名家传》；1997 年出版，邵文杰主编《当代志坛诸老纪念文集》；1998 年和 2000 年分别出版两集《当代中国志坛群星集》，共收集方志名人 196 位。

对方志事业做出重大贡献的人物，大体可分为五类：一是决策性人物。主要包括皇帝在内的古今国家和省市层面的领导人。比如，东汉光武帝刘秀诏令南阳编写风俗传，不仅推动当时各地群起编“郡国之书”，而且对后世影响深远。隋炀帝杨广组织编修 1200 卷的图志，并开创中国古代中央王朝命令全国各地普遍修志的先河。唐太宗李世民支持编纂《括地志》。宋徽宗赵佶创制“九域图志局”，是中央设置修志专门机构之始。元世祖忽必烈首开国家层面《一统志》先声。清乾隆皇帝亲自审阅裁定《大清一统志》进呈稿，对稿中问题逐一批谕并提出修改意见，修成后名为《钦定大清一统志》。中华人民共和国成立后，毛泽东、周恩来、董必武、胡耀邦都是读志、用志、修志的积极倡导者。胡乔木在参与决策和推进修志方面起了独特作用。二是领军人物。即国家层面和地域层面修志工作的直接领导和具体组织者。古代主要是皇帝委托的有文化修养的大臣或知名文人，诸如唐代编修《括地志》的魏王李泰，宋人主修《建康志》的马光祖，明末清初著有《日知录》《天下郡国利病书》《肇域志》、曾参加反清复明“复社”的顾炎武，桐城派创始人、曾任《大清一统志》总裁的方苞，清代方志界地理学派的主要代表戴震，《四库全书》总纂官纪昀，总纂《光绪顺天府志》的张之洞，参与康梁变法、有诸多方志研究经典著作的梁启超等。中华人民共和国成立后，曾主管国家和地域方志编修的领导人，如中国地方志指导小组及其办公室、中国地方志协会的主要负责人，省市主持地方志工作的负责人，诸如曾三、梁寒冰、董一博、郁文、郦家驹等。三是名志、佳志的主编、主笔。如撰成《三国志》的陈寿，撰成

《华阳国志》的常璩，撰有《水经注》的郦道元，编纂《元和郡县图志》的李吉甫，受马光祖聘纂成《建康志》的周应合，协助张之洞编写成《光绪顺天府志》的缪荃孙，主纂被评为民国方志佳志的《川沙县志》的黄炎培，以及中华人民共和国成立后一些省市志的知名主编、主笔。四是对方志理论研究做出重要贡献的人物。方志编纂的领军人物和总编、主笔，不少是志书研究卓有成效者，而多数因研究志而出名者，又大多参与了修志。诸如章学诚、洪亮吉、阮元、甘鹏云、吴宗慈、瞿宣颖、李秦棻、朱士嘉、付振伦等。五是方志界的英模人物。比如古代写史修志的榜样人物，不仅有身心严重受挫后发愤著书立说，取得世人称赞的“西伯拘而演《周易》，仲尼厄而作《春秋》”“左丘失明，厥有《国语》”“不韦迁蜀，世传《吕览》”，以及司马迁等励志榜样。也有像齐国的南史氏、晋国的董孤，他们面对权势的高压，以不惜付出生命的代价，如实记载国君的错失，开创了史家严格忠于事实、秉笔直书的优良传统，已成史志界的精神财富。近现代也不乏类似人物。在方志界每年都有一批人受到表彰奖励，许多人成为省市或国家级的先进工作者。其中山西省交城县地方志办公室主任燕居谦，放弃人们羡慕的职位，甘愿从事条件艰苦、工作辛苦、生活清苦的修志工作。后身患癌症，带着身患白血病的女儿，住进山中古刹，完成140万字的《交城县志》总纂稿，被中共吕梁地委授予“人民公仆”称号，山西省地方志编纂委员会、中共山西省委、中国地方志指导小组办公室做出了《关于开展向燕居谦同志学习的决定》和《关于在修志系统宣传燕居谦同志事迹的决定》。交城县人民政府为燕居谦建立了纪念碑。河南省浚县地方史志办公室主任郑永立同志，18年如一日，铁心修志，被病魔夺去宝贵生命，中共河南省委授予他“优秀共产党员”称号，中国地方志指导小组办公室印发了学习郑永立同志的决定。

总之，有人物才有鲜活的历史。在方志知识体系中，人的知识实际上占据核心地位，有了对方志发生发展做出重要贡献的人的知识，这个体系才有生命力，才能立得住。

五　主体及相关事业纵横发展的知识

纵向发展指方志产生和发展的历史知识，横向发展指方志事业的地域特点及延伸知识。在《方志百科全书》中，专门以历史发展顺序设立了秦、汉至民国每个朝代的修志情况和省市、中央部门、域外修志情况，这样使纵向和横向知识互连互补，历史和现状全面展示，也就是方志知识的时空展示，所反映的是这个体系的延续性、全面性和整体性。

方志编纂及相关事业的纵向知识，主要是方志史和方志学史。方志史是展示方志生成和发展状况并探索其生发规律的知识。重点是方志何时、何地、何种原因诞生的，有一个什么样的孕育、成熟、发展的过程；是什么样的社会环境促使其发展变化的；在发展的各个节点上有哪些代表性作品、重要人物、典型性事件；在不同时期或不同地域有何共性和特点，等等。对于这些问题，不同时代、不同学者又有多种差异较大甚至相互对立的观点。比如，方志的起源，就时代而言，有与部落联盟、文字共生说，两周分封促成说，秦汉统一促成说等。就源头而言，有王室记事说、著述演变说。在著述演变说中，又有一元说，即某一种著述。比如，《尚书·禹贡》《周礼·职方》《山海经》《南阳风俗传》《越绝书》《吴越春秋》《华阳国志》《畿服经》等当中的一种是源头。多元说，即以上这些包括图经、地记等汇流而成。又如，方志史如何分期，又有多种不同的划分标准和方法。在划分标准上，有的按记述内容的演变，有的按体裁的变化，有的按朝代交替，有的按综合变化等。比较普遍的认识是方志经历了体例由雏形（图经、地记）到成熟，体裁由单一到综合，种类由少到多的发展历程。萌芽于先秦、两汉，过渡于两晋、南北朝、隋唐，定型于两宋，继承发展于元、明，兴盛于清代，复兴普及于20世纪80年代新中国改革开放之后。宋代在志书内容上多数是综合记述一地之历史和现状，在体例上，已由图志向方志过渡，记、志、传、图、表、录等体裁皆备，并出现了诸如《景定建康志》、熙宁《长安志》、淳熙《新安志》、宝祐《澉水志》等一批名志和撰写《太平寰宇记》的乐史、撰写《长安志》的宋敏求、撰写《元丰九域志》的王存、撰写《新安志》的罗愿、主持撰写《景定建康志》的马光祖和周应合等一批志坛名人。元代创修一统志，明代三次编纂全国总志，两次颁布修志条例，清代的修志规模、成书数量、修志理论、旧志辑录等方面，取得巨大发展。民国时期受西学影响，有继承也有发展，注重记述社会变革和国计民生。中华人民共和国成立后特别是20世纪80年代后，有计划、有组织地开创全国性省、市、县三级规划志书的编纂出版工作，同时出版了一大批部门志、行业志、山水志、乡镇志、村志、街巷志、寺庙等风物志。

方志学史是研究方志学产生发展的学问。梁启超有“方志学之成立实自实斋始也”的论断，也有人认为中国方志学的奠基于顾炎武，创始于李泰棻。当代多数学者认同章学诚是学科奠基人。一直到清末，是方志学的创始阶段，可称古代方志学。辛亥革命后，许多志家、学者投身于修志和方志理论研究，关于方志性质、编纂方法、收藏和统计等方面都有突破性发展，出现了方志研究刊物、许多论文、专著和一批知名学者，是方志学的初长期，可称近代方志学。中华人民共和国成立后，经过1949年至1980年的起伏期，1980年至2000年左右首轮规划志书大体完成，第二轮规划志书编纂已普遍展开，研究成果和人才不断涌现，方志学研究可称迅速发展期。2006年国务院颁布《地方志工作条例》后，志书编修走向法治化轨道，一大批修志领军人物和专门人才活跃于志坛，方志学研究也逐步进入成熟期，可称现代方志学。一门独立学科迅速成长的态势已呈现于学界。

方志编纂及相关事业的横向知识，主要是方志事业在古近代和当代省市县各级和中央党政军各部门的修志情况及其特点。在《中国方志年鉴》中，方志选介，方志事业的组织管理，志书编纂和出版发行，评奖、展览、基础设施，开发利用、方志刊物，重要文件辑目，都是按中央部门、各省市分别记述的。《方志百科全书》专门设立了包括香港、澳门、台湾在内的共34个省级行政区及新疆生产建设兵团修志，国家部委办、解放军、武警部队修志和域外史志的专条。在志书选介中也按行政区划安排条目。这样每个地域各具特色的修志历史、志书和研究成果、工作的成就和做出重大贡献的人物等，不仅呈现百花齐放的景致，而且可起相互学习、共同进步的作用。

六　方志生存发展的支撑知识

事物的生存发展都是有条件的，只有主客观因素成熟之后，事物才能发生，才可生存，才有发展。这些条件就是我们应探求、应学习、应传播、应发扬的知识。对地方志编纂而言，主要是动力支撑知识、人力支撑知识、财力物力支撑知识。

动力支撑知识。是了解方志为什么会发生、生存、发展，是什么力量推动其发生、生存、发展。换句话说，就是原动力来自何种社会需求。社会需求是客观存在，只有认识它、掌握它、顺应它、满足它，才能推动事物发展。方志萌发于人际交往的需求，生成于巩固和扩大政权的需求，发展于政治、经济、文化和社会的全面需求，对需求的研究和认知，应是支撑和推动方志生存和发展的核心知识。比如，为什么秦汉时期方志会迅速发育？其关键原因是大一统的需求。两宋方志体例发展成熟，也因为主政者们不仅有资政的需求，也有了存史和教化的需求。社会主义新方志的繁荣和发展也是伴随国家改革开放、现代化建设需要先人的经验、历史智慧，在文化大发展大繁荣的形势下促成的。因此，紧盯社会变革，准确把握社会需求，并积极顺应和提供志鉴成果以满足这种需求，是方志工作始终具有生机和活力的源泉，是方志工作者应具备并不断强化的首要知识。当前，这方面的研究还未引起充分重视，一些认识散见于部分论著中，尚未形成明朗的观点，更未见到系统地论述。

人力支撑知识。是研究和阐明人在修志工作中如何发挥主体作用的知识，是志书编纂成功与否、志书生存发展的决定性条件。其中，如何提高各级领导人的认识是关键，如何激发修志工作者的积极性是基础。包括修志队伍的组织、培训，人才培养和增强凝聚力的知识，各种法规制度建设和落实的知识，对外加强宣传，动员社会舆论支持，对内强化“方志精神”，即不讲名利的奉献精神、勤奋刻苦的钻研精神、认真负责的担当精神等宣传教育知识。我国方志界在这方面已做了大量工作，应进一步总结经验教训，开发充实相关知识。

财力物力支撑知识。是研究如何争取政府和社会各方，对方志工作支持和方志编纂管理工作如何科学使用财力物力、提高志书编纂工作的效率和效益的知识，财力物力的适当供给是做好修志工作的基础性条件。众所周知，修志事业是“坐冷板凳”的工作，极容易被边缘化，因财力物力支撑不足和使用不当的事，是必须给予重视的问题。这方面在国务院颁布《地方志工作条例》后起了很大变化，许多地方的修志工作条件得到了明显的改善。但伴随社会发展需求的增长，地方志工作向信息化快速发展，方志馆建设也普遍提上了日程，这些方面都需要较大地投入和各方面的支持配合，方志工作者也应研究投入产出的问题，掌握减少投入、增大产出的科学管理知识。这对修志工作者特别是修志管理工作者，是一个古老的却又需推陈出新的课题。

（2015 年 8 月）

方志理论体系的构建

方志理论是对方志事业的规律性认识，产生于方志工作的实践，又在更高层次上服务和指导修志活动。伴随近30多年来，方志事业广泛深入地开展，尽快建立以方志为研究对象的、独立的、全新的学科，已成为方志事业进一步发展的迫切需求。建立方志学科的首要任务，或者叫核心内容，是构建其科学的理论体系。这不仅是学科立足的重点，也是学科建设的难点。对此，方志界不少同志早已在研究探索，可以说论著纷繁、成果迭出。特别是对前人研究成果的梳理和对规划一轮新方志编修经验的总结，为方志学科的创立创造了良好的条件，打下了扎实的基础。在汇聚全国方志界精英编纂《方志百科全书》的过程中，又对建立方志理论体系的问题进行了百花齐放的深入讨论，其成果大多被《方志百科全书》吸收。归纳起来主要是：方志基础理论主要回答什么是方志、方志为什么会发生发展、方志有哪些类型，方志编纂理论主要回答方志编写应遵循哪些基本原则、常用体例和基本方法，方志应用理论主要回答方志的应用理念、应用的基本范畴、主要方式和突出效果，方志管理理论主要回答方志的管理理念、基本原则和方法。

一 基础理论

这是方志理论体系中应优先解决的、起基础作用的理论。首先应说明方志是什么，也就是明确界定方志的概念、性质、特征和类型。方志是文化产品，是中华民族为人类奉献的独特而璀璨的精神瑰宝。方志又是连续性系列基础文化产品，许多文化产品由此而生或靠此而长。中华文明能灿烂辉煌、长流不断，方志立下了汗马功劳。在基础文化产品中，方志又是资料性著述。即如实记载特定地域的经济、政治、文化、社会和自然环境的历史和现状，或某一特定领域、单位和事件的全貌，极具原始性、草根性。在资料性著述中又是有特定体例的著述。体例是著述的模式，方志体例包括：志书名称，即叙述对象的名称加“志”，《××志》；内容断限，即内容起始和终结的时间；篇目，即内容的分类排序；体裁，基本体裁是述、记、志、传、图、表、录，以志为主，另有序跋、凡例、索引、编纂始末等；体式，即篇目的结构和表述形式，传统志书有类目体、纪传体、编年体、记事本末体等，新方志一般采用章节体或章节体和条目体的结合体；语体，即行文体式，旧志采用文言记叙文体，新方志采用现代语体文；文风，即行文应严谨、朴实、简洁、流畅。这些都是编纂志书的统一准绳。方志是什么？用一句话概括，是有特定体例的资料性基础文化著述。

其次应告诉人们方志的种类。按编纂时代可分为旧志和新志，即按中华人民共和国成立为界，之前可称传统志书，此后称社会主义新方志。按编纂主体，可分为官修志书和私修志书，也就是政府有组织的编修的志书和民间自发编修的志书。按编纂性质可分为：创修志书，无论内容还是体例都是开创性的志书；续修志书，是对前志接续编修的志书；重修志书，是对已有志书推倒重来，在内容和时限大体相近，但资料选取上重新安排、组织结构上另辟蹊径的志书；补修志书，对原志中重要内容的缺失进行补充，差错进行改正的志书。按记载的范畴上可分为：一统志，即国家一级统一编修的、内容以国为界的志书；地域志，记载特定区域，如府、州、道、省、市、县、乡镇、村的志书；专志，专记某项内容，如山水街巷、部门专业、专项专题的志书；域外志，即国外，如韩国、日本、越南和外国华人编纂的、以中国或他国为对象的志书。对志书的分类，实质上是从更深更广的视觉上对志书是什么的进一步认识。

要回答方志是什么，还必须指明它的特点，也就是它和相近类型的著述最突出的区别。方志界对此在主要方面已有共识：一是资料性。它的任务主要是收集、整理、编著有价值的历史资料，如实记载当代发生的重大事件和重要人物等。它最讲究资料的原始性和准确性。不同于史书追求的是规律性，也不同于百科全书、辞书、字典等追求的是知识性。和同是资料书的年鉴相比不仅体式上有条目体和章节体之别，而且在资料上更重视选精集萃，以强化内容的稳定性。二是真实性。内容必须真实可靠，使用资料必须有根有据，经过查证、核对，不可有丝毫虚构、夸张和歪曲。真实性是志书质量的第一标准，是志书的生命。三是区域性。志书记述的内容具有特定的地域空间界限，"越境不书"，不仅地域志有严格的区域范围，一统志有全国范围，专志的内容也离不开区域的限制。地方志和方志的名称都来源于此。四是时限性。志书记述的内容有特定的时间限制，即有明确的上限和下限，"超限不记"。突出时代特色，是志书的一条质量要求。五是传承性。志书是代代相续的文化工程，永续利用是它的追求，后志多是前志的继续。对创修志书，十分强调续修、补修，前后志书履行不同的时代责任。在《地方志工作条例》中，对新编方志明确作出了20年一轮的规定。

二 方志史论

在回答方志是什么之后，紧接着的问题是方志怎么产生的，是沿什么样的轨迹延续至今的？这是对方志深化认识的理论，需要对方志史的研究来回答。首先应解决方志形成的基因在哪里。方志是用来记事的，其基因只能追踪人类记事是从什么时候、用什么形式开始的？古人“结绳记事”应当是源头，中国部落文明的文字记事，应当是这个基因的进一步发展。一些研究者认为，方志的细胞形成几乎和汉字的产生同步，是有道理的。其次应解决是什么力量推动其由细胞逐渐形成有“生命力”的文化活体，并一步步走向成熟。这就是中央集权国家的建立，“大一统”推动了中央对地方报道地情、社情的要求，催生了《地记》《图经》等早期形态志书的产生和发展。秦、汉时期把这种上报的地情资料称为《上计》《地记》，魏晋南北朝又有了记、志、录、传等不同名称。隋、唐把文字记录和地图结合起来，演变为《图经》，并把编修权收归官方，唐制定了定期报道制度。到两宋设立编修图志的九域图志局，志书内容由以地理为主转向以人文历史为主，形态基本稳定下来，功能不单是“资政”，也产生了“教化”作用。名称由“图经”逐步向“志”过渡。再加上物质财富的迅速增长并集中于高门大户，雕版印刷术的发明和推广，催生了学术文化的蓬勃发展，一些文人学士积极参与修志活动，使志书编修空前兴旺，走上成熟期。可以说，志书的产生和发展源于古人记事，长于秦、汉、隋、唐“大一统”动力，成于“两宋”全社会需求，到元、明、清和民国，在体例基本定型的前提下，有了进一步发展。最突出的进展是出现了以方志为研究对象的学说。元代颁布编修《大一统志》志的《凡例》和明代颁布全国性修志《凡例》。《凡例》是说明著述内容和编纂体例的文字，是对志书编纂的指导思想、原则、时空范围、体裁、人物收录标准、资料来源、行文规范、特殊问题处理等的规范，是志书编纂的指导守则，它的发布，不仅是使志书编纂进入规范化轨道，也把对志书的研究推向了新阶段。清代学者章学诚对方志研究形成了一套体系，创立了方志学理论，民国梁启超首次使用“方志学”概念，说方志学是“清代学者整理旧学之总成绩”，“方志学之成立实至实斋始也”，实斋即章学诚。伴随中华人民共和国成立，特别是进入改革开放新时期，探索中国特色社会主义建设的道路，成为人类社会前无古人的创新事业，它需要艰苦的实践活动，也需要多方面知识的借鉴，特别需要从中华传统文化中汲取养分。志书正是全面系统记述历史和现状的资料性著述，是取之不尽的文化宝库。学习和编纂志书成为时代的要求。这就是为什么在 20 世纪 80 年代以后，我国修志事业伴随改革开放，空前普及兴旺，取得瞩目成就的原因。特别是 2006 年国务院颁发了《地方志工作条例》，用法规形式确定了地方志工作的地位、内涵、责任、程序，地方志工作进入法治化轨道，这在方志发展史上具有承前启后的划时代意义，它必将把志书编修引入与时俱进、永续不断的轨道。

三 编纂理论

这是在基础理论的指导下，从操作的角度解决如何编选合格志书的理论，在方志理论体系中起着核心作用，它包括组织领导、编纂原则、编纂方法等内容。

组织领导上，历代志书多由政府组织，其成果首先服务于“资政”，这就是人们把志书叫“官书”的原因。它主要解决提出修志任务，制定工作的规划和计划，在人、财、物等方面为修志创造良好环境条件。20 世纪 80 年代以后为推进新编志书，中央成立了中国地方志指导小组及其办事机构，全国省、市、县三级行政机构普遍建立了地方志编纂委员会及其办事机构，采取了“党委领导，政府主持，各地地方志编纂委员会及其工作机构组织实施”的工作体制，沿用至今。

志书的编纂原则，是志书编纂的基本规定和通用法则。古人和今人的诸多著作多有论述，诸如唐李泰等纂修《括地志》的原则是“考于传信”，“简而能用，博而能详”；清章学诚提出“志属信史”和“持论不可不恕，立例不可不严，采访不可不慎，商榷不可不公”；民国寿鹏飞《方志本义管窥》提出“方志记载，不贵应有之尽有，而贵应无之尽无”，方志直言“据事直书，而劝惩自见”等。当代方志界，对志书编纂原则已有共识，主要是“存真求实”，即志书编纂必须以客观公正的态度，保存真实，探求真实，不虚美、不隐恶，更不允许按主观需要剪裁客观事实。这是一条关乎志书生命的根本性原则。“述而不论”，即记事物、事件和人物只进行客观记述，不作主观评论，寓观点于记述之中。这是志书作为资料性著述的要求，也是“存真求实”的保障原则。“生不立传”，即在世人物不以传记方式收录，去世后，“盖棺论定”方可立传。在世人物处于变化中，又易受恩怨、逢迎的影响，难以准确、客观、公正地记述。这是对志书内容应相对稳定的要求，也是“存真求实”的另一条保障原则。“越界不书”，原为“越境不书”，是地域性方志的原则，现在改“境”为“界”，变成全部方志的编纂原则，即指志书的空间界限（地域边界）、时间界限（时间的上限和下限）、专项界限（专志内容的特定范畴)。这是志书的地域性、时代性和专业性的要求，也是存真求实的又一条保障原则。“横分纵述”，即横分门类，纵向叙述，是志书编写方法上的原则。要求先按事物的性质分成若干大类，“事以类聚，类为一志”，各大类之下分若干中类、小类，按位次设立篇、章、节、目层次，然后按时间顺序记事物的变化过程，这就把所记述的事物都放在一个前后可比较、左右可定性的适当位置上，并做到横不缺要项，纵不断主线，分类合理，领属得当，把复杂的内容编纂成层次分明、结构严谨的志书，以体现方志不同于资料汇编等资料性书籍的学术性、著述性。“详近略远”，即对久远之事简要追述，对修志所处的时代，则应有比较详细的记述。也就是离著书年代越远，越应粗疏一些，仅书其大概，记述大事大略；离著书年代越近，越应详细，但应做到“详而不冗，简而不漏”。这是编纂志书时，在特定的容量下，对内容占位多少的原则。“执简驭繁”，即以简洁的文字，展示复杂的事物。方志的编纂面对的是丰富庞杂的资料，有的可以说是“浩如烟海”，而篇幅又是有限定的，把纷繁复杂的事物简明扼要地加以叙述，需要有博观约取的功力，这种功力来自较强的分析认识问题能力，来自对编纂对象的历史和现状的了解，也来自科学的编纂方法。比如，详重点、略一般，详独略同，详结果、略过程，详史实、略背景，详转折、略铺垫等。这也是志书编纂中避免轻重倒错、长空虚胖的原则。此外，有些志书研究者还提出另外一些原则，都是可以讨论的。

志书的编纂方法。即方志编纂的任务确立、队伍大体选定的前提下，为保证志书质量，提高修志效率的普遍性、规律性做法。其重点：一是指导思想。应以辩证唯物主义和历史唯物主义指导编纂的全过程，按照编纂的规划目标和原则组织编写。二是资料收集。这是前提，是基础，应优先启动，“兵马未动，粮草先行”，并贯穿全过程。资料工作，首先应强调积累，编纂志书的单位应有工作日志或大事记，重视资料档案工作。平时多费心，用时少着急，一定时期编成《资料汇编》，有条件的应编写《年鉴》。还应重视资料的考证，以确保资料的真实性、可靠性。三是规范程序。第一步是规划设计，核心是在志书内容的时空和专题界限确定，在大体情况掌握的前提下制定篇目结构，即确定志书编纂的大纲；第二步是按照篇目结构的需求，收集、选择、核实资料；第三步是志稿编写，可分为初稿、修改稿等，每一稿都应广泛征求意见；第四步是志稿审定，经特定权限审议定稿，新方志编纂中许多省市采取三审制，即对初稿的初审、对修改稿的复审和最后的终审；第五步是印刷出版。这五步都是志书编纂不可逾越的环节，在许多地区已列入程序性工作规定之中，并作为工作的指导、督促、检查的依据。

四 应用理论

志书有什么使用价值？如何使其充分发挥作用？研究这个问题，可增强人们对志书编纂重要意义的认识，也是强化志书编纂动力，促进志书进一步提高质量，充分发挥其功能必不可少的重要方面。方志的应用，是方志编纂的出发点和落脚点，也是检验方志价值大小、质量高低的根本途径。应用理论应从方志产生发展的整体效用、主要功能和应用手段与方法等方面去探索构建。整体效用，就是志书的历史地位和社会价值，是从方志在中华文明形成、发展和传承中所发挥作用的角度去展示的。其一，它是一座丰富的文化宝库，是传承中华民族历史演变和文化积淀的重要载体，承载着中华民族发展史的一条文脉，具有取之不尽的文化资源。现在有的已经开发利用，但多数尚待开发。其二，它是中华民族独特而悠久优秀文化传统的载体，在人类文明史上，就其知识的丰富和深广是独一无二的，无可比拟的。中华文明没有中断而且历久弥新，方志编纂的代代相继是一条重要原因，它对中华民族的凝聚和素质的提高发挥了不可替代的作用。其三，它是认识中国、解读中国的重要文献，许多海外学者有关中国的研究成果，多以引用中国方志作为可靠依据。英国著名学者李约瑟，利用大量地方志资料编写了鸿篇巨制《中国科技史》，日本学者加藤繁的《中国经济史考证》第三卷中引用中国文献300多种，其中2/3是地方志。

志书的主要功能，一直是方志界探讨的重要课题。民国时期于乃仁在《方志学略述》中曾提出三条功能：“一曰备行政官吏之省览，俾发政施令得其宜也”，“二曰资学者活史以最丰富之史料也”，“三曰启发后进敬恭桑梓之心也”。中国地方志协会1986年学术年会后，概括为“资治、存史、教化”六字功能。在方志史上，志书编纂是为国家“大一统”服务的，资治是其首要功能。伴随方志的接续编纂被社会各方广泛应用起来，特别是作为特殊产品的认识作用和教育作用越来越被各方重视，因此其教化作用也成为志书的重要功能。在中华文明的历史长河中，志书资料的原始性、真实性受到各界关注、社会信赖，因此把它视为历史资料的载体。存史功能的意义越来越被提升，有人把它放在三者的首位。存史、资治、教化，三者如何排序还可以讨论，但他们作为志书的主要功能，已鲜有人否认。

应用的手段和方法。对方志的应用有直接和间接两种类型：直接应用就是把方志作为资政、资经、资学、资研等的参照物，从中直接了解历史，寻求样板，研究引证，探索规律，汲取前人的经验和教训；间接应用就是以志书做基础，改造、转化为新的文化产品，如教辅资料、乡土教材、百科全书、史书辞典、文艺作品等。但不论是直接应用或是间接应用，都应做一些搭桥过渡的工作。比如，创办宣传研究和应用的刊物，开辟网络展示和查询系统，编纂查阅导引性工具书，对旧志进行整理、注释和简介，创造方便志书传播、阅览和交流的良好条件等。

总之修志的目的是使用，不仅为当代人使用，也将传播后世，为子孙后代服务。但首先应重视当代人使用，在编纂内容的选择上，多考虑当代人需求，特别是资政的需求，使志书直接服务于我国现代化事业，服务于政府施政的方针、政策，规划、计划的制订和实施。反过来，也提高了政府修志的主动性、积极性，强化了修志的动力。

五　管理理论

在社会生活中，任何事业如缺少了管理，都难以发展，志书编修也不例外。方志管理是与方志同生共长的事业，是志书编修的支撑和保障，蕴含了多样而深刻的学问，也是方志理论体系不可或缺的内容。管理理论是促进管理的科学化、制度化，指导管理的现代化、智能化，提高管理的效能和效益的规律性认识，也是当前方志学研究的薄弱环节。强化对方志工作的管理，目前起决定作用的首先是有关领导人的认识。修志实践证明，凡是主要领导人重视的地方，修志工作启动就早，志书编修进展就快，成果收获也比较大。在这个前提下，需要研究的问题主要是法规制度、机构设置、队伍建设、方志馆藏等。

法规制度。这是方志事业能生存发展的主要保障条件，早在秦、汉时期中央就要求地方上报社情民意，“计书上於太史，郡国地志固亦在焉”，隋、唐时期确立了官修制度，元、明、清时期除官定体例外还实行了申详呈报、公告、乡绅呈请等一系列修志制度，民国政府颁布了《地方志书纂修办法》等文件。中华人民共和国建立后，先后颁布了《新编地方志工作暂行规定》《关于地方志编纂工作的规定》等，直至《地方志工作条例》的颁布。不少省、市、自治区陆续制定了地方性法规和政府规章或规范性文件，使志书编修工作逐步规范化、制度化、法治化。现在需要研究的是如何把方志的法规制度进一步纳入有中国特色的社会主义法律体系和法治制度中，使其避免另类化、边缘化，如何使法规制度更科学，更符合实际，更能与时俱进地充实修正，更容易落到实地，这些都需要从理论和实践结合上去解决。

机构设置。落实法规制度，需要设置相应的机构。这方面我们的祖先也早有开创。早在商、周时期，便有管理文书的“小史”“外史”机构存在。隋、唐时期陆续设置管理史志的机构，北宋专设“九域图志局”，元朝以中央政府秘书监为主要编修单位，修成《大一统志》，明、清朝庭也设专门机构修志，清代不少府、厅、州、县也设有修志机构，民国时期一些省份成立了通志馆、通志局。中华人民共和国建立后，国务院科学规划委员会于1956年成立了地方志小组，后改为中国科学院地方志小组。1960年20多个省、市、自治区和530多个县成立临时机构开展修志。20世纪80年代，全国除港、澳、台外的省、市、县三级普遍建立了由当地政府主要领导挂帅的地方志编纂委员会及其工作机构。中国人民解放军、武警部队和中央一些部委相继设立了修志机构，使地方志编修得以广泛持续开展。现在需要研究解决的问题：一是方志管理机构在国家机构编制中的属性，是公务性系列、事业性系列，还是其他属性；二是进一步明确机构的职能，是对方志编纂的组织、指导、服务，还是再加上直接编纂和志书印刷发行；三是机构的层级如何确定。这都应进一步总结经验，使机构更合理、更有效率。

队伍建设。方志编修有了法规制度和相应的机构，还必须落实到人，建设方志队伍。古代志书编修，大多由政府官员主持，一些文人乡绅参与，领头人多是热心文化事业并做出过卓越成绩者。当代志书编修，继承了政府主持，由有一定威望的官员领头的传统，一批专家型退休人员为骨干，有关方指定专人参与，组成了各级修志队伍。与此同时，采取不间断的阶段性层层培训、对志稿评议审读、对成果评比奖优，以及办学培养等方式，强化业务学习，提高队伍水平，培养中青年修志人才。近几年有的高等院校也开设方志专业或培训班，一支庞大的修志队伍已形成并逐步成长壮大，目前需要研究解决人才的尽快培养、队伍的科学结构、事业心价值观和生活待遇等问题。

方志馆藏。方志编纂出版后，如何收集、保管、方便查找借阅，都有规律可循。要服务当代，就必须方便当代的使用者、阅读者应用，要发挥存史功能，就必须能长期保存，为子孙后代服务。如何建图书馆、方志馆，如何使用计算机保存和联网技术，如何介绍世界各大图书馆的志书储存和借阅方式等，都是需要研究解决的问题。

（2015 年 8 月）

方志质量评价体系构想

地方志质量是地方志价值高低、生命力强弱、影响力大小的决定性因素。讲质量，首先要树立质量标准，以解决什么是合格品，在合格品中什么是精品的问题。地方志质量评价体系，就是按地方志编纂的特定要求，对已完成的志书进行全面、客观的体系性评价，以规范和促进地方志的编纂合乎质量标准，多出精品佳作，使志书编纂者明确工作目标和原则，提高编纂水平和效率。为此，中国地方志指导小组于2008年颁布了《地方志书质量规定》，对地方志质量做出总体要求和具体规定。总的要求是：观点正确、体例严谨、内容全面、特色鲜明、记述准确、资料翔实、表达通顺、文风端正、印制规范，并分章归纳了七个方面，细化了总体要求，这对地方志评价体系的构建打下了基础、探索了思路、提供了依据。

对各种文化产品的质量评价，可分为历史性评定和现实性评说。历史性评定，首先是古人对其前人或同代人编修志书的评定，其中一些评价已成历史定论，一些评论成为后人借鉴的思想成果。其次是后人对经过较长时期的历史沉淀留传下来的产品给予评说，主要是针对传统志书而言的。评价的基础标准是其社会效用，也就是它们在历史发展中，特别是文化发展中所起作用的大小。在中华五千年文明史中，生产了无数包括志书在内的文化产品，能流传下来的是少数。可以说，凡是传承至今的，都是对中华文明史作出过不同程度贡献的文化产品，多是中华历史文化的精品之作。虽然对其价值评定不同时期、不同学派、不同学者有高低甚至相反的结论，但都难以否定它们在文化史上曾发挥影响的事实。现实性评说，是对现当代文化产品的评论，对志书而言，我们讲的质量评价体系是专指对社会主义时期的新方志的评价。

对新方志质量评价的标准，主要是四个方面：一是政治性标准，二是资料性标准，三是著述性标准，四是著述的规范性标准。

政治性标准，就是以什么样的思想去统帅。这是著述的灵魂。凡是以先进思想统帅的，就会对历史发展起推动或引领作用，就是有价值的作品；相反以落后甚至反动的思想指导编著，贯穿于全书，只能产生废品以至毒品。作为文化产品的志书，衡量其价值大小、质量高下，编著者站在什么样的立场和思想高度是起决定作用的因素。也就是应有内容的合理性，即合符客观发展规律。合情性，即合符时情、地情、人情。合法性，即符合先进的规章制度。具体讲：一是志书的指导思想，即必须以辩证唯物主义和历史唯物主义的立场、观点、方法去指导志书编纂，志书中所体现的思想观点，应当以中国特色社会主义理论和先进价值观统领。二是必须具有时代的鲜明特点，即站在社会主义时期的历史高度，审视并如实记载前人的创造和今人的开拓。首轮规划志书，应以厚今明古的原则，简明扼要地记述中华人民共和国建立前的历史，重点记述中华人民共和国建立后的发展历程。第二轮规划志书应记述历史进入改革开放时期，取得的巨大成就和时代的精神风貌，同时如实记载历史的曲折和问题，以为后人提供借鉴。三是在志书内容上必须符合宪法、法律、法规，不允许与法相抵触，在编纂工作上要“依法修志”，不可违反《地方志工作条例》和著作权法等法律法规。为此，《地方志书质量规定》专门写了一条："志书不得含有下列内容：反对宪法确定的基本原则的；危害国家统一、主权和领土完整的；泄露国家秘密、危害国家安全或者损害国家荣誉和利益的；煽动民族仇恨、民族歧视，破坏民族团结，或者损害民族风俗、习惯性的；宣扬邪教、迷信、赌博、暴力的；侮辱或者诽谤他人，损害他人合法权益的；危害社会公德或者优秀文化传统的；法律、法规和国家规定禁止的其他内容"。《地方志工作条例》也规定："地方志存在违反宪法、法律、法规规定内容的，由上级人民政府或者本级人民政府责令采取相应措施，予以纠正，并视情节追究有关单位和个人的责任；构成犯罪的，依法追究刑事责任。"

资料性标准。资料是地方志编纂的基础，资料性是志书的基本属性，决定和影响志书的其他属性，也就是在评价时首先应着眼评述对象是否具有资料性，是否是资料性著述。何为资料性？就是志书的主体内容是由资料组成的，其质量的优劣和价值的大小取决于两个方面：一是翔实齐全，二是详明有度。翔实齐全，就是能否为人们提供真实、准确、全面、系统具有代表性和权威性资料。资料应有不加评述的原始性、系统性和可查证性。也就是说，它必须是真实的、准确的，在特定使用范围是完整的。人、事、物、时间、地点、事件经过等方面的要素齐全。在记述某事件时，应有起始、转折、高潮、结束等连贯系统的资料。如果使用的资料不完整、不准确、不合规，甚至有虚假，就很难说它是一部合格的志书。如果重要内容出现失真情况，对志书将"一票否决"。志书的资料性，还反映在使用资料的科学性上。资料浩如烟海，志书规模又是有限的，只能有选择地使用，这就是详明有度。也就是使用资料时，剪裁要严格挑选，哪些入志，哪些舍弃，哪些紧缩，都要精心设计，既要简明，又要保证资料不被上色变质，保护事物的真实面貌。要克服志书越编越详、篇幅越编越长、部头越来越大的倾向。

著述性标准。不是所有的资料性文化产品都是“著述”。比如，对资料的整理分类形成的产品，诸如资料总集、资料汇编或资料长编等。“著述”应是经过精心构思，选择适当内容，按特定写作方式和形式而形成的一个内容有机统一、形式独立完整的作品。它不是在特定地点，以一定方式堆放的建筑材料，而是一座独立的“建筑物”。志书正是这样的“建筑物”，它有总体设计和篇目结构，在此框架下，使用资料要经过研究、分类、鉴别、考证、核实，选择其中能反映事物本质特征的具有典型性、代表性、权威性而非一般化、泛化的资料，要按既定设计方案，把这些资料分门别类地放置在适当部位，使其上下关联、左右相照、层次分明、相互勾连，形成一个有机整体。它也如同建筑物有合格与否，在合格品中有高下之分。总之，著述性就是使志书整体布局合理、结构严谨、层次分明、归属得当，类目的升降格使用得当，标题简明准确、题文相符等。

著述的规范性标准。志书质量高低，不仅表现在资料的使用上，而且体现在志书的整体结构上，是否符合志书编纂原则，体例、体式、体裁，文体文风，印制规范等。在编纂原则上，如关乎志书“生命”的原则——存真求实，不仅要求资料是真实的，无虚假和水分，也要求把资料编纂成的一定篇章，也必须是反映事物本质特征的，从整体看也是真实无疑的。在一些书籍和文章中我们时有发现，从表面看它们使用的资料都真实无疑有据可查，但这些真实材料经过作者的取舍和编排却从整体上改变了事物性质。因此在志书质量评审时，对内容的真实性不仅应查证其局部的资料，还应从整体上研究其是否求真存实。又如“横排竖写”原则，要求对叙述内容不仅主体资料应完整、系统，而且总体上应横不缺要项，纵不断主线，详略得当，重点突出。“述而不论”原则，要求客观公正地记述事物，严格限制编纂者对事物任意发表议论、做出评价。“生不立传”原则，要求对在世人物不写传记，但必须记述时采取以事系人方式。“越界不书”，要求区域界限明确。“超时不记”，要求时间界限明确。“详今明古”，要求对古代只记大事大略，对当代记述应比较详细。时代性，即是否反映时代特征。地域性，即是否突出了地域特色。还有专业性，即是否突出其专业特点等，都是衡量志书质量标尺。

在体例、体式、体裁上要“合格”。志书能在中华文明史上千载流传，至今兴旺，形成了专门学说，一个十分重要的条件就是，在逐步发展中形成了一种在原则和格式上社会共认的，并普遍应用的编著体例。志书体例，按《地方志书质量规定》要求应包含志书名称、凡例、编纂规范、特定体裁等。志书名称应以下限时的本行政区域名称冠名，续修志书应标明上下限年份。凡例应有编纂志书的指导思想、原则、时空范围、体裁、人物收录标准、资料来源、行文规范、特殊问题处理等要求。当前存在的主要问题是，一些志书“名不副实”，志书名称不完善、不准确、不合规，凡例与内容脱节，内容并非按凡例规定而写，断限、文体、资料、版式不规范等。

适当的体式，是方志的编目结构和表现形式，应和容纳的内容达到水乳交融的匹配。传统志书多用类目体、纂辑体等，新方志多为章节体或章节体和条目体相结合体式。不论哪种体式，衡量其质量高低的原则应是形式和内容的巧妙结合，是体式能充分容纳并展示特定的内容。当前存在主要问题是，在使用章节体时，编目结构设置不完善，轻重失据失衡；使用章节体与条目体结合体时，两者结合不紧密；使用其他体式时，在结构上常常出现不严谨、不均衡等问题。

特定体裁，主要是述、记、志、传、图、照、表、录、索引等，以志为主。这在《地方志书质量规定》中，每一体裁都有明确要求，都是衡量志书质量的具体标准。在体裁上，其质量常见问题是：概述（总述、综述）不“述”，议论过多，写成了学术论文，或总结报告；概述不“概”，没有反映事物发展的全貌和特点。大事记夹杂许多“小事”，时间、地点、人物、结果等要素不全。专记特设不“特”，常常把志书中最精彩的内容抽出作专记。志，记述事物常常出现不完整或重点不突出，缺失主要事物、事物的主要方面和事物发展的重要阶段。立传人物标准不统一，撰写的内容要素不明确、不规范。图照与内容互照性不强，常有一些与内容关系不大的政治人物照片入志。表的使用过滥或不足或不规范，有的事无巨细都制作表格，以表代文；有的只用数字表、人表和年表，很少使用事表和物表；有的统计表，只有表题、表头、表身，缺表注；有的表题只有表名，缺表序等。附录过多，过于庞杂，有悖于“归之无类，弃之可惜”的原则。缺索引，或只有条目索引、缺内容索引，或有索引但编排方法不当，查找不便等。

独特的文体文风。不同文种，在行文规则上有共性也有特性。志书和其他类型文种的共性，即各类图书共同遵守的基本规则，主要是字、词、句、标点符号、数字、量和单位等。国家都有行文方面的法律、法规、标准和规定，志书和其他汉语文出版物一样，其行文必须符合国家通用语言文字的规范和标准。比如，要用规范的汉字，禁用不规范的汉字；用规范的人名、地名、机构、民族简称和标点符号；用词概念准确，符合现代汉语语言规范，慎用评价语言，不用模糊、空泛词句；时空概念表述具体准确，指代明确，无知识性和常识性错误；汉名准确，数字、量、单位使用规范统一等。但也有其特性，主要表现在文体和文风上。文体是指行文的语言体式，志书必须使用规范的现代语体文记述，不同于公文、新闻、政论、文艺和史体。其行文特点是从实而书、寓理于事，“其文直，其事核，不虚美，不隐恶，故谓之实录”。对所记述的人、事物都不议论、不虚构、不逻辑演绎等。文风是文章使用文字语言的作风。志书文风的特点是行文严谨、朴实、简洁、流畅。除引文和特殊情况外，以第三人称记述，不以第一人称记述。严谨就是以严肃的态度，科学的方法，严格的规范，准确地记述事物；朴实就是如实“秉笔直书”，无虚饰浮夸不实之词；简洁就是文字精练，言简意赅，句无余字，段无冗句，事无重复，章无虚设；流畅即行文如流水，文字通顺，语言清晰，内容相接紧密，上下自然通畅。是否严格严守各类书籍的共性规律和志书的特殊要求，也是衡量志书质量不可或缺的重要标准。

书籍印制规范，也是其质量高低的重要组成部分，志书也不例外。志书印制的标准，应是突出志书特点、美观大方、方便阅读、容易保存。志书的地域性特点，常常使同一地区的产品形成系列，即成套性。志书又是连续性产品，有先后延续的创修、续修、重修、补修等类型。因此，在志书印制的设计上，必须有整体性、历史性意识，不是一部而是一套，即各部应有统一标志，不仅要考虑一轮志书，还要考虑和二轮、三轮志书的衔接；美观大方是所有书籍装帧都应追求的目标，地方志的美观大方，应与其资料性特点，文图表一体和严谨、朴实、简洁、流畅的文风相一致；方便阅读，主要是文字大小疏密、页面天地、章节留白、图文相配等方面尽可能引人注目，使人阅读舒畅；容易保存，即选择适用纸张，提高制作水平等。总之，志书印制不可忽视，应在质量评价体系中占有一席之地。

以上只是把志书质量评价体系作了一个比较粗疏的探索性概述。在实践中，评价一部志书时尚需更具体、更明确地细化为占比不同的若干标准，起码应分两个大类：第一类可叫生死标准。比如，评价对象必须是资料性著述，志书内容不能违背国家宪法和法律、法规，主要资料必须是真实准确的，编著体例必须是志书体例。这些标准是不可违背的，违背任何一条都是不合格品，都应给予否决。作为志书质量评价的这一类标准，应准确鲜明、边界清晰，给予突出地位。第二类是高低标准。在合格志书中质量有高有低。比如，资料典型性、权威性，局部资料完整性、准确性，资料使用的合理性、科学性的强弱；内容完整、系统以及时代性、地域性、专业性的深浅；体例、体裁、体式、文体、文风和行文规则合理、合规的程度，以及印刷水平等。这一类质量评价标准，更带有普遍性、伸缩性、模糊性，需要进一步深入研究，做出准确精细的表述。

志书质量的高低，决定着志书的生存和发展。对志书质量的评价，实质上是社会对志书的认可度。社会主义时期的新方志担负着传承中华文明、为建设先进文化打基础的崇高任务，其质量标准和相应的质量评价体系的建立，更应符合以实现中华民族伟大复兴的现代化建设事业的要求，也更能促进志书质量逐步提高，志书编纂与时代同步，向现代化迈进。从这个意义说，志书质量评价体系是志书质量提高的动力，也是志书发展的导向。

（2015 年 8 月）

方志理论概念体系梳理

概念是由事物的性质和全貌经抽象概括所做出的精准的表述，它是理论的节点、理论的精华、理论的核心内容。科学的理论研究，总是从实际出发，探索事物产生、发展和终结的原因与过程，获得规律性认识，形成许多概念，然后把有关的概念加以综合连接，引申构建，形成了学科的理论体系。与此相应，学科的理论体系一旦形成，学科理论的概念体系也就同步产生，而其中的核心概念的内涵和外延也具有了特定时空的稳定性和社会传播的广泛性，研究并构建地方志理论的概念体系，也是地方志学科建设的重要组成部分。

地方志理论概念体系的构建，第一，应探索确定一些遵循原则，如这个体系所涉及的只是地方志理论的概念，因此其框架设计应以地方志理论体系为依据和规范。又如，每一个概念的存在，既有相对的独立性，更是整体中的一分子，概念之间有清晰的边沿和区割，也有相互的联系和映照，某个概念也只有放在特定体系中才能充分展示其性质、特征和面貌，因此，这个体系的框架设计必须体现概念之间的关联性和关联的规律性、科学性。第二，概念是有不同类型和层次的，各个概念都有其特定的内容，要使其体系化，必须分门别类，使每一个概念恰如其分地归位。概念与概念轻重不同，有的是平行关系，有的是种属关系，作为体系，必须分清层次，做到前后有分、上下有序、多元一体。第三，概念只是在一定时空中处于相对稳定状态，但并非一成不变。因此，不同历史时期对同一概念的表述常有差异，同一时代的不同学派或不同学者对同一概念也存在不同的理解和表述。地方志理论概念体系的构建中对特定概念的解析，应以当代学者的共识为主，必要时可辅之以不同见解。

目前，我国方志界对地方志理论研究已显现百花齐放蓬勃展开的态势，对理论体系构建的共识已初见端倪，大体框架主要由基础理论、编纂理论、应用理论、管理理论和方志史等5个部分组成，与此相应理论的概念体系也有了提示和导向，这就是围绕地方志（或方志）这个核心概念而展开的延伸概念、派生概念、延伸和派生概念的属概念即再生概念等构成了一个上下衔接、左右关联，层次性和整体性都比较强的体系。

一　核心概念

方志理论的核心概念即“地方志”（或“方志”）。其他概念都是以它为中心，围绕它而展开，脱离这个核心，也就离开了这个体系。“地方志”概念是方志发展到一定阶段而诞生，最早见于《周官》“诵训，掌道方志，以诏观事”，指的是对方国情况的记述。概念的内涵和外延伴随着历史发展有增有减，别名、异称不断出现，但它的主体内容、基本指向一直在延续，成为地方志文献的专用名词。到民国时期，出现了“地方志”一词，“方”，原指古代方国，也是地方的意思，方国相对于宗主国。从秦朝开始逐渐形成中央集权的大一统帝国后，方国逐渐消失。中央政权相对应的是地方，记载地方情况的文献成为中央资政之所必须，“方志”演变为“地方志”也是顺理成章的事。在当代人眼中，“方志”和“地方志”是同一概念的两种表述。国务院2006年颁布的法规《地方志工作条例》，使用的就是“地方志”而不是“方志”，把这个概念定义为“地方志书，是指全面系统地记述本行政区域自然、政治、经济、文化和社会的历史与现状的资料性文献”。实际上，无论“方志”还是“地方志”，概念在其出现之时，内涵和外延都不很稳定。“方志”名词出现时，志书尚处于萌芽状态，史志尚未分家，志书的体例也未定型；“地方志”名词出现时，已有不属于地方的全国一统志和许多专志。目前“地方志”的概念中不仅包括了所有的志书，而且把国外引进的《年鉴》中《地方综合年鉴》也纳入其中。

二 核心概念的延伸概念

也就是地方志在不同时期、不同条件下的不同表述。这是方志史研究的重要内容。目前方志界对方志产生与发展有一种粗疏简略的倾向性概述：源于部落文明，长于秦、汉、隋、唐，成于两宋，发展于元、明、清和近现代。也就是“地方志”直至宋代才大体定型，在这之前是属于从萌芽到成型的成长期，在这之后进一步发展完善，使之成为根深叶茂、繁花似锦、果实累累、独立撑天、成片成林的中华文化永续传承的基础性载体。在“两宋”前早期形态的志书，“地方志”概念的表述伴随其应用目的和内涵的变化而变化，按历史发展的顺序排列，在“方志”之后主要是秦、汉时期的“上计”，是中央集权“大一统”推动了中央对地方报送社情民意的要求而产生，“计书上於太史，郡国地志固亦在焉”；“地记”，两汉时，地方向中央报送的地情，由地理和人物风情分别发展融合而催生；“图经”，隋、唐时期把文字和地图结合起来，由“地记”演变而生。在漫长的历史长河中，还曾使用过《图志》《记》

《志》《录》《传》等不同名称。两宋《图经》《图志》的内容，由以记述地理为主向以记述人文历史为主过渡，体例也以内容的分门别类记述结构相对固定下来，“物以类分，类为一志”。体裁则《记》《志》《传》《图》《表》《录》皆备。名称也由《图经》到《图志》，逐步过渡为《志》。之后，还出现《记》《传》《录》《乘》《考》《书》《集》《簿》《典》《略》《谱》《编》等别名异体延伸概念，直至民国时期出现“地方志”，这些别名异体统统归之于“地方志”，而后编纂的志书，也都使用这个名称。

三　核心概念的派生概念

由地方志派生的第二层次的概念，可分为五部分。

1. 地方志的类型概念。是从不同角度为地方志归类的概念。方志界对志书的分类五花八门，对分类标准各呈其是，对各类概念的界定也各有说法。总起来看，主流的认知是以行政区划分类为主，辅之以按记述对象分类，按编纂时代分类、按编纂方式分类、按撰写形式或体例分类等。按行政区划，即地域分类，形成的主要概念，古代有“一统志”“总志”“通志”“府志”“道志”“州志”“郡志”“县志”“都会志”“卫志”“关志”“镇志”“乡志”“里志”“村志”“土司志”“盟志”“族志”等。社会主义时期的新方志，多按新的区划命名，有规划内三级志书，即“省志”“市志”“县志”“区志”，规划外“街志”“镇志”“乡志”“村志”等。按记述对象可分类为“综合志书”和“专志”。“综合志书”，一般包括某地域的经济、政治、社会、文化和自然环境，是对某地域的纵观历史，横看现实的记述。“专志”，是专写一岗位、一行业、一专业，一个方面和一个专题的记述，等等。按志书性质分类，主要有“创修志书”“续修志书”“重修志书”“补修志书”等。从编纂时间分类，可分为“古志”“新编志书”，等等。

2. 地方志编纂概念。主要是指在编纂原则、编纂体例、体式、体裁、编纂方法等方面形成的概念。在编纂原则上，形成最基本的概念，主要是“存真求实”“横分纵述”“述而不论”“生不立传”“越界不书”“超时不记”“详今略古”“执简驭繁”，以及“全面”“客观”“系统”等。志书质量的总要求：“观点正确、体例严谨、内容全面、特色鲜明、记载准确、资料翔实、表达通顺、文风端正、印刷规范”。在编纂体例上，有“志名”“志体”“凡例”“体裁”“篇目”“布局”等。在体式上，从表述方式的角度，主要有“纂辑体”“著述体”“纂辑著述结合体”，从篇目结构的角度，有“类目体”“纪传体”“编年体”“记事本末体”“分期体”“三书体”“三定体”“四纲体”“章节体”“章节与条目结合体”等。在体裁上，主要有“述”“记”“志”“传”“图”“照”“表”“录”“索引”“专记”“编纂始末”等。在编纂方法上，工作顺序的节点概念主要是“编纂方案”“篇目设计”“资料搜集、考证、整理、使用”“资料汇编”“资料长编”“使用规范的现代语体文”“行文严谨、朴实、简洁、通畅”。志稿审定，“三级审定制：初审、复审、终审”等。

3. 地方志功能、应用和传播概念。功能方面，主要是“资治”“存史”“教化”，是“中华文明永续传承的基础性载体”。应用方面，主要有“修用并举”“网络志鉴”“科研资料引证”“事业开发借鉴”“编纂地情教材”，向地方百科全书和辞书、词典、文艺作品等转化，“增强公共服务意识和服务能力”。传播方面，主要有“方志文本传承”“方志知识交流”。传播方式有：“直接传播”，即授书、赠书、借书；“市场传播”，即市场出售、转让、交换；“间接传播”，有“转换性传播”，即把志书知识转换为论文、其他体例的书刊和播报、宣传品等；也有“导引性传播”，即用工具书引导所需的地方志知识；“信息化传播”，充分利用计算机网络技术的传播，如“网络阅读”等。

4. 地方志管理概念。一是方针原则。在地方志发展未成熟的“两宋”前，是由中央规定地方定期报送地情资料；“两宋”之后，地方志不仅供中央政权使用，而且功能迅速扩大，出现了“有补于世”的概念。新编地方志实行“党委领导，政府主持，各级地方志编委会及其工作机构组织实施”的体制，出现了“一纳入，五到位”的概念，即把修志工作纳入各地经济社会发展计划和各级政府的任务之中，做到“领导到位、机构到位、经费到位、队伍到位、条件到位”，之后“五到位”改为“八到位”，即切实做到“认识到位、领导到位、机构到位、编制到位、经费到位、设施到位、规划到位、工作到位”。二是机构设置。从隋朝开始陆续有管理方志的机构出现，北宋设置了“九域图志局”，主管州郡编修图志，元、明、清，多有类似机构设立，民国时期，还设置过“通志局”“通志馆”等。中华人民共和国建立后，先后成立过主管全国地方志编修的“地方志小组”“中国地方志指导小组”和主管各地地方志编修的省、市、县三级“地方志编委会”及其办事机构“地方志办公室”等。三是制度规范。古、近代，对方志编纂多有一些制度性规定，如明朝制定统一的修志凡例，明、清除官定体制外，还实行申详呈报、公告、乡绅申请等一系列修志制度。民国时期，国民政府曾颁布《修志事例概要》《地方志书纂修办法》《市县文献委员会组织规程》等文件。中华人民共和国成立后，中国地方志指导小组先后颁布了《新编地方志工作暂行规定》《关于地方志编纂工作的规定》，2006 年国务院颁布实施《地方志工作条例》之后，中国地方志指导小组先后颁布了《关于第二轮地方志编纂的若干意见》《关于建立地方志编纂规划备案制度的规定》《地方志书质量规定》等。四是队伍建设。主要有队伍组成，"老、中、青"相结合，"志书专家指导，各方专业人士参与"，"充分发挥离退休专业人员作用"，以及"岗位培训""定期培训""针对性培训"等。"20字修志精神"："淡泊名利、甘于奉献、恪尽职守、锲而不舍、开拓进取。"

5. 研究地方志产生和发展规律的"方志学"。"方志学"概念如何界定、是否是独立学科，至今在学术界仍有较大争议。但其研究内容的主体部分在方志界有大体共识，即6个方面：方志的产生和发展、性质和分类、特征和功能、编纂体例和要求、利用和管理、方志学史。其中研究地方志产生发展历史的称为"方志史"，研究方志学术发展历史的叫"方志学史"。在方志史中，有一些著作对地方志萌芽时期发展起过关键性影响，如《禹贡》《周礼》《山海经》《越绝书》《吴越春秋》《华阳国志》等，有的对其成熟起过催生作用，如宋代的《景定建康志》《长安志》《新安志》，以及元代的《一统志》等。在方志学史中，有一些学者做出了突出贡献，如章学诚、梁启超等，他们虽然是"书"和"人"，但这些书名和人名已成为方志学中的闪亮概念。

四 派生概念的属概念，即再生概念

在地方志概念的派生概念中，多有再生概念，有些还有第四、第五层次的概念。

关于地方志类型概念的再生概念。比如，按行政区划分类的"总志""通志""省志""市志""县志"等，还常以记述对象再分类，编纂成或多或少的分志，如不少省、市志中涵盖了部门志和专业志。新编北京规划第一轮志书《北京志》，共有154部分志。按记述对象分的综合志，又可把大部分地域志作为它的下一层次志书，而专志，则可细分为“部门志”“行业志”“专业志”“专题志”等类型；按编纂时间，还可把“古志”分成各个朝代的志书，或各个类型的志，新编志书分为各地区的志书等；按志书性质分，不论创修志书，还是续修、重修、补修志书，都可以行政区划、记述对象、编纂时间上再进行细分，如创修志书，亦可分“古志”、“新志”、新编“规划第一轮志书”、“规划第二轮志书”等。

关于地方志编纂概念的再生概念。比如，在编纂体例上，“横分门类，纵述史实”时，要“横不缺要项”“纵不断主线”；有简明准确、题文相符、各层级不重复的“标题”；“类目”的升格、降格，使用得当；“述”有“概述”（或“总述”）、无题述（或篇下述、章下述）；“记”有“大事记”“专记”“编后记”；“图”有卷首插图（包括本行政区位置图、地形图、行政区划图、交通图等）、随文图（包括与文字相映照的各类图、照）；“表”有文字展示的“事发表”和数字展示的“统计表”，应包括“表序”“表题”“表体”和必要的“表注”；“录”，即附录，有“全录”“选录”“节录”等；“索引”，用于说明本索引的“编纂原则”“编纂方法”“排列顺序”“检索方法”；“标目”，指列入索引被检索对象的名称；“引码”，有“盒页码”“卷码”“栏目代码”，即标目在志书中出现处；“专记”，有“专题调查”“专题报告”；“特载”，有“书首特载”“书尾特载”等。又如，在“修志资料”上，有“文字资料”“实物资料”“口碑资料”，“文字资料”包括“档案资料”“图书资料”“报刊资料”“统计资料”等。

关于地方志功能和管理概念的再生概念。比如，由“六字功能”再生“信息传播”“展示地情”“文化交流”等功能；

方志管理方面出现了中央、省、地、县各个层级的管理学。机构设置中，由编委会及其办公室，又分化出“年鉴社”“方志馆”“地情展览室”等单位。制度规范和队伍建设中也逐步细化等。

关于“方志学”“方志史”“方志学史”概念的再生概念。常见“方志编纂学”“方志统计学”“方志目录学”“方志管理学”“方志收藏学”“方志语言学”“方志批评学”“比较方志学”“方志应用学”“方志传播学”等和方志的各种断代史和专题研究著作、方志人物研究、志书研究等。

（2015 年 8 月）

方志编纂支撑体系架构

事物的产生和发展都有特定的环境和条件。这个特定的环境和条件一旦发生质的变化或完全消失，这个事物也随之而质变或消失。志书作为一种历史文化形态也不例外。它是依社会需求应运而生的，在适宜的大环境中得以发展。我们经常说“盛世修志”，这个“盛世”，实际上就是有利于志书生存发展的大环境和具备了必需的各种条件。这个大环境的生成和各种所需条件相互配合，发挥综合作用，形成了志书编纂的支撑体系。这个体系大致可分为动力性支撑、制度性支撑、人力性支撑、思想性支撑、财力物力性支撑等。

1. 动力性支撑。这是志书编纂的推动力、水源头，是志书支撑体系中的第一位，起核心作用的条件，缺少了这个条件，一切都无从谈起。这就是社会需求和历史传承。如果追根溯源，人类结绳记事就带有志书的因子，在中华文明发展史中，志书的萌发主要是统治者施政的需要。秦、汉大一统的需求促成了志书早期形态《地记》《图志》等书的形成和发展。两宋理学的兴盛又为早期志书增加了历史借鉴和教育的分量，促成了志书编纂体例的大体定型。到近现代，特别是我国的改革开放、现代化建设的迅速发展，迫切需要从中华历史文明中汲取营养，而波澜壮阔、日新月异的社会变革，又需要如实记录，形成丰富的文化财富传之后人。因此，志书编纂作为基础文化建设，被社会的关注度逐步增强，国家加大了对人、财、物的投入，在全国形成了广泛、持续的体制性修志的态势，这就叫需求催生产品，"市场引导生产"。

在社会的持续性需求下，志书在中华文明进步的长河中形成了一道独特亮丽的风景线，成为中华传统文化发展的基础性载体，为增进中华民族的凝聚力、向心力，强化其生机和活力做出了特殊的贡献。与此同时，也形成了志书在中华文明发展中不可逆的延续性，这种延续性反过来成为志书生存和发展的推动力。从志书编修萌发到成型之后，无论哪一代人对其重视的程度，都成为文化觉醒的一个重要标志，成为后人对前人褒贬文化贡献的一项重要内容。这种文化传承，不仅是后世发展进步的需要，也是后人应自觉承担的一种社会责任，是历史知识和精神力量的传承。在修志史上曾发生过春秋时期齐国太史因坚持如实写史，兄弟三人前仆后继均被杀死，四弟仍挺身而出，照实写史，终使当权者认可的事件；晋国史官董狐也因面对当权者压力，仍秉笔直书，"书法不隐"；唐代史官刘知几和吴兢也不愿为当权者隐恶扬善，违背心灵底线和著史原则而愤然辞职等，他们的事迹可歌可泣，一直是激励修志人的精神动力。

如何强化对志书编修的动力性支持，应紧抓两方面的工作，一是志书的开发利用，二是修志精神的宣传教育。志书的开发利用，是满足和扩大社会需求的重要措施，也是当前修志工作的薄弱环节。目前方志界对志书普遍存在重编修轻使用的现象，只把为后人"存史"当做任务，忽视对当代人服务，即"重生产，轻销售"，不重视自己产品的推广应用，不主动开拓"销售"市场，不自觉研究探索社会对志书的知晓度、认可度和需求的差异性，以满足多方的不同需要。也只有强化开发利用，实现志书的价值，才能推动志书质量的提高、影响的扩大。修志精神，具体讲就是淡泊名利、甘于奉献、恪尽职守、锲而不舍、开拓进取的精神，也就是“修志问道，直笔著史”的精神，这是在志书编修的历史长河中形成的，应针对修志队伍的多变性、年轻化特点采取多种形式的教育。既要宣传历史事件和人物，更要发现当代修志队伍中出现的新思想、新事物、新人物，以激励士气，更好地调动积极性，发挥队伍的主观能动性。

2. 制度性支撑。这是志书编纂的体制、机制和规范，是志书编纂的根本性保障条件。志书是延续性著述，不仅一部志书编纂完成需要多年，一套志书需要十多年，而且是传承性的，是代代相续劳作的。志书又是众手成志的著述，不同于个人和几人合作的专著，它需统一设计、分工协作、协调多方。如没有一定的制度规范，是难以行进的，难以把志书编修的社会支撑动力和历史传承动力转化为有组织行动。纵观方志发展历史，无不与制度的创立和变革密不可分。早在秦、汉时期，中央制定“上计”制度，要求各地上报地情，使“郡国地志，固亦在焉”；隋文帝把编修史志的权力收归官方，使《图经》《图志》出现有组织大规模编修景象；唐代要求地方向朝廷定期报送《图经》；北宋专门设置了主管州郡编修地方志事务的九域图志局；元代组织编纂了《大元大一统志》；明朝廷诏令全国各地郡、县、所皆修志，两次颁布《纂修志书凡例》，对志书内容作出具体规定，不仅编新志，还要搜集旧志；清康熙礼部奉旨檄天下各省设局纂修通志，雍正朝廷颁降省、府、州、县志书六十年一修的定期修志制度，此后朝廷还制定了统一修志的《凡例》；民国内政部呈奉行政院先后颁布了《修志事例概要》《地方志书纂修办法》《市县文献委员会组织规程》等文件；中华人民共和国成立后，国务院科学规划委员会成立了“地方志小组”，后改为“中国地方志指导小组”，先后颁布了《新编地方志工作暂行规定》《关于地方志编纂工作规定》，确立了“党委领导、政府主持、各级地方志编纂委员会及其工作机构组织实施”的工作体制，要求各地落实“一纳入，五到位”，即把地方志工作纳入各地经济社会发展计划和各级政府工作任务之中，做到“领导到位、机构到位、经费到位、队伍到位、条件到位”，此后国务院颁布《地方志工作条例》，把地方志工作纳入法治化轨道，各地也制定了相应的实施条例。综上所述，志书编纂的方针、目标、内容要求、机构设置、人员调配、财力支持、编写规范、质量标准、应用收藏等无不要靠制度和规范，制度越完善，规范越具体，志书编纂的工作开展就越有保障。有人说志书是“官书”，又说是“公益性事业”，虽然不甚准确，但志书受制度的制约、制度的规范、制度的支持，却与“官”和“公”是分不开的，没有公权力，就难有制度的制定和落实。

当前，我国新修志书的体制、机制已大体确立，但还很不完善，在一些重要方面还缺乏适用的制度和规范。即便是《地方志工作条例》和《地方志书质量规定》等，虽具有开创性，但同时也有明显的探索性和不完善性，还应进一步补充、完善。有些规定还应补充实施细则，使之具体化，可操作，易落实。比如，有关资料的制度。资料是志书的食粮，没有米粮，再巧的厨师也难为“无米之粥”。现在缺少对各单位有约束力的资料留存、保护、整理的规定。因此在志书编纂时，常常因资料收集不全面，重要资料缺失而费时费力难以进行。又如，我们虽有质量规定，但比较原则，让志书编纂者难以把握，评判者的不同意见，在原则上难以统一，应制定更具体的标准。再如，读志用志，特别是志书的开发利用和旧志的整理、志书馆藏等，都需要进一步总结经验，制定一些规范性制度等。

3. 人力性支撑。这是志书编纂的决定性条件，做任何事，人的因素都是起主导的、关键的、决定的作用。志书能否编纂、编纂能否顺利进行、最终能否编写出合格的以至高质量的志书，起决定作用的是人，主要是三类人：第一类是地区、部门和单位的领导人。一个地区、部门和单位修志的启动和被各方重视，关键取决于这些地区、部门和单位领导人的文化自觉，对修志工作意义的认识和领导力、决断力。近30多年修志历史证明，凡是领导人重视文化建设，对志书编修意义有认识的单位，志书编纂启动就比较早、比较快，进展也比较顺利。有些地区、部门和单位领导人脑中“少文无志”，志书编修迟迟推不动，即便启动了，也是打打停停旷日持久，难以完成。第二类是地区、部门和单位对文化事业的热心人。他们大多是文化人，不少是专家、学者，我们的新方志之所以能够启动编修，与他们的积极倡导热心奔波分不开，这些人以后多数成为地方志编纂的某一方面的领军人物或资深专家，他们是地方志事业开拓的有功之臣。第三类是一批埋头于地方志编纂的方志专家和与方志编修的有关专家。他们是编写的主力、骨干，是编纂质量和效率的决定性人物。此外，围绕他们周围的还有许多热心于方志事业的离退休老同志和专职、兼职的方志编纂工作人员以及各单位图书档案馆的资料提供者等。凡是志书编修进展顺利的地方，肯定是各方面人力资源动员比较充分，对编纂有关人员培训也比较及时的地方。

当前，志书编纂已走上法治化轨道，各级领导人多数比较重视这个事业，但也有部分地区、部门和单位的领导人，对修志缺乏应有认识，关注不够，支持不足，《地方志工作条例》迟迟得不到落实。地方志队伍在逐步发展壮大，但不少地方处于编修骨干新老交替时期，后备人才严重不足，特别是领军人物和编纂骨干普遍缺乏，需要强化培训。伴随我国现代化建设的迅速发展，人们对文化产品数量、品种、质量的需求日益提高，地方志也应与时俱进，质量应进一步提高，内容和形式都应有所创新，编纂队伍素质也须相应提高。目前只是临时抱佛脚的培训，已难以适应新的发展需求，应尽快设立一些具有高等学历水平的志书专业以至硕士、博士的培育院所，有计划培养一批适用人才，为今后的志书编修提供数量足够、质量较高的骨干人才。

4. 思想性支撑。这也是志书编修不可或缺的重要条件，主要是舆论支撑、精神支撑、理论支撑。地方志是基础文化，凡是基础性建设，都有社会性、普惠性，很容易被推诿、拖延、边缘化，加上投入较大，费时较长，难以和某一届领导层的“显绩”挂钩，常常被某些领导人视为“给他人做嫁衣”。还因为地方志编纂是埋头文献资料堆默默无闻的工作，是需要全社会支持的工作，但又不易引起社会的普遍关注，十分需要舆论支持。还要大力宣传地方志编纂的意义，宣传它为社会所作的历史性贡献，宣传它的学术活动、著作成果和为之做出特殊奉献的专家、学者，逐渐深化全社会对志书编修的关注和认识。近些年来加强了这方面的工作，可以说若没有一定的舆论宣传，地方志工作稳步开展取得明显成绩是不可能的。对于这方面的工作，目前方志界尚缺乏系统研究，如何强化舆论阵地建设、如何创新有效的宣传手段和方式、如何动员宣传舆论单位深度介入地方志的宣传，尚需多方努力。

如果说舆论宣传对地方志工作来说是外向的，是对全社会的精神支撑，那么精神方面的教育激励则是对内的，是方志队伍自身建设所需要的。地方志的编纂，被称为“坐冷板凳”工作，最需要不讲名利的奉献精神、勤奋刻苦的钻研精神、认真负责的担当精神。近些年，国家地方志指导小组及其办公室和全国各地的地方志编纂工作委员会及其办公室在这方面做了大量的思想政治工作，提炼出并广泛宣传“方志精神”，评选并奖励先进单位和先进人物，开展以树立社会主义价值观为中心的多种活动等，推动了方志队伍凝聚力、向心力的增强，整体素质的提高。特别是近几年，方志队伍处于新老交替状态、成员变动较大时期，更需加强这方面的工作。

舆论宣传和精神培育，是为调动全社会和方志队伍即内外两个积极性而必须认真做好的工作。理论支撑即理论指导，却是针对志书编纂本身所必需的。理论是对事物的规律性认识，是从实践中提炼概括、反过来指导实践向更高层次发展的思想。地方志的编纂，无论是指导思想、内容设定、编纂方式，以及工作管理和开发利用等，都离不开理论指方向、划界限、辨是非，也就是离不开理论的引导和推动。地方志编纂的历史，也是方志理论萌生、形成和发展的历史。当前对方志理论的研究，已引起普遍重视，但方志理论研究队伍尚不成军，社会主义新方志理论还未产生比较成熟的、学界多数人能接受的体系，学科建设仍处于努力奋斗之中，尚需群策群力，尽快有所建树。

5. 财力物力性支撑。这是基础性条件，没有财力物力的支持，任何事情都是难以干好的，但财力物力一般是伴随制度规定而来的。有些志书则是开明人士集资支持编纂而成的。社会主义时期新方志的编纂，一开始靠文化界一批知名人士呼吁，各地政府领导人有文化觉悟者响应，调集人员，拨付专款而起步的。因此，各省市对修志工作有积极行动的，有消极应付的，也有雷打不动的。直到中国地方志指导小组成立之后，提出“一纳入，五到位”的要求，地方志编纂财力物力的支持才进入制度化轨道。省、市、县三级政府对规划志书编纂的费用，纳入预算管理，有了基本保障。但因各地有关领导人的认识程度相差较大，各省市对地方志编纂的支持力度也呈现严重不平衡状态。2006 年，国务院颁布《地方志工作条例》后，情况起了很大变化。一是地方志工作条件得到了明显改善。不仅规划内志书的编修在平稳顺利进行，规划外志书也大批涌现，有些地区呈现遍地开花的景象。它们多数靠当地政府或有关部门和单位支持，也有采取公益集资办法，靠企业或个人资助。二是地方志工作快速迈向信息化。不仅地方志编纂、录入、信息传递等工作普遍应用信息网络技术，而且不少地区设立了地方志信息网站，开通了面向社会的互联互通渠道。三是不少地区把方志馆建设纳入了城市建设规划，有些地区已正式开馆。方志馆是集志书收藏、借阅、展示、交流、咨询、研究等一体的文化基础设施，是社会发展，特别是方志事业发展到一定程度的必然产物，但兴建一个合格的建筑院馆需要较大投入和有关各方的支持与配合。针对这些发展变化，在全国第五次地方志工作会议上把“一纳入，五到位”改为“一纳入，八到位”，必将促进修志工作信息化和社会化，修志事业迈上新台阶、进入新常态的步伐。

在财力物力对地方志工作的支撑上，虽然已逐步向制度化迈进，但尚有一些问题需要进一步研究解决。主要是全国地区之间的支持力度严重不平衡，其中少数地区的落后是因当地领导人认识不够，应强化指导和督促，多数则是地区经济困难，特别是老、少、边、穷地区，应采取中央财政在帮扶基金中拨专款和发达地区结对支援等方式给予帮助。

（2015 年 8 月）

构建方志知识体系的一次实践活动

——《方志百科全书》知识体系解析

《方志百科全书》是在中国地方志指导小组及其办公室的筹划主持下编写的首部全面展示方志知识的工具书。用“百科全书”这种具有独特体例的知识表达方式反映志书和志书编纂的有关知识，需要探索和解决一系列问题，其中一个十分重要的任务就是探索构建方志的知识体系。知识体系是一组知识之间相互依存，紧密勾连，整体组织性和逻辑性都很鲜明的组合体。构建方志知识体系，必须把有关方志的知识收罗汇集，根据内在的相关性整理排列，形成系统性知识。我国的方志编纂从萌芽于秦、汉时期到中华人民共和国成立以来的新方志，历时两千多年，内容由地理到地情，到自然与人文，无所不包，体例由雏形到成熟规范，数量、种类和参与这项工作的人员由少到多，积累的知识浩如烟海。现留存各类旧志 8500 多种、11 万余卷，出版新方志 3 万余部，还有一大批理论著述和资料书，工作队伍遍布全国各省市县，仅新方志的参与人员达 10 多万人。志书的编纂，为中华民族的凝聚和素质提升、中华文明的传承和发展，做出了无与伦比的贡献。我们的先人代代相续修志，为此付出了辛勤劳动，也积累了丰富的经验。如何把这些知识传承下去、普及开来，让更多的人了解和受益，需要尽快建立独立学科，而学科建设首先应构建知识体系，经过方志界几代人研究，这方面已有很好的基础，但尚未形成学界大体认定的体系框架。《方志百科全书》的编写，需要搭建一个知识边缘比较清晰、内容力争全面而又突出重点，使逻辑结构和分类尽可能合理的体系架构，并以此来确定百科全书收录内容的范围和分类、结构的安排和图文的编选、各类条目占位的比例原则等。因此，方志知识体系框架的确立成为《方志百科全书》编写首先应探索解决的问题。经过编纂者们反复研究，广泛征求意见，集思广益，初步搭建了一个涵盖有关方志各类知识的主要方面、主要内容的知识体系架构，这就是主体知识、派生知识、升华知识、人物知识和纵横展示知识。

《方志百科全书》是专业性百科全书。作为一种学科或专业，在其知识体系的构成中首先应认定主体知识，并依此确定百科全书的主体内容。方志知识体系的主体就是志书，范围包括古、今、中、外的志书，既有地域志，也有专志，还有地理总志、国家一统志、域外志等。这在体系中属于直观的基础性知识、起始性知识，反映在百科全书中就是让读者能直接观察和感受到方志的形态、内容及其特点。这是体系的中心，也是百科全书的重点，其他知识都是以它为基础、为出发点和立足点，被它牵动，为它服务，围绕它而展开的。在《方志百科全书》的编纂中选用古今有代表性的志书共1000多部（其中古代和近代志书580多部，新编志书440多部），并从作者、编纂时间、规模、主要内容、特点、历史意义和现存情况等方面一一作了介绍。这一部分占全书词条的60%、容量的40%。

派生知识。志书的产生需要收集整理资料和尽心费力的编纂，志书成品需最大限度地促使社会应用，这一切又需要科学地管理去支撑，因此派生了志书编纂知识、应用知识、管理知识和各种资料的汇编、长编等编纂档案性知识。

关于编纂知识，就是编纂方志的要求和方法，包括编纂的指导思想、基本原则和主要规范等。不同时代、不同编者对方志有不同的编纂要求和编纂方法。特别是在服务对象、历史认识、思想导向等方面有明显差异，旧志和新志之间差异更有强烈的时代特色。《方志百科全书》在反映志书指导思想方面采取集中与分散方法，集中反映在序言中，分散反映在总论和历代志书编修中。对志书的编纂原则，则以设置专条集中反映。对编纂的主要规范采取逐一展示的方法，设置了体例、体式、体裁、文体、文风、断限、修志资料、志稿审定等专条。这样，既对编纂知识作了全面介绍，也突出了重点内容。

关于应用知识，即方志在资政、资教、资研等方面的知识，包括应用理念、应用方式和为应用而作的旧志整理、工具书编纂等内容。这是方志编修的出发点和落脚点。修志就是为了使用。应用，不仅是修志的目的，也是检验志书质量的金标准。展示用志知识，可启示读者更加自觉地阅读方志、使用方志，以助力有关工作，推动事业的发展，在方志工作中它起的是发动、引导和激励作用。在《方志百科全书》中，对此除设置了专条外，还在各省市修志的条目中专有一部分应用内容。此外，还用较大篇幅设置了志书目录、索引、辑佚、汇编、提要、总览、通鉴等工具书条目，说明了旧志整理汇编、汇集等情况，这对于志书的应用起到了十分方便的导引作用。

关于管理知识，主要包括管理理念、法规制度、机构设置、队伍组织和培训、资料搜集和汇编、期刊编写、信息化建设、方志收藏保管和借阅，这些都是方志编修的保障条件，是支撑方志事业顺利开展的体制、制度性知识。在社会生活中，任何事业如果缺少了管理，都难以顺利发展。在《方志百科全书》中，除设置了方志管理理论专条外，还专门设了修志的法规和文件部分，选择四个文件设置了专条。修志机构和队伍，各种重要会议，评奖、展览活动，国内外方志收藏等内容，都设了一批条目。

一个体系，不仅应有主体内容及其派生知识，还应有统管和指导这个体系的思想理论，也可称之为体系的灵魂。它产生于主体内容和为主体内容服务的修志活动，又高于修志的实践活动，是对方志事业的规律性认识。不仅说明方志是什么，还解决方志工作的一系列为什么和怎么办的问题，既是指导修志向更高层次发展的武器，也是凝聚方志知识的统帅。它包括修志事业的指导思想、修志及围绕修志各项工作的方针、原则和基本方法。它主要体现在古今方志学的论著和有关期刊中。在方志的历史发展中，特别20世纪80年代以来，伴随新方志编纂广泛而深入的开展，大批志书的出版发行，修志工作的理论研究也成果迭出，并形成了百家争鸣的态势。在一些基本的理论问题上，如何尽可能取得共识，成了《方志百科全书》编纂的一个难点，也是重点。经过反复研讨，形成了方志的理论和概念的系统性认识，这就是基础理论、编纂理论、应用理论、管理理论和方志史论组成的方志理论架构，特别是基础理论，是这个体系中灵魂的灵魂。在《方志百科全书》编纂中，为了充实、深化理论认识，不仅在方志总论中对方志理论作了比较系统的介绍，还选择方志理论著述80多部以专条介绍，作为方志知识体系理论部分的实体，便于读者选择学习。

人物知识。人物是知识创立和发展的主体和决定性因素。知识体系的构建，不能没有为特定知识的创立、创新、发展做出重大贡献的人物。记录、了解并研究他们，不仅会加深对志书编纂背景、中心思想、编纂原则和方法的了解，对修志事业及其发展历史的认识，也会在记载他们的奉献、展示他们的风貌中激励后人，弘扬他们的精神，使之成为教育和影响子孙后代的榜样性知识，这也是方志知识体系必不可少的内容。目中无人，就没有鲜活的历史，“体系”就难以立得住、活起来。

《方志百科全书》共涉及人物1000多位，其中包括皇帝在内的国家层面的决策性人物，国家及各省市层面的领军人物，名志、佳志的主编、主笔，对方志理论研究做出重要贡献的人物，以及方志界的英雄模范人物等。还为在方志事业上有突出贡献的并已去世的人物设置了220个专条，有些对方志有突出贡献的在世人物也借鉴志书以事带人的方法，做了适当介绍。

一个比较完善和严密的知识体系的建立，还需要有从纵向和横向，以及纵横结合上展示有关知识，以反映知识体系的连续性、全面性和整体性。方志知识体系中这项任务是由介绍方志史、方志学史，以及反映“两史”的论著和古近代、当代省级行政区及中央党、政、军等各部门修志情况的简介完成的。方志史和方志学史是从纵向介绍方志和方志学的源流和发展，把有关方志的历史知识串起来，使读者不仅看到中国历史发展的每个阶段、历朝历代的修志情况，也从中认识志书编修的发展脉络和规律。在《方志百科全书》中相应设立了方志史、方志学史及有关著述和历代修志的条目。横向修志知识，是展示不同地域修志情况及其特点的知识。在《方志百科全书》中，设立了各级行政区修志，中央部委办、军队、武警修志和域外史志等内容。纵向和横向互连互补，历史和现状全面展示，使《方志百科全书》反映的方志知识更完善、更全面、更丰富。

总之，《方志百科全书》的编写，紧紧抓住方志知识体系这个纲，带起方志知识的方方面面，力求全面系统地把有关方志的主要知识囊括其中，力争做到重要内容不弃不漏，安排轻重有别，关联有序，表述简练畅晓，以其知识的全面性、选材的合理性和内在逻辑性去立论，去吸引读者。

（2015年8月）

三

编纂意见

认真处理好二轮志书编纂的四个关系

——在第二轮《北京志·旅游志》编委会成立暨编纂工作启动会上的发言

第一轮《北京志·旅游志》较好地完成了编写任务。这个取决于大家的努力，也取决于时任局长于长江同志的亲自关照。他的重视弥补了起步晚的落差。《旅游志》出版以后，尽管在编纂的结构上有些不同的意见，但是总体质量还是比较高的。以后又出版了《北京旅游百科全书》，这实际上是《旅游志》的一个应用和扩大。这不仅在北京市旅游界，在全国旅游界都起了很好的作用。现在开始编纂第二轮《旅游志》，应继承和发扬前一轮修志的成功经验，弥补不足，汲取教训。在起步时应特别注意以下四个问题。

1. 和前志的关系。第二轮志书和第一轮是什么关系？志书的编纂有三种情况。第一种是创修，其主要内容第一次用志书这种形式编纂。第一轮志书大多数是创修；第二种是重修，即大体相同的内容，以不同指导思想编修，或原志失误过多，不得不推倒重来。第三种是续修，即延续前志继续编纂。第二轮志书大多数属于续修。具体到《旅游志》，它是延续第一轮的志书继续往下编写，不是重修，更不是创修，而是续修。既是续修，就有个衔接问题。前一部志书是从事物的发端写起，下限是2000年。第二轮是从2001年开始，下限是2010年。这十年内北京市旅游业有很大发展，但一些基础性的东西，如旅游资源、旅游行业、市场开发、行政管理等方面，许多内容不可能都有根本性的大变化。如果原封不动移至二轮志书，肯定有大量重复的内容，如果不写或写得过少，又难以保持二轮志书内容的完整性，怎么对待？需要动脑子。既然是续修，那么眼光就应放在新的时期，即 2001 年到 2010 年。重点就应放在这一阶段旅游业的新情况、新成就、新问题上，就是在“新”字上多作文章。即抓住变化，突出变化，并把变化放在原有基础上，展示其进展，就可使新变化和老情况融为一体，就可少重复、不重复。有些基础性重要内容，没有变化或变化不大，该重复的还应重复。其中一些共性的东西，要压缩、简化。有些不在正文当中写，而在综述、概述和无题述当中写一段或带一下。总之，既要接续前志，又不要过多地重复前志的内容；既要全面反映这十年的北京旅游业，又要分清主次，突出变化，写出新意，解决好前志和续志的关系。

2. 市志和区县志的关系。从行政管理上讲，这是两级志书。作为《旅游志》，是市志的一个组成部分，是行业志；区县志是综合志，区县志必然要有旅游这一块。那么，怎么能做到既吸收区县志旅游部分的重要内容，又不和区县志重复？重要内容应当拿过来。但是，拿过来不是拼凑，不是把 18 个区县志中有关旅游业的部分拼在一起就行了，而是综合、分析，按需要选用。不是原封不动地用，而是分门别类有选择地使用。要站在市一级的高度，以全市的视野去分析、去使用，最后形成市一级的体系。市一级的视野，就是以全市的角度去看区县的旅游，而不是站在区县的角度把它的旅游内容搬过来。市一级的体系，就是把全市的旅游业及有关的内容按照“事以类聚，类为一志”“横分门类，纵写史实”的志书编纂原则，组成领属明确、层次清楚、结构严谨的体系。要突出市一级的内容，这样既可照顾各方，比较全面，又可避免重复。拼凑比较容易，搞成系统、体系，则是需要费一番功夫的。

3. 北京市和中央管理部门的关系。地方志是以地域划分为界的，每部志都有特定的地域范围。当代《北京志》就是以当代北京市区划为界的。北京是我国首都，如何处理中央所属和市属的关系，是《北京志》需要解决的一个问题。具体到《旅游志》来讲，应反映北京地域范围内所有的旅游业内容，不管其归属是北京市的、区县的、还是中央的。管理可以分层次，但内容不能只写北京市属的旅游业，应把中央所属、市属、区县所属揉在一起，这就需要和中央部门紧密配合，形成北京市和中央部门共同协作编修志书的格局。《旅游志》编委会就是市级和中央有关部门联合组成的。要记述中央部门管理的在北京市设的旅游业，特别是中央旅游管理部门及其直属产业，这是志书的重要组成部分，应给予相应的位置。还应注意处理好和中央部门的关系。总之，旅游是大旅游，《旅游志》也是一个大首都的志书，而不是只写北京市管旅游业的《旅游志》。

4. 资料长编和志书的关系。资料长编是汇集和保存原始资料的形式，也是编修志书、搜集和汇总资料的一种方式。有了较为扎实、完整的资料长编，修志就容易得多，临时抱佛脚、到处找资料的情况就可大大减少。应鼓励有条件的单位搞资料长编。但不能要求条件不具备或不需要编资料长编的单位去编资料长编。有些单位二轮修志时间短、范围小，不必先搞资料长编而后修志。《旅游志》的编写规划中有搞资料长编的计划，我看是可以的。它的好处：一是可以把全市旅游业的底数摸一下，对于指导旅游业的发展会起促进作用。二是为编写志书打下资料的基础。搜集和编纂资料长编费些功夫，编修志书时就省力省事了。但一定要注意，资料长编是资料的汇编，志书是资料性著述。汇编和著述的区别在于，汇编是把原始资料拿过来，按照一定的顺序编纂起来。强调的是资料的原始性，原汁原味。讲的是资料的来源真实不真实，而不是讲资料的内容真实不真实。只要资料来源是真实的，就把它收入汇编。至于内容是否真实，需要考证。但考证不是资料汇编的任务，是编纂志书的任务。只要把原始资料都拿来，按一定分类，比较系统地编纂起来，就完成了任务。志书对资料要核实，要选择，甚至可以在不影响真实性的前提下重新编写。千万不要把资料长编变成了志书的扩张，一部志书扩张为多部志书，费力不讨好。当然，资料长编在资料的收集上，虽然要求多多益善，但也不是件件都收，也是有一定选择的。有的资料空洞无物，没有使用价值，就可不收。但只要收入资料长编，就不能随意删改，讲原始性。其中有些内容不准确、不真实，也要保留原貌。有些明显破绽可加注，但不可改动。现在许多单位都讲要搞资料长编，我就担心把长编搞成了志书的扩张，旷日持久，完不成任务。现在已经有这个苗头了。要重视搜集资料，这是修志的基础，但是否要搞资料长编，各单位可根据需要而定。

第二轮志书的编修中已出现了一些新的问题，需要及时研究。今天就第二轮《旅游志》的编纂讲点意见，不一定准确，供大家参考。我相信，在新的编委会领导下，在熊玉梅主编的主持下，第二轮《旅游志》一定能比第一轮编得更好。

（2012 年 2 月）

编一部什么样的志书

——在《农业·农村志》编纂工作会上的发言

有关“农业、农村、农民”的志书在《北京志》中是分量很重的一个方面，也是和其他志书容易交叉重复因而在写法上争议较多的志书。第一轮修志时就有是搞《农业志》还是搞《农村志》的不同意见，最后确定编9部志，分别放在两卷中。一卷是《北京志·农业卷》7部，包括《农村经济综合志》《种植业志》《林业志》《畜牧志》《水产业志》《乡镇企业志》《国营农场志》，《水利志》《气象志》放在《北京志·地质矿产、水利、气象卷》中。现在看来大体上是妥当的，但《农业卷》名不太准确，应改为《农村产业卷》。第二轮志书涵盖的时限比较短，大体上20年左右。最开始研究志书分类和篇目结构时，把有关产业重新归类，初步确定《北京志》包括66部分志。把原先《农业卷》中的《乡镇企业志》的内容分别放在工业、商业等志书中，国营农场已变革，不再单写一志。其余内容合起来编纂一部志书，暂定《农业志》。市农委的同志经过认真研究，认为一部《农业志》包括不了农村的许多变革，建议搞《农业·农村志》，现在的篇目就是按《农业·农村志》设计的。这就又带来一些新问题需要思考解决。

1. 编一部什么志？现在的标题是《农业·农村志》，篇目设计的内容实际是《农村志》。从严格意义上讲，标题是不科学的。农业和农村不是并列关系，农村包含农业。是搞《农村志》，还是搞《农业志》，请再考虑一下。

如果写《农村志》，首先，要解决一个问题，即把农村的边界划清楚，是否沿用过去定的四个近郊区和10个远郊区县，即把北京分城区和郊区两部分。如果要写《农村志》，就要承担撰写北京半壁江山的任务。

其次，要把这一地域范围内的经济、政治、文化、社会、环境等方面的主要内容都包涵进去，这样又十分容易和区县志、行业志重复。《农村志》的内容，区县志和行业志基本上都有了。不同的是区县志是从区县的角度写，市志是从市一级来写，要做到不重复、少重复，是比较难的。和其他行业志的重复就更多一些。我们的篇目中乡村建设、农村人口、农民收入，以及文化、教育、科技、卫生、体育、社保、基层组织建设、民主法制建设等，在市志中都有相应的专志，也大都会收录这些内容。如果最后定下来写《农村志》，那就要研究一下，如何减少重复，并写得新颖，写出特点，要和区县志、行业志有明显的区别。还应注意，我们使用的资料，如统计数字等，一定要和区县志、行业志一致，不能在《北京志》的各个分志中出现自相矛盾的内容。

再次，和前志的关系。第一轮志书中涉农的有9部，现在变成了一部《农村志》，但包含的内容却大大扩大了。除农村产业等可和第一轮志书衔接外，其他内容多属于创修。也就是说，这部志书中有一部分内容是和第一轮志书相接的续修，有一部分内容是新修或创修的。从总体看，如果修《农业志》是续修，如果修《农村志》，过去没有修过，应当是创修。

2. 关于篇目结构。如果确定编纂《农村志》，现在的篇目结构大体可行。但尚缺土地资源和水资源的变化。有些篇章尚需调整，如第一篇农村产业篇，除农业外，还应包括二产、三产，而其中的技术、教育、质量、安全基础设施、法制建设等，不是产业，不应放在这里。

3. 关于资料长编。如果要搞资料长编，一定要明确资料长编和志书的本质区别。志书是资料性著述，有特定的体例格式和编纂原则，需要一定的编写技能和文字功底，编书过程是精细的过程。资料长编是资料的汇集，讲的是资料的原始性，千万不要把资料长编搞成志书的扩大。我们提倡有条件的单位搞资料长编，不是要求编修志书的单位都搞资料长编。资料长编所解决的任务是把资料按一定顺序汇集起来。除要核实资料来源外，对其内容不必下功夫核实，也不要任意删节。编纂志书则要对资料进行核实、选择，在不违背真实性的前提下可删改简化或综合重写。如果把资料长编搞成志书的扩张，必将旷日持久，费时费力，最终成果的价值有些还不如原始资料。

究竟搞《农业志》还是搞《农村志》，希望再研究一下。如果下决心搞《农村志》，那就要下功夫研究一下，如何在与其他志书少重复的前提下搞出特点来。在各省市志书篇目中还没有看到《农村志》，能否闯出一条路子来我现在还没有想清楚。但有一点我是清楚的，农委、农办搞有关“三农”的志书是有良好条件的。有一批对农村情况非常熟悉、文字能力也比较强的人才队伍，有长期重视积累资料的习惯，资料是比较充分的，还有领导的重视，搞一部比较好的志书，是不成问题的。还有一句话，如果不搞《农村志》而搞《农业志》，扩大一点范畴，把别的志书少写或不写的，有关农村和农民的内容纳入其中，也是可以考虑的一条路子。

（2012 年 3 月）

在《方志百科全书》专家研讨会上的总结发言

两天来，多位专家围绕《方志百科全书》总论部分的试写稿进行了深入的研讨，提出许多修改意见，这说明《方志百科全书》的编纂工作已经从宏观设计进入微观落实的阶段，也就是从准备阶段，即组织队伍、制定规划计划到设计全书框架、安排各部分的条目，进入了现在的条目试写阶段。根据大家的发言，谈点意见。

一 《方志百科全书》的框架

为使讨论更集中、更深入，在给大家提供的《方志总论讨论材料》的前面，提供了一个经过三次调整的《方志百科全书》总体框架。讨论中多数同志对这个框架是赞同的，可以大体确定下来。即总论、志书编修、历代志书、新编志书、方志人物、方志工作管理、方志馆藏七部分，每一部分又分类列出了内容和条目数量。这是这部书的总纲，关系《方志百科全书》优劣成败，希望大家在《方志百科全书》编纂的全过程中，都要关注这个大框架，及时提出补充修改的意见。随着编纂工作的进展，必然会有一些不足之处，有一些适当的调整，使其科学完善。

二 关于篇目设计

在这次提供大家讨论的材料中，对《方志百科全书》的七大部分，每一部分的篇目设计和所占的比例又进行了一些修改。这样的设计是否准确完善，还应继续深入研究，在编纂过程中不断补充修正。现在的条目设计，多数同志是比较认可的，但是仍然存在很大的调整空间。

三 关于《方志百科全书》的总论部分

这是这部书七大部分当中的第一部分，也是这两天会议讨论的主要内容。这一部分的内容，一是介绍方志的基础理论知识，二是介绍主要的理论著述。方志学尚未形成学科，其理论体系也是众说纷纭。这部百科全书，并不追求在理论上统一认识，这是不可能的，也是不必要的。但必须把方志的基本知识、基础理论介绍给读者，也就是把大家最为关注的有关方志的最重要的基础知识加以介绍，这是这部书编纂中的最大的难点。这两天的讨论，在许多问题上取得了共识，有些问题认识有差异，还可继续讨论，最后达不成共识的方面，采取在主要问题上诸说并存的方式。关于理论著述，哪些书可列条目，也应有个共识，也是一个难题，我想应该在广泛征求意见的基础上，请几位方志史专家审定。

四 关于方志与百科全书的结合

我们编纂《方志百科全书》，目的就是利用百科全书的方式传播方志的知识，是百科全书和方志学的结合体。参与编纂这部书的有三类人，一类是百科全书专家，一类是方志专家，还有一类是编辑室的同志，这部分同志除王樵裕外，多数是年轻同志，他们有一些编纂百科全书的经验，但在编这部书之前大多没有接触过方志。这一年他们恶补了大量地方志知识，在向书本和专家学习过程中，拿出了这样一本讨论材料，是很不容易也很不简单的，大家也给予了充分的肯定，也提出了大量补充修改意见。讨论中也有不同认识、差异较大的观点，这是很正常的。如果没有不同观点的交锋，就不可能深化认识，难以在更高层次上获得真知灼见，编纂较高质量方志百科的愿望必将落空。多种思想观点的竞相展示、相互交锋，是创新的一个必然过程。当然，就单独一个条目来讲，在表现形式上是可以创新的，但在内容上只可展示已有的知识，不必创造新的知识，这也是百科全书的一个特点。就《方志百科全书》来说，由于它是第一次把方志知识用百科全书方式表现出来，在百科和方志的结合上，需要克服种种困难，有所发现，有所突破，当然是一种创新，或者说是创新之体。

五　关于条目编写的几个问题

1. 定位。条目是百科全书的主体、百科全书的细胞。把细胞科学组织起来才能形成具有生命力的活体。但条目从何而来，不是我们去创造，而是从客观存在中获取，是在前人已有成果的基础上加以选择、编撰。对其内容不可改动，也无须论证，更不可发挥创造。这就是大家都提及的“客观性”。就是在原来已经研究已有成果的基础上做文章，而非自己创造。因此要明确自己的位置，编者不是作者，而是把作者创造的知识拿来，根据特定要求编纂成书。编者只能选取而无权改动作者的原意。

2. 要素。要写好条目释文，首先应限定条目内容的要素。即条目中最重要的、必须写到的内容。每一个条目都要有要素。确定了要素就确定了条目的主要内容，就可避免内容上的重大遗漏，在表现形式上也可探索研究出一定的规范。当然不同类型的条目要素也不同，人物条目的要素不同于著述条目的要素，方志、方志学等理论性条目的要素也不同于人物、著述条目的要素。同类条目要研究同类要素，特殊条目要研究特殊要素，要素是每一个词条首先要研究的问题。金常政同志提出写好条目要先研究要素的意见，一语中的。他列举了8个要素，这是从百科全书条目中概括出来的，而不是每个条目都要有8个要素。几个要素要根据条目内容和类型而定，著述条目就不需“定义”要素。

3. 不同观点。《方志百科全书》的编纂，理论部分是最难的，理论部分中条目释文的定义是最难的，存在不同观点意见的定义又是最难的。不同观点的释文该怎么写？定义如何下？有的同志提出“一说为主，诸说并存”的处理方式是比较妥当的，大家也是认同的。“一说为主，诸说并存”不仅是处理理论部分条目定义的方法，也应当是整个百科全书处理不同观点的原则。哪一说为主？应当是学术界多数人认同的。“诸说”是否都“存”？都“存”不必要也不可能做到。并存的只能是社会影响较大的几说，而不是“全部”。

此外，在词条的撰写中，特别要注意准确性，这是词条的生命。一些疑难理论问题要做到准确是很不容易的，有些需大家商讨，有些需要从粗到细逐步提高。还应注意，主要问题要突出，逻辑要合理，文字要精准等。做到这几点，既需要丰富的百科和方志知识，又需要一定的文字功底。

六　下一步的计划

第一，编辑室将这两天大家在会上的发言做了认真研究，尽可能消化吸收，融入到修改稿里面。这次会议讨论材料只是“方志总论”条目中的一部分，根据大家的讨论意见，把试写稿补充修改作为初稿提供下一次会讨论审议。同时，两次研究确定这部分的条目哪些应删除、哪些应合并、哪些应增加，同时撰写这部分的全部词条，再找一部分专家审核。“志书编修”“历代志书”“新编志书”“方志人物”“方志工作管理”“方志馆藏”六个部分已有部分试写稿，也可依照这次会的讨论精神继续编纂，争取在2012年年底拿出多数词条的初稿。

第二，请各位专家再研究一下条目的设置是否有重大的遗漏、差错和不科学之处。在大结构基本定下来以后，需要再次审查条目的设置是否科学、是否涵盖了主要的内容。编辑应主动征求专家和各省市地方志办公室的意见，尽可能使条目设置科学合理。

第三，关于省市修志条目，现有九篇试写稿。下一步需要规范省市修志条目要素是什么、以什么逻辑顺序记述。既要讲省市间的平衡，又要点出各自特点，尽快改出一两个样本再讨论。

总之，要力争在2013年完成《方志百科全书》编修任务，时间是比较紧张的，需加紧努力。这两天会议开得很充实，会前每位同志都认真地作了准备，会上大家畅所欲言，我本人也学习到了许多东西。谢谢大家。

（2012年10月）

在《方志百科全书总体设计书》研讨会上的总结发言

这个会是一个如何编纂地方志百科全书的研讨会，各省市参与编纂的同志、专家组的同志、编辑室的同志对编好这部百科全书的诸多问题进行了探讨。这个会也是一个工作会。王樵裕同志就编辑室这一年的工作情况作了汇报，各省市的同志也将工作中的经验和问题进行了交流，提出了许多很好的建议和意见。编辑室的8位年轻女将在王樵裕同志的领导下，阅读了大量的志书和相关资料，写了不少探索性文章。他们编纂提交给大家的《第三次会议材料》《方志百科全书总体设计书》，为会议的深入讨论创造了良好条件。他们不仅和各位专家、各省市的撰稿人建立了互联网的沟通方法，而且到各省市向专家求教，和撰稿人商讨问题。他们的钻研精神和工作作风受到了大家赞扬。王樵裕同志和我合作编书20多年来，很少见他休息，周末和节假日，甚至大年初一，都在不停地工作。他是百科专家，但这一年多来刻苦钻研方志学，已和方志专家相融合。他带领的团队之所以具有十分可贵的奉献精神，与他的榜样作用是分不开的。通过这次讨论，我更有信心编好这部书。现就大家讨论中所涉及的问题谈点意见。

一　关于编纂《方志百科全书》的总体性问题

第一，读者定位。《百科全书》从一般意义上讲是给追求知识的人看的，具体到《方志百科全书》应是给追求方志知识的人编的书，进一步讲主要是给地方志工作者使用的参考书，同时给希望了解地方志知识的同志提供比较全面准确的方志知识、方便读者查阅的专业性工具书。这是地方志编纂有史以来第一部百科全书，也是社会主义新方志首轮修志结束后的一部带有总结性质的专著。

第二，内容范畴。《方志百科全书》初步设置的总体框架内容分了七类。各位专家和各个省市代表对大框架安排没有大的修改意见，可以定下来。需要明确两个问题：一是下限为2010年年底。二是这七部分不是不可变的，随着撰写的推进作一定调整也是可能的，甚至每一部分的具体内容还需进一步补充和删改。

第三，编纂体例。百科全书不是供通读的著述，而是供查阅的工具书，不能像志书那样使用章节体，而是条目体，即知识主题的有序排列，以方便查阅。

第四，条目撰写原则。坚持客观介绍，是什么写什么，不轻易发议论、不随意做结论。有些条目本身具有论述性，应如实地反映现有的成就，而不是编纂者的主观评议。

第五，条目选取标准。应以学术价值和社会价值的高低为标准，同时适当照顾“面”，即在主要内容上各省市不留空白。应明确每部分的具体选条标准，选条依据是什么、为何这样选；应明确每类内容的撰写要素，即每类的条目哪些内容是一定要写的。

二　关于《方志百科全书》七个部分具体内容的探讨

第一部分：方志学。主要内容有两类，一是基本理论，二是重要论著。关于基本理论。需要进一步研究条目怎么定、定多少，这是全书的难点问题。我们的目标是让人看后基本了解地方志是什么、怎么产生的、怎么编写的、编纂中有什么基本要求、起到了什么社会作用等问题。由于方志理论尚未形成学科，但理论体系已大体形成，虽然在一些问题上学术界还争论不已，但达成共识的居多，有些一时难以统一认识的基本理论问题也可两家或多家观点并存，作客观介绍。应尽可能地把基本理论问题列出条目来，在对比中补充、选择，尽可能客观、完整地反映理论体系，请专家撰写，专家组讨论审定。关于重要论著。即把自古及今起过重要影响的方志理论著作加以介绍。具体标准哪些收、哪些不收，由各省市和专家提出撰写要求，由专家组审定。

第二部分：志书编修。这一部分是从组织领导、历史沿革和工作成果的角度给读者介绍方志是如何编写的。采取纵向和横向两个方面设置条目。一是纵向。即各个朝代的修志情况。二是横向。即各个省市的修志情况。应说明的是，上次讨论中曾以编辑室试写北京的草稿为靶子，这次是以江苏的初稿为靶子供大家讨论，并非定稿，更不是两个不同模式。这一类条目，既有共性的东西，也要写出各自的特点。还应注意，它介绍的是工作情况不是具体志书，避免和“历代志书”“新编志书”部分重复。

第三部分：历代志书。主要介绍中华人民共和国成立之前历代产生的重要志书。现在提供的条目数量只是一个大体设计，编写中根据情况可增可减，重要的是哪部上、哪部不上，应有一个原则性标准。古代文、史、哲、经往往同书，史书与志书很难区分，是否列条还有待思考。

第四部分：新编志书。主要介绍中华人民共和国成立之后编纂的志书，应再深入研究一下列条的标准。比如，是否以得奖为标准？一般来说，得奖的应是较好的，产生了较大社会影响的。但奖项放在历史长河中，不同的时期有不同的评判准则。如20世纪80年代的一些志书虽然得奖，但相比以后一些志书质量不是太高，就应在比较中选择更好的。总之，应以其所体现出的社会价值和产生的历史影响为准，而不以得奖与否为准。新编志书列条不应只有规划内的，还应包括规划外的，如《北京胡同志》并不在规划内，但其质量和影响远远超过了多数规划内志书。近些年还出现了不少村、乡、镇、街道志，也可以选其中质量高并有代表性的进行介绍。有些志书，只要有特色、影响大就可以列条。

第五部分：方志人物。主要介绍对地方志发展做出重大贡献的、已去世的人物。应再研究一下收取标准，在比较中选取对方志的编纂、理论研究和领导推进等方面确实做出重大贡献，并被社会认可的人物列条。在写法上，应用写实的方式。对人物除社会已公认的结论性评语，一般不评论、不定性，不戴“xx家”“开拓者”等帽子，而应以“第一届编委会主任、主编”“组织编纂第一部志书《×××志》”等写实的方式来表述。特殊情况需要评论的时候，评语也要谨慎。

第六部分：方志工作管理。主要介绍有关方志管理方面的工作，如领导体制、机制、机构设置、制度规范等。目前写的内容不够完善，面有点窄。有的同志提议加上规划、开发利用等内容，还需要再加什么内容，研究一下。

第七部分：方志馆藏。主要介绍国内外方志馆藏情况，为读者提供查书线索，但内容必需核实，确保其准确性。

三 有关军事志的问题

军事志是志书家族的重要组成部分，《方志百科全书》不可忽视这方面内容。有关军事志的内容应采取宏观、微观相结合的方法收录。宏观的综合性条目应由军队完成；微观的内容各个省市方志办应和军区商量，联合将内容比较好的军事志推荐进来。

四 关于日伪时期志书的处理

日本军国主义侵华期间编纂了大量志书，有些比较翔实，从资料性上讲有相当高的价值，北京、山西等地均有，东北地区更多一些。其中有价值的志书也应纳入《方志百科全书》中。在具体介绍某一志书时，对其修志的目的应适当加以说明。

五 香港、澳门和台湾的志书

香港、澳门和台湾的修志情况和编纂有价值的志书应包括在《方志百科全书》中，不仅必须有，而且应如实、客观地编写。但这部分条目的释文最终如何完成，还需要进一步商定。

六 年鉴问题

国务院制定的《地方志工作条例》，把地方综合性年鉴作为地方志的组成部分，按照《条例》的规定，“年鉴”也应作为《方志百科全书》的内容，但我们的编纂大纲中缺“年鉴”

这一块。这是因为，“年鉴”毕竟不同于方志，二者分属两种体例。把“年鉴”纳入百科全书，实际落实起来存在一定的困难，专家们也普遍不太接受，纳入或不纳入两者相较，还是不纳入比较顺畅一些。

七 其他一些问题

基本框架已经出来了，已有两本试探性的黄皮书，但其中存在一定的问题，如内容重复交叉。各个省市综合性的条目对一些典型的志书写得比较详细，与后面推荐的志书有重复。在志书条目中，有一种属于中间层次的小分类条目，如《工业志》《边关志》《农业志》等200余类，写起来不仅容易和重要志书重复，也难以撰写。因为要考虑到分类是否科学，各类条目如何平衡，由谁撰写释文等，短时间都难以解决。这200条是否保留，应再考虑一下。我们只做现阶段能做到的事情。关于选条，要认真研究一下选条标准，使其更科学、更明确。关于撰写要素，不同类的条目要有相应的撰写要素，应与各个省市协商，提出更具体的撰写要素。关于时间要求，2012年6月底，将条目初稿交给编辑室。编辑室认可或提供修改意见，及时反馈给各条目撰写者。大体形成初稿后，争取7月份召开会议讨论总述和大事记等，而后召开专家组会议审查，力争明年出书。

（2012年3月）

在《方志百科全书》送审稿研讨会上的总结发言

这次会议开得很好，很有意义，不仅对《方志百科全书》送审稿提了很多修正、补充、删改意见，而且对方志的一些基本理论、历史发展和现存问题进行了探讨，对方志理论的发展、学科的建设、事业的拓展，也将会产生影响，起推动作用。我自己也学到好多东西，增长了不少知识。

这部《方志百科全书》应编成一部什么样的书？我们在编书一开始就确定，应当编成一部比较全面、准确反映方志历史和现状的基本知识，并能代表当前方志界认识水平的百科全书。这是方志发展史上的第一部百科全书，是一项开创性事业。它又为百科全书家族拓展了新的领域，增加了新的成员。它和多数百科全书相比，最大的特点是学术性很强。王樵裕和编辑室的几位编辑常和我讲，他们要求自己要有感恩心态和敬畏心态，我很赞成，编辑团队的责任心是编书质量的重要保证。王樵裕从 1989 年起参与《北京百科全书》的编纂工作，算起来我和他在编纂百科全书上已共事 25 年了。会上送给大家的《西藏百科全书·拉萨卷》，是北京援藏的文化工程，编委会请金常政、黄鸿森、我和他担任顾问。金先生已 80 多岁，黄先生 90 多岁，这次讨论会主要讨论与方志有关的学术问题，就不请他们两位参加了。会后由编辑室向他们介绍情况，听取他们的意见。王樵裕认为，对一些概念、一些事件、一些人物需做出总结性评述的学术性百科全书，他还是第一次实际参与。我们这部书的特点在这里，难也是难在这里。

现在方志工作处于蓬勃发展阶段，对社会主义新方志的基础理论、编纂理论、应用理论还正在探索、争论之中，还没有形成比较系统的理论、完全成熟的学科。在这种情况之下编写这部学术性很强的书，难度之大可想而知。可以说，探索性、开创性、学术性是这部书的三大特点。作为主编，我感到责任很重。既要大踏步往前闯，又要非常谨慎。好在是有中指组办公室这个靠山，再加上以樵裕为首的这个很得力的编辑班子，又得到全国范围的方志专家、百科专家的参与和支持，用两年半的时间拿出了这部送审稿。十分感谢大家。

这次会议是《方志百科全书》编纂的第三次大型研讨会，第一次讨论的主要是大纲，第二次讨论的主要是试写条目，这次是全书的讨论。送审稿中的每一部分的初稿事先都征求了部分专家的意见，有些难点还作了专门请教，在座的不少同志参与过意见。在这个基础之上，形成送审稿是集体智慧的结晶，来之不易。

经过两天的审议，大家对送审稿大的结构和主要内容都给予充分肯定，同时提出了许多调整、补充、修正意见。因为事先已把书稿送到大家手中，所以发言多是有准备的，效率是很高的，效果也是很好的。一些具体的已有共识的意见，因有录音，请编辑室尽快修改。对一些关系全局的，特别是有争议的问题如何处理，我提点意见。

大家提到几个比较大的问题。第一，一些基础性或叫纲领性条目，如“方志”“方志学”“体例”“体式”“体裁”“总志”“通志”“专志”等的定义，争议较大。有的是角度不同，有的是对概念的范畴理解不同。如果把角度统一起来，把概念的范畴定下来，大多数不同意见是可以统一的，如什么是体例、什么是体裁，有的把体例作为志书和别的书的区别，有的就把体裁作为志书和别的书的区别，对“志体”有人理解是志书的体裁，有的认为是指志书中的“志”的那一部分。像这样一些分歧意见，是有可能统一起来的。

“总志”“通志”“专志”的概念之所以有争议，是因为定位不同，如果这次能综合大家的意见拿出个“创新”的意见，也是可以解决的。会后，编辑室把争议比较多的条目理一下，拿出个初步修改意见，再找一部分专家研究修改，然后再定。有的条目分歧意见一时统一不了，就采取多种意见并存的办法。好在百科全书是知识性工具书，把不同认识并列出来也是经常有的，何况百科全书又是“常青树”，这次解决不了的问题，下一版再解决。我们只能做环境条件允许做的事，环境条件不成熟勉强而为，是不可取的。

第二，全书从内容到结构、到叙述，都有不规范的问题。比如，对人物或著作，在单独成条中是一种评价；在省市修志条目中又是一种评价，自己打架。又如，同类情况，在用语的分量和字数的安排上相差较大。再如，“方志”定型是在南宋，那么南宋以前被我们称为方志源流的书，是否可称作“志书”，等等。要把它规范一下，一致起来，这需要专门人员特别是主编们下一点功夫。

第三，人的问题。任何书只要牵扯到人，就是麻烦事情。修志最难的问题就是怎么写人。首先是谁能入志，要有一个严格、统一、可行的标准。其次是入志人物怎么写，是列条、上简介、上人名录还是以事系人，不论写什么、怎么写，都应力争做到公道、公正。人物的问题在百科全书中同样是难点。比如，我们现在列条的人物与其历史地位是否相称，人物和他们的著作是综合列一条还是分别设条，应研究一下。有些人物在方志史上影响比较大，主要是靠他的著作或他的活动。著作如果确实是名著，作者又是名人，要不要设两条。原来的设计是为减少重复，把它们设为一条，现在看在历史上起到重大作用的志书应单独列一条，条目中出现的作者可设参见。名人也单独列条，条目释文涉及著作时也设参见，当然还要看志书和人物如何安排。如果不是影响特别大的人或书，有的可以书带人，有的可以人带书。但是带出来的人或书，也要考虑到它的历史地位和作用，也不要介绍得太多。如果需要重点介绍的，那就单独设条。所以需要研究一下人和书的关系。

第四，涉及省市的综合条目。原来要求的是既讲原则又有适当照顾，现在看来可能照顾得多了一点。不照顾不行，但是照顾过了就出现在内容的分量上凑数的问题。比如，推荐的书目，有的不是志书，有的虽然是志书，但质量很低、历史影响很小，这就需要再衡量一下。从对全书质量负责的角度，再作一些增删、调整。涉及省市条目的修改怎么处理，在编制送审稿之前我们已经把稿子发给各省市自治区征求意见，他们提出的意见不是太多。有的省级行政区修志条目中综述太长、字数太多，还有一个意见是有的像总结报告等。请编辑室根据大家意见再修改一下，送我和王樵裕审定。

第五，馆藏部分，在整部书中不是核心部分，但是很难编的一部分，特别是牵涉国外的收藏机构。这方面的专家比较少，今天请来了两位。黄燕生老师提了很多、很好的意见。怎么办？请黄老师多费心，把把关。

以上意见可能挂一漏万。还有一些问题，编辑室能处理的就处理，有难处我们共同研究解决。此外，这部送审稿还没有配图，如果把图加上去是一卷还是上下两卷，再定。

全书的编纂进度应该说不算慢，原定在今年年底定稿，现在基本上还是这个目标。但是速度服从质量，如果确实有困难，就延迟一下。到年底，尽量做出一部像样的书稿，提交编委会，在佳木同志的主持下把它定下来。

非常感谢参会的各位专家，大家认真地对本书提了修改意见，但还没有完，以后还要向大家请教。让我们共同努力，拿出一本质量较高的百科全书奉献社会。

（2013 年 11 月）

怎样编写《宽沟招待所志》

宽沟招待所在建立30周年之际决定编写志书，是一个正确的决策。什么是志书？我曾给所长助理陈艳春同志和主要执笔人原办公室主任王起存同志作过介绍。今天何宝生副所长把参与修志人员找来让我讲讲怎么修志。因为大家都没有接触过志书，我还是从什么是志书讲起。志书也叫地方志或方志，是对一个特定地域的历史和现状如实记述的文献资料性书。它是中华民族传承文明的一种特有方式。应当说中华民族有了文字，就有志书的雏形。在秦、汉、魏、晋时期出现过郡书、地记、地志、图经等类似地方志的图书，或者可以把它们叫做早期地方志，到宋代方志体式和体裁大体定型，就是以志为主、辅之以述、记、传、图、表、录等，记载特定时期一地之自然、经济、政治、文化、社会的发展变化。

志书不同于历史著作。历史著作追求的是历史发展规律，是以对发展规律的认识和描述的明确与深刻程度作为质量标准的。写法上是以时系事，必然要评论功过是非，常常是夹叙夹议。志书只是通过记述真实的历史资料达到存史的目的，是以类系事，不必对事物进行评论、做出结论，不追求对历史发展规律的探求。作者对所写对象有自己的观点、认识，但这种观点、认识是寓于资料的取舍和编排之中，不是直接表现于议论和结论中。志书也不同于公文写作。公文是一种规范体式文书，其内容是申明事理、制定规则、总结经验教训、上传下达信息。各类公文都有特定格式。志书则不承担申明事理、总结经验教训的任务，写法上是依照志书的编写原则，记述事实。志书也不同于新闻报道。新闻有时效性和干预性，是宣传性质的文体。志书则要求内容的客观性和时间上的限定性，不能带宣传色彩。志书更不同于文艺作品。文艺作品可用想象、虚构、夸张、渲染、衬托等手法，讲究形象性、感染力。志书则要求从实而书，寓理于事，“其文直，其事赅”，是实录，绝不允许虚构、夸张、演绎。正因为志书是以朴实的体式行文，讲真实性、客观性、资料性，也就成了其他文体常常依赖的基础性著述。不仅为撰写历史和其他文章提供可靠材料，而且易于代代传承。为什么在埃及、印度、两河流域（中东地区的幼发拉底河、底格里斯河）的古文化都中断了，中华文明却如长江、黄河川流不息，在世界可考文明中是唯一没有中断过的文明，至今仍在丰富和发展？一个重要原因就是我们的先辈以志书为载体，代代接续修志，一直传承至今，形成中华民族优秀传统文化体系和无力可破的民族凝聚力和包容性。

宽沟招待所是北京市人民政府直属的接待高层次宾客开会、休养的服务单位。建所 30 年来，规模由小到大，服务由粗放到精细，职工由 14 人到 2000 多人，事业单位实行企业化管理、集团化经营。优美的环境条件和高质量的服务受到多方面的称赞，曾获三项国际认证，被评为 AAAAA 级服务单位，形成了“宽沟模式”，被同类招待所学习。这样一个单位，历经 30 年，利用志书形式把发展的历程如实记载下来，不仅可供外单位学习借鉴，而且对招待所自身的改革发展、职工教育都有现实和长远的历史意义。

怎样编写《宽沟招待所志》，大家已组成了编写班子，多数是部门的负责人，是和宽沟招待所一起成长的“老宽沟人”，对宽沟有深切的了解和深厚的感情。再加上各部门平时注意积累资料，又编过《北京宽沟光辉的历程》画册和电视宣传片，搜集资料是比较容易的。当务之急是应当研究一个编写大纲和工作计划。编写大纲就是篇目结构，有了篇目结构就可依此搜集整理资料，然后进行试写。篇目结构怎么定？志书编纂有一个原则，即“横分门类，竖写史实”，也就是根据事物的本质特征和显著特点，分成若干大类，横向并列，可称篇，每大类又按事物性质和分量，分成中类、小类，可称章、节、目。篇与篇、章与章、节与节、目与目之间是横向并列关系，篇、章、节、目是上下领属关系，是四个不同层次。宽沟招待所是一个独立法人单位，编写志书属于一个单位的专志，不像地区性综合志书那样涉及社会生活的方方面面，覆盖广泛，内容复杂。也不像部门、行业的专业志，写的是一个行业或一个部门，涉及面比一个单位宽广得多。按照“横分门类”的原则去编纂，首先遇到的问题是在一个单位内如何分类。我的初步设想是：组织机构可归一类，作为第一部分。因为任何事都要靠人去办，靠人去组织领导。这一部分应首先写领导班子沿革。因为宽沟的领导班子没有换届一说，只好以所长为中心，按照所长交替写班子变化，把第一任当第一届，依此类推一直写下来。其次，写管理机构，也就是招待所的各类机构的发展变化。再次，写分支机构，也就是在招待所发展过程中，向外扩张，成立了烤鸭店等不少机构等。第二部分应是设施建设，这是招待所兴办的物质基础，也是反映招待所发展变化的最直观的内容。应包括客房建设，这是设施建设的重点和中心；附属设施建设，即康乐设施、办公设施、职工宿舍等；水、电、气、热、路、通信等基础设施建设；环境美化建设等。这一部分应根据实际发展情况，划分一下建设阶段，如初创时期、中部开发时期，东部开拓时期，西部506库房地区开发时期等。

第三部分是宾客接待。这是招待所的中心任务。可分为接待贵宾（主要是党和国家领导人）、接待会议、接待散客。第四部分是经营管理。重点应是管理制度，也可从类型和发展阶段上细分一下。还有职工队伍建设，是单独列篇还是放在经营管理中。党、团、工会建设，是单独列篇还是放在组织机构中。分支机构，是分门别类放到各篇中，还是单独列篇。还有前面的概述，你们已有初稿，每篇前面的无题述怎么写，等等。总之，好好研究一下，先分篇，考虑分几篇。再在篇下分章，章下分节。搞出一个撰写大纲。这叫定纲目结构，就等于建房先搭房架子，是攻克主体工程的第一个难点。攻克了这个难点，即搭好房架子就等于完成了工程的一半。下一步就分别向各篇、章、节装填材料，即写初稿了。

以上对《宽沟招待所志》篇目结构的意见，是根据我对宽沟了解的初步设想。从1984年开始，我每年都来宽沟，先是参加各种会议，起草各类文件，一年来好多次，也参与过宽沟重大建设的决策。退出党政领导岗位后，来的次数少了，但还时断时续来登山、休息，对宽沟有一定的了解。但表面的多，宏观的多，内在的、微观的情况了解得很少。上述篇目结构只能启发思考，对修志引个路子，待你们精心研究后，再作定夺。

编写《宽沟招待所志》，起步时还应特别注意以下问题：

一是内容上。要突出抓住对宽沟招待所建设和发展有重要影响的大事、要事、特殊事。我们讲志书反映的内容要力求全面，但全面不是事无巨细、面面俱到，而是对材料有取有舍，取其主要内容、与众不同的内容，在历史上闪光给留下深刻印象的内容，不遗漏重要内容。对宽沟来说，要特别注意记述开拓者，如焦若愚市长的调查研究和果断决策，杨登彦秘书长顶着各种风险亲临一线领导落实，还有初创时期“十三太保”同志的艰苦奋斗等，要把他们的贡献写出来。要注意记述首创事业，如各个部门和分支机构的艰苦创业，四合院、西式楼房的决策和建设，东院和新西院的开拓等，要把在宽沟发展历史上的“第一”写出来。还要注意把其他单位对宽沟的支持写进去，如水利局、园林局、绿化办、规划局、颐和园等对宽沟的发展做出过重大贡献。记述转折情况，如从接待一般会议到同时接待党和国家的多名领导人，从行政管理到企业化管理、集团化经营等，把转折的节点写出来。

二是在写作上。坚持求真存实的志书编纂原则，如实记述，是什么写什么，拿不准的事一定要核实，有争议的一定要以事实为依据，据事直书。不掩恶，不溢美，不以领导的意志为意志，也不以社会一时流行的好恶为好恶。在记述事实时不要随意发议论、下结论，一切以事实说话。编纂者的观点、倾向应寓于资料的选择和编排中，这叫志书编纂的述而不论原则。应特别注意避免总结报告式写法、通讯报道式写法，这是初写志书编纂的通病，不能把历年的工作总结略作改变，甚至原封不动地搬到志书中来。还要注意文字的平实，追求真实和准确，而不追求华丽，也不要刻意追求生动性。事实上，文章并非虚构夸张、用形容词才生动，能把事物本来面貌如实准确地写出来就很生动。不生动不是形容词用少了或没有虚构夸张，而是文字过于抽象干涩的结果。

三是工作上。要抓紧时间，但不赶进度。在确保质量的前提下，加快速度。现在距 9 月 8 日很近了，出书的可能性已经很小了，但拿出征求意见稿的可能性还是有的。建议编写班子制订一个进度计划，参与编纂的同志分分工，各负其责，力争按时完成任务，拿出一部合格的志书来。

（2012 年 6 月）

对方志馆地情展览设计初稿的意见

这次北京市地方志办公室和展览公司合作，用一年多时间反复研究多次，拿出了北京市地情展览设计的初步方案，有文有图，十分不易。办公室参与撰稿的同志，等于对北京的历史和现状、特点和亮点进行了一次深入的学习和研究。展览公司的同志通过这项工作，有的很可能成为北京史专家，除在展板上进行了创作，在内容上也进行了补充拓展。今天能拿方案供大家讨论，应感谢全体参与者，特别是展览公司的同志。

在讨论这个方案之前，首先应明确地情展览在方志馆建设中占有什么地位。方志馆是资料库，应是北京市收藏志书和地情资料最完整、最丰富的馆库；是研究室，即研究北京地方志和地情的最大、最集中的阵地；是展览馆，即把北京地情以全面、精练、重点突出的内容，以生动形象的形式并用最新科技手段加以展示的场所，也是进行爱国主义、爱北京的教育基地；是方志工作者之家，供方志工作者查阅资料、学术探讨、交流信息的地方。地情展览在整体方志馆功能中，是接触群众最多，对北京古今文化最直观、最醒目，能使参观者在短时间了解北京市情的地方。下面，讲几个问题。

1. 市情展在方志馆的位置。方志馆要围绕地方志做文章，处处突出其特点。全馆的内外设计、布置是顺序发展的。从方志馆的外形布置看，应是一到方志馆就可感觉到北京的文化味道。进门后，正面是大厅，像四合院的门面；旁边是主题墙的彩画，给人古今北京的总体印象；右手边有一个查询系统，一按就可出现相关资料；二层就是展览。整个大厅曲折的分区布置，用一至两个小时看过之后可对北京古今历史留下总体又具体的印象，这应当是整个方志馆功能的核心部分。参观后，可以根据参观者需求，在馆内查询更具体的资料，借阅有关图书。

2. 展览对象是给谁看的。主要是以下几类人群，一是在北京工作的各级领导干部和公务员。二是青少年，主要是中学生。青少年最需要了解市情。三是想要了解北京地情的社会各界，包括外省市和外国人。方志馆的布展，应针对这三类群体，从他们的角度，根据他们的需要考虑问题。

3. 展览的质量标准。一是展览的内容主题明确，主线清晰，重点突出，立意适当。内容即地情。设计初稿的有些内容，主题不够明确，没有抓住本质的东西。主线时断时续，难以一目了然。二是展览内容使用的资料要真实准确，有依据，这是展览的生命。要做到每说一句话都有根据，不能想象，不要逻辑推理，拿不准的不上。要经得起科学和历史的检验。三是展览形式要新颖。利用最新的现代科技手段，如声光电技术和生动活泼的形式，营造强烈感染力和吸引力。

4. 展览的时空范围。空间上是涵盖当代北京辖区，没有重大遗漏，也不可越界。时间范围，以事物的发端起始，是什么时候就是什么时候。下限是 2010 年或 2012 年，再研究一下。

5. 必要性和可能性。有些内容非常必要，可是缺乏相关资料，有些内容应当反映，但受某些限制不能反映，尽管必要，如果条件不具备，就不要反映。不求十全十美，力求主要内容的真实和生动反映。

6. 对初步设计大纲，大家提了许多意见和建议。第一部分，自然环境。应按自然环境的科学分类，再调整一下。第二部分，建制沿革。与城市发展是放在一起还是分开？城市发展具有综合性，如何处理再考虑一下。第三部分，人口。既有历史发展各个时期的数量，又有质量，如人均寿命、生育率、各级学历等，还应包括民族、婚姻家庭等。现在的安排再调整充实一下。第四部分，文化。是大文化、中文化、小文化。应是中文化，即包括教育、卫生、体育在内的文化。宗教也可放在文化内。建筑文化放在何处，再考虑一下。还有对外文化交流等。第五部分，经济。经济包括生产、交换和消费。现在的内容不全面，也不顺畅，该如何调整？此外，是否加社会和政治部分。社会首先是社会组织，现在条件不具备难以反映；其次是人口、民族、宗教等已分别在各部分。社会不必专设一部分。政治怎么反映，研究不够，我看暂时不设为妥。

还有一个问题，地方志历史发展和成就怎么安排。对这一部分，地情展有很大局限性，不能展开，能否放在一楼单独展览。重点是各个朝代的修志制度、历代修志成果和修志人物。

请会后搞一个底本，短时期改出来发给每个主编，经过认真审读后再开会研究。

（2012 年 9 月）

力争把《北京断代史》打造成学术精品

——在《北京断代史》纂修工程启动会上的发言

在全面推进社会主义文化强国建设，推动社会主义文化大发展大繁荣的良好形势下，启动规模宏大的《北京断代史》纂修工程，是适时的、必要的。把这项工程打造成建设先进文化的学术精品，也是有条件的，经过努力完全能实现的。首先，这项工程是在中国共产党第十八次代表大会刚刚闭幕不久，全国各行各业都在学习和落实党的十八大精神的背景下启动的。为实现中华民族伟大复兴，把提高文化软实力作为重要任务，全社会对文化建设的重视程度和支持力度都是前所未有的。也就是说，我们的这项文化工程从一开始就遇到了一个良好的社会环境，这是这项课题研究有希望取得高品位学术成果的大背景。其次，经过学术界多年的努力，无论是资料积累还是研究成果，都为《北京断代史》的编纂打下了一个很好的基础。如果把新中国成立后学术界对北京历史的系统性研究划分阶段的话，侯仁之先生的《北京历史地图集》和曹可西同志主编的《北京通史》为前期的代表作。特别是十卷本《北京通史》吸取了20世纪90年代之前的学术研究成果，是第一部全面系统研究北京历史的专著，具有北京史研究的里程碑意义，它为《北京断代史》工程先行拓荒提供了一个良好的基础性平台和参照系。近些年来，北京文物、档案、考古工作者又有许多新的发现，公布了许多新的资料。100 多部旧志正在整理，172 部北京新志书已陆续出版，相当于志书四五倍的资料书也正陆续整理。历史学界对北京史的研究又有许多新的探索、新的认识，一些新的著述不断涌现。特别是北京市社科院编写的五卷本《北京城市发展史》和多卷本《北京专史集成》，以及其他一些专著的出版，为《北京断代史》的编纂奠定了丰富的资料和学术基础。反过来，这些新的材料、新的研究成果，又对史学界提出了进一步总结已有成果，在更高的层面上撰写出新的里程碑式的北京史学术专著的要求，这是学术研究发展规律的必然结果。再次，与此相应，北京市社科院已有充分准备，设计了共 16 卷的框架提要。再加上各高等院校、研究部门和有关单位的一批知名专家和一批中青年北京史研究工作者的参与，为这个课题的研究提供了人才保障。现在应当说，万事俱备，只欠东风。东风就是科学的组织领导，坚持不懈地给予支持和推动。我根据这些年编纂北京地方志、参阅各种北京史著作和资料的感想，补充讲点意见。

一、希望这套系列专著要讲政治，但不要泛政治化。研究历史，从来离不开政治。在历史发展的长河中，政治常常是发挥着巨大的、有时甚至是主导的作用。在历史著作中，如果政治内容薄弱、不足，甚至缺失，政治观点模糊、错误，甚至矛盾，都难以做出带有规律性的结论。当代人如果不用最先进的思想理论和高度的政治敏感，正确的立场、观点、方法去研究历史，同样不可能对历史发展过程、历史事件、历史人物做出公正的恰如其分的判定。在历史研究中，讲政治是题中应有之义。但讲政治不能过头，不能泛政治化，不能把历史上出现过的一切事物都和政治挂钩，都用政治标准去衡量。历史不单单是政治发展史，还有自然、经济、文化、社会等内容，它们都有各自内在的发展规律，虽然是五位一体、互有联系、不可分割，但各有领域与特点，不可相互替代。要明确，对历史的研究应是学术，不是政治。研究人员是学者，不是政治家。对待学术研究，应遵循其规律，采取百花齐放、百家争鸣的方针，不能把学术是非简单化为政治是非，不能乱扣政治帽子、乱打棍子，更不可迎合一时的政治需求，去掩饰历史，掩盖、回避、淡化某些历史事实。要尽可能保证使用资料来源的可靠性和内容的真实性。尊重史实，是历史学者应具备的道德底线，你不尊重史实，历史也不会尊重你，迟早一天要把你抛弃。

二、我们的历史研究，不仅要展示上层建筑的变革及其对社会发展的影响，更要重视经济发展对推动社会发展的基础性作用。经济是基础，政治制度、上层建筑等是基础的反映。生产力是社会发展的动力，生产关系只有适应生产力的发展，才能推动历史前进，否则必将阻碍社会进步。这是马克思主义历史唯物主义的基本原理，也是我们进行社会主义现代化建设、推行改革开放的基本理论依据。我们研究北京史，必须强化对经济发展的研究，特别是经济发展推动上层建筑变革的研究。诸如科技的重大创新，生产、流通、消费的重大变革，生产要素的科学组织和结构的重大调整等，对上层建筑、政治制度等都有直接或间接、急速或缓慢的影响。我们的历史著作，如果读者看后只留下改朝换代、宫廷斗争、领导集团的权力之争等印象，而看不出经济的基础作用、生产力的决定作用，这部著作肯定是功力不足，不仅难以成精品，必将被历史抛弃。

三、要加强自然环境、人口、土地资源和文化传承对历史进程影响的研究。这类内容过去史书中都有涉及，但一般都不丰满、不全面、不深刻，给人难以留下较深的教益。有的史书索性给以淡化，甚至避而不谈。对于一些躲不开的重要历史事件，最多的是实录，谈不上认真的研究，特别是它们对社会发展的影响很少有比较深刻的论述。自然变迁，特别是重大灾害，人口增长，特别是人口集中流动，以及因争夺土地和水资源引发的战争等，都常常几笔带过。在文化传承上，史书、志书，以及科学著作对社会发展的重要影响，教育事业对社会发展的推动作用等都应作系统深入的阐述，应从专业史研究汲取其成果，丰富综合性历史的研究。此外，在北京史的研究中，对城市的形成和发展，一般比较重视。但在城市发展的研究中，重建设轻管理；在对城市建设的研究中，重实体建筑轻规划设计；在对实体建筑的研究中，重房屋建设轻基础设施建设，等等。这些问题带有普遍性，希望在这些方面有新的突破。

总之，《北京断代史》的编纂，应囊括最新研究成果，吸取众家之长，力争将其打造成继《北京通史》之后第二部北京史研究方面里程碑式的学术精品著作。

（2012 年 12 月）

从志书的基础知识学起

——在国土资源局修志工作培训会上的讲课提纲

市国土资源局承担了《北京志·国土资源志》的编修任务。这部志书是首轮志书编纂的《房地产志》和《矿产资源志》两部志书的续志，在北京市第二轮志书编修中占有重要地位。志书的记述内容，如果排重要性的话，第一是人口，以人为本，以人为中心；第二就是国土资源，人的立足点，养育人的首要条件；然后才是其他。从志书编纂的历史看，最早的志书就是从记载国土开始的。周代有部书叫《禹贡》，它的主要内容就是记载大禹治水以后的国土面积、山川、河流等。《禹贡》被方志界认为是志书形成的一个源头。到秦、汉时期，出现了地记、地志，被方志界认为是志书的雏形。到隋、唐时期，发展为图经，也是以地、图作为基础内容的。直到两宋，志书大体定型和元、明、清直至现代志书的发展中，有关土地的记述，一直是志书不可或缺的重要内容。所以《国土资源志》在志书家族中占有非常重要的地位，一定要把它编成与其地位相称的佳志、良志。

听了你们修志总体情况报告后，感到方法是对头的，进展是顺利的。第二轮规划志书从2009年启动以来，在新的编委会领导下，较好地搞了篇目设置，以内容全面、科学合理为目标，与第一轮两部志书《房地产志》和《矿产资源志》做了很好的衔接；制定并下发了关于资料收集整理的《通知》和《规范》，资料搜集工作已大体完成。在这个基础上，启动了资料长编的编纂，开始了初稿撰写，并对已完成的初稿进行了内部评议。与此同时，开展了全局系统修志业务培训，推动了修志工作的顺利开展。这一切说明，国土资源局的领导同志对修志工作是十分重视的，也可以说在这方面的文化自觉性是比较高的，组织领导也是得力的。我特别欣赏把修志任务委托给北京市土地学会协助完成，这样做既减少了国土资源局行政管理的负担，又赋予土地协会实质性任务，扩大了协会的影响。此外，我想提醒一下，搞资料长篇很好，这是收集、整理、保存资料的一个好办法。但要注意两点：一是着力点要用在收集资料上，不要在编纂技巧上过多地花费功夫。因为篇目设置已大体确定，这等于为资料长编搭了一个大架子。只要把资料分类放进这个大架子中，就可大体完成。不要把资料长篇编成扩大了的志书，那样做旷日长久，费力不讨好。二是资料长篇的资料最讲原始性。把原材料拿来，一般不要随意加工。有些多余的内容可删节，但不可随意改写或增添。有些资料能随手核实就核实，暂时难以核实就先放在长篇里，留得志书使用时再核实。有些资料相互间有差异甚至矛盾，如果一时难以判别清楚就兼收并蓄，留待使用者或后人研究解决。

今天是培训会，希望我来讲讲修志的基础知识。什么是志书的基础知识？说得简单一点，是对四个问题有所认识。即什么是志书、为什么要编纂志书、怎样编纂志书、如何使用志书。无论是参与修志的工作人员还是各级领导者，都应对四个问题有所认识。

一 什么是志书

志书即方志，又叫地方志。“方”指特定地域，古代叫方国。“志”就是记述。方志就是把一个地方的情况加以记述。《周礼》中就有“外史掌书，外令掌四方之志”“小史掌邦国之志”等记载。“四方”指诸侯方国。国务院颁布的《地方志工作条例》规定：“地方志书是指全面系统地记述本行政区域自然、政治、经济、文化和社会的历史与现状的资料性文献。”

它不同于通史、断代史等历史著作。古代文、史、哲并未分家，诸子百家的著作，既可作为历史，也可作为哲学和文学。同样，不少著作，既是史书，又是志书。随着历史的发展、知识的增进，各类学科间才逐渐分开。直到现在，方志学尚被包括在历史学范围内，没有被认定为专门学科。应当说，方志编纂和历史研究在中华文化发展中原本一家，同根同源，但随着历史发展逐渐分家，成为表述历史的不同类型，各有其独特功能和表现形式。在性质上，志书是资料性著述，对事物只作客观记述，不作主观评论。史书则是研究历史发展规律的著作，编写者承担的任务是不仅要记述事物发展的过程，还要探索其形成、变化和消亡的原因，议论、结论是题中应有之义。在内容触及的范围上，志书有严格的时间断限和空间限制，超时不写，越境不书。史书的时空界限则比较灵活，可随研究问题和研究者愿望而伸缩，时间上可涉及古今，空间上可海阔天空。在体式上，志书有相对特定的格式，以志为主，综合运用述、记、传、图、表、录，分篇、章、节、目。史书则没有特定体式，多数是顺时而写，随遇而议，一切以方便内容表述和作者的习惯而定。

它不同于百科全书。百科全书追求的是知识性。它的内容既有重要的典型的资料，供人查询，又有对事物研究的结论性观点，给人启迪，不同于志书的资料性。在写法上，采用的是条目体，不同于志书的章节体。

它不同于词典、字典。词典、字典是以高度精练的语言、简练的词条排列，给人以精确知识。每条只写一个事物，只说是什么，不必回答为什么，使用的也是条目体。所以，要编纂好志书，必须认识什么是志书，了解其特点，把握其编修原则。

二　为什么要编修志书

就是要把前人和今人创造的文明成果汇集起来，传承下去，发扬光大，以增强民族的凝聚力、创造力，提高国家文化软实力。首先，修志工作属于基础文化建设，或者说，是一项重大的、必不可少的基础文化建设工程。基础文化是文化事业赖以生存和发展的文化。它有物质形态的，如图书馆、博物馆、文化馆、档案馆、展览馆、方志馆等，也有思想形态的，如字典辞典、百科全书、基础教育教材和年鉴、地方志等等。基础文化承担着三大任务：即民族文化的积累任务、传承任务、普及任务，有三大特点：即普惠性、长远性、优先性。它的成果全社会都可享用；在历史的长河中，都有使用价值，不仅效劳于当前，还服务于子孙后代；它必须优先建设，就像城市建设中，水、电、气、热、道路交通等基础设施应先行，科学研究首先要做基础研究，社会教育首先要开展基础教育等等。基础不牢，地动山摇，根深才能叶茂，万事都应从基础做起，凡是基础性工作都是十分重要并应优先承办的工作。建设先进文化也不例外，必须先打基础。基础文化落后，要实现文化的大发展、大繁荣等于无源求水、无本求木。

其次，修志是中华民族的优秀文化传统，萌发于先秦、两汉，演变于隋唐，定型于两宋，盛行于元、明、清和民国。人类文明四大发源地（或七大发源地），古埃及、中东两河流域、印度等都中途断裂，而中华文明却传承不息，一个重要原因就是代代相承修志，使文明薪火相传。历史上曾经受外来文化的多次冲击，但冲而不散，打而不断，反而吸收外来文化精华，形成包容发展的传统，修志功不可没。历代志书的编修还有一个特点就是以官修为主。历史上凡是有作为的统治者，大多重视修志事业。秦统一中国后，曾广泛搜集舆图、地志等图书。刘邦率军占领秦都咸阳后，在秦丞相府获取“御史律令图书”，使其“具知天下隘塞，户口多少，强弱之处，民所疾苦者”，也就是从这些图像资料中得知秦管辖地域的关塞、人口、富裕程度和民之疾苦等，使国家治理有了依据。所以，两汉时期中央政府经常向下面征求郡国地志等图书。隋代大业，下诏天下诸郡县修图经，图就是地图等各类图画，经就是文字记载。到了唐朝，修图经一度成为制度，开始制定三年就修一次图经，以后改为五年修一次图经。到了北宋，多次下令修图志，宋徽宗专门设修志的机构“九域志局”，这在修志史上是首创。它叫九局，编《九域志》《长安志》，志书开始定型。元代，蒙古族入主中原以后，蒙汉文化融合，编修大一统志。明代两次颁布《撰修志书凡例》，对志书内容、体例做出规定。清代规定了各州县 60 年修一次志书，各省府州都设修志馆或修志局，而且规定必须是政府主官领衔主修。清代形成了研究志书的各种学派。民国虽然内乱不已，但政府两度颁布《地方志书撰修办法》。中华人民共和国建立以后，特别是 20 世纪 80 年代以后，形成了修志高潮。现在全国性的省、市、县第一轮近 6000 部规划志书已基本完工，规划外还编修了 35000 多志书和资料书，第二轮规划志书的编纂已普遍展开。国务院于 2006 年颁布了《地方志工作条例》，使修志工作走上法治化轨道。截至目前，北京市的第一轮172部规划内志书已大体完成。2009年，第二轮规划内志书的编修工作已经展开。所以，我们修志并不是哪个人脑袋一热就干的，而是古之有之，是有重大意义的文化传统，它关系民族的兴败存亡，一定要继承并发扬光大。

再次，修志不仅可以传承传统，为世世代代保留历史文化资料提供汲取经验教训的可靠依据，还可直接提供治理国家、管理社会的参照资料，提高公民素质和文化自觉的教材，开展各种专业研究和国内、国际交流的素材。志书被公认为是最基础的、可靠的历史发展的见证，被国内外作为研究中国历史的宝贵资料，有着很高的文化价值。新中国第一任驻美大使柴泽民同志赴美，美国送他的礼物是他故乡山西省闻喜县志和紫氏家谱，充分反映国际上对志书文化价值的认同。

三 怎么编写志书

工作流程大体如下。第一步解决组织领导问题。成立编委会，最好是确定一位主要领导同志担任主任。编纂志书的重大问题，包括工作的方针、原则、人事、财务、规划、计划和篇目设计等要由编委会决定。然后建立机构和队伍，制定工作规划和计划；确定主编或总纂负责编辑业务，一般业务工作应实行主编负责制。第二步做篇目设计。即志书编纂的大体框架。主要是确定志书的时空界限、主要内容和结构。这是保证志书质量的第一关口。要做到充分酝酿，广泛征求意见，参阅多种资料，在专家主持、领导参与下讨论制定，不必过细，也不可急于求成。篇目设计不科学，就将给以后编纂带来诸多困难，甚至有返工的可能。第三步是按照框架收集整理资料。应边搜集、边核实、边思考如何使用。资料应是多多益善，但应区别轻重，对一些关键资料要反复核实。资料的收集整理有多种方法，可查阅档案，借鉴已有书刊，探访当事人口述记录，搞资料汇编，也可搞资料长编。不仅要尽力搜集文字资料，还应搜集图片和音像资料。第四步进入撰写阶段。首先应按篇目设计进行试写，试写是探索写作方法、锻炼干部、熟悉业务的阶段。这时要把干部培训紧紧跟上，针对写作中出现的问题，请专家或有经验的同志讲解指导。试写也是抓典型、树样板，大体成功后展开全面撰写，写出初稿后反复征求意见，进行修改，形成送审稿。第五步是审查验收。北京市实行三审制。单位和专家初审，修改后送分编委审查，形成送审稿，由《北京志》主编、常务副主编和有关人员讨论，终审定稿。第六步是出版社审查、印刷、出版。这个工作流程是在志书编纂实践中总结的，目的是保证志书质量，提高工作效率，但并非一定之规，可根据实际情况变通运行。

要确保志书的编纂质量，有一个科学的工作流程是必要的，但更重要的是掌握志书的编纂特点和原则。根据方志界多年的讨论，已形成共识的主要是以下六原则：一是存真求实。就是实事求是，如实记载特定地域的自然和社会的重要情况，不溢美、不掩恶，更不可歪曲真相、颠倒黑白，按主观需要剪裁客观事实，既误导了当代，也会给后代留下一大堆问题。二是述而不论。在志书的主体部分，对事项进行客观记述，而不作主观评论。因为志书是资料书，它的任务就是记述历史真实，如果加以主观评议，先入为主地给资料加上主观定性是色彩，极易把人的注意力引向是非争议。是不是没有观点？不是。观点是寓于材料的收集、选择和使用上的。志书也不是完全排斥议论，在其述体中，如综述、概述、无题述中，允许明确展示编纂者的思想观点。但要适度。三是横排竖写。即横分门类，竖写史实。把需要记述的事实根据其本质特征和显著特点分成不同门类。这就是通常所说的“事以类从，类为一志”。比如，地域综合志，常常分为自然、政治、经济、文化和社会等大类。各大类下还可分中类、小类。然后是以类系事。每一类下面按照时序记述具体事物。这是志书的编纂特点。要尽可能做到“横不缺要项，纵不断主线”。四是越界不书。即志书编纂内容要以一定区域作为空间范围，超过这个区域的事物不收录。这是方志的地域属性决定的。比如，《北京志》就是记述北京现在管辖区域内的事物，不可超越这个边界。交代背景、反映与市外区域的联系，以及横向比较，不视为越界。五是生不立传。凡是在世的人物都不以传记的方式收录。写传的都是去世的人物。这是因为在世的人物是不断变化的人物，对其社会影响很难做出准确定位。一般情况下，只有“盖棺”才能“论定”。那么，是不是志书不写在世人物？当然不是，志书记述当代事物不可能不牵涉当代的人，可用以事系人的方法。有的人在某件事中起关键作用，带出来，并对人物略加介绍。这样可使读者更深入地了解事件。此外，在介绍事件、机构、职位设置等情况下，需要记述的人物可列表记述，等等。六是详今略古。就是对现代的情况应有比较详细的记述，对古代的史实则应简单而明确地记述。存量要简明，增量要翔实，这样接续，以丰富和发展民族文化。当然，“详今”并不是要求凡事都要记述，那样做不必要，也不可能；“略古”也不是越简略越好，还是以能够体现传承脉络，写明大事大略为好，以对社会影响大小为标准，抓大放小。

编纂好志书还应掌握其独特的体式。经过历代修志实践，现在逐步形成了志书编纂的特定体式。一是综合运用以志为主，配之以述、记、图、表、录等体式。主要内容是志，在志前有述和记。述就是总述、概述和篇、章前的无题述。目的是让读者对志书有个全局性的简略扼要的了解，以起到提纲挈领、宏观认识、思想引导的作用。记，就是大事记。排在概述或总述后面，目的是从纵向，即历史发展时序中，对志中记载的内容有进一步的、更清晰的了解。志中有图和表，目的是采用这两种方式，使志书的内容更充实、更清晰、更美观易懂。图，即各种插图，有地图、照片和示意图等。大部分是随文图，也有书前插图。表，有些内容以表格出现更清楚，也节省文字。录，是有些内容有文献价值，但在志书中不可能完整表述，采取附录的办法放在志书后面。述、记、图、表、录围绕志，构成了志书整体。此外，在志书前面还有编纂机构或人员名单（也可放在书后）和凡例。凡例是说明编纂志书的宗旨、原则、规范和主要方法的规定性指导文件，是编纂本志的“宪章”。有些志书，还有序言、编纂始末、编后记等。是否设置，可视情况而定。二是志体。即志书主体部分的体式。一般用的是章节体。篇下设章，章下设节，节下设目。有的志书也采用在篇章节下或者篇章下设条目，可叫章节体和条目体的结合。三是文体，又叫语体。新方志一律采用规范性的语体文，即现代汉语著述的书面语言。同时要求严谨、朴实、简练、流畅。不能用文学语言，不可追求华丽，使用夸张虚构、渲染烘托等手法。不能用论证语言写成议论文，追求广征博引，逻辑推理，讲究论点、论据、论证。不能写成公文。公文有一定的格式，有议论，有结论。和新闻报道也不一样。新闻报道有时效性、干预性，宣传功能很强。志书则要求客观性，又有严格时限，不能带有紧跟形势并为某种利益服务的宣传色彩。

写好志书，应把握志书撰写原则、志书体式的特点和志书的编纂流程。但做好这项工作，还有两个重要条件。首先是领导重视。志书是“官办”的“官书”，如果地区或单位主要领导人文化自觉性不高，志书编纂这样的基础文化建设又不能短期出政绩，必然被边缘化。近年来的修志实践也证明，哪个单位领导重视，哪个单位志书编修就比较快、比较好；凡是领导不太重视的地区单位，修志总是困难重重，或停停打打，或慢慢腾腾。其次是重视保护、积累、整理资料。资料是志书编修的基础。需要持久积累和制度性保护、整理。我们第一轮修志遇到的一个重大困难就是资料不全、不足、难找。第二轮修志，一些单位又遇到同一问题。原因就是对资料工作没有给予充分重视，工作人员上岗、离岗的工作交接多数缺乏资料的交接，单位或办公室搬家，常常造成资料散失。事实上，是否重视资料工作，是一个地区或单位领导水平、领导责任心的表现。不少单位重视记大事记，定期整理资料，并编纂资料书和年鉴，再编志书就相对容易。应把采集资料规范化、制度化。

四　如何使用志书

修志的目的在于用，不仅要为后人使用，更要为当代人服务。也只有用志才能体现志书的价值，发挥志书作用，也才能检验志书优劣，提高志书质量。如果把修好的志书束之高阁，不去使用，怎么能实现传承民族文化，推动先进文化建设的目的？不仅是严重浪费，也愧对祖宗和子孙后代。

必须深化方志资料的开发利用。第一，应重视开发志书的销售市场。现在全国省、市、县三级都在有组织、有领导、有计划地编纂志书。许多单位、村镇街区也编纂了或正在编纂志书。志书的社会影响正在扩大，但在我国图书市场上却没有专门经营志书的书店或市场。中国志书也为国外高等学校、研究部门和图书馆所需，但志书的出口却是被动输出，无人积极主动地开发海外市场。因此，志书出版印数不多，产品又多在方志界内部循环，其社会效用很难得以充分发挥，其原因主要是各级编纂部门只管编书，把目标任务规定在只管按计划出书上，没有积极主动地在发行使用上想办法。加之，这又是“官办”的“官书”，经费得到充分保证，因此对主动开拓市场缺乏内在动力，应在体制上有所变革。不仅应使国内外更多的人了解志书，同时也可扩大志书的影响，促进志书提高质量，这是当前志书开发利用的首要问题。第二，要大力提倡“修用并举”，即在修志的同时重视资料的使用，发现可“资政”“资文”“资德”等资料及时提供有关部门，充分发挥修志部门的信息收集传递作用和参谋资政作用。第三，是根据社会各方的要求，把志书资料再加工，编成各类普及本、爱国爱家乡的宣传品、文化事业的原材料等，使志书这个文化基础产品得以充分开发，产生更适应群众需求的文化商品。第四，充分利用网络和报刊等阵地，广泛开展信息交流，传播志书知识，扩大宣传修志成果，特别是充分利用网站，给需求者提供可查询使用的方志知识。

（2012 年 10 月）

四

审读评议

对《宽沟招待所志》试写稿的修改意见

《宽沟招待所志》试写稿写了201页，十分不易。回想起年初陈艳春同志和王起存同志找我，说今年是建所30周年，所领导决定编写《宽沟招待所志》，由陈艳春同志负责抓这项工作。但什么是志，怎么编写志，宽沟招待所的同志没有人接触过，所领导让他们找我了解。我简略介绍了什么是志书，它和历史、百科全书、文艺作品、新闻报道、公文写作的区别。讲了编纂志书的要求和注意事项，建议找几本志书看看。6月初，我来宽沟，在何宝生副所长主持下讨论了志书怎么写的问题，并具体商定了志书的篇目结构，暂定为6篇：组织机构、设施建设、接待工作、经营管理、队伍建设、党群工作。加上概述、大事记、无题述、附录和后记，即可大体完工。并议论了每一篇的主要内容和写法。短短两个月他们就拿出了10多万字的试写稿，可见是加班加点写出来的，对于从未参与过志书编纂的同志来说是难能可贵的。

试写稿遵循志书编纂“横分门类、竖写史实”的原则和上次会议讨论的篇目结构，搜集整理了大量资料，应当说多数篇目的主要资料是比较实、比较全的。这就为进一步修改，并编写成可征求意见的初稿打下了良好的基础。

如何修改？按照志书求真存实、述而不论、执简驭繁等编纂原则，对试写稿再作整理。具体意见如下：

概述。即概括地介绍一地的全面情况，重在说明本志内容之大要，以记述为主可加以适当议论。试写稿基本可行，应补充宽沟招待所的地理位置、单位性质、占地面积、房屋建设面积和职工人数等，反映宽沟招待所全局性的内容都应简略地展现出来。

第一篇，招待所组织机构沿革。分领导班子、管理机构、分支机构三章。这一篇资料较丰富、全面，试写大体可行。存在问题，一是领导班子和管理机构变动过程叙述过细，比如召开了什么会议，由谁宣布等都可删去。二是管理机构的中层负责人写到正职即可，副职因人数较多、变动又复杂，不写为好。三是组织机构可分初创、调整完善和现状三节，把第二节“设置管理机构”和第三节“管理机构调整”合并。四是组织机构中的分支机构不必写单位的全面情况，只写组织机构内容，其内容如设施建设、接待和经营管理等可分别放在有关篇章中，否则不仅分类不科学，还会有大量重复。这一部分应补充有关机构的内容。

第二篇，设施建设。这部分设三章是适当的。第一章客房及配套设施。应把配套设施如运动中心等办公用房，医务室、洗衣房、职工宿舍以及分支机构的设施建设等放在这一章。第二章应是基础设施建设，即水、电、气、热等设施建设，应补充道路交通建设和通信设施建设的内容。第三章是环境建设。可再归纳分为三节：初期改造、东院的环境建设、西院的环境建设。这一部分有一个问题值得研究，即宽沟的院落怎么划分？在西部工程未开发前，一般称东院和西院，但西部工程开发后形成了具有独特格局的院落，现在总体格局是否改称东院、中院、西院为妥？

第三篇，接待工作。应设五章，增加一章分支机构的接待。此外，第一章接待党和国家领导人，同时能接待多名中央领导人，说明宽沟招待所的规模、设施和服务水平已达到一定高度。但这一章政治性很强，如果把所有来过宽沟的党和国家领导人都写出来，既不必要，也不妥当。建议采取概括性写法，即写总数（或年度总数）加事例。点名应有典型性，比如彭真题词、万里指导、杨尚昆调研、胡耀邦读书、胡锦涛视察等。江泽民同志来的次数较多，曾多次赞扬宽沟的位置、环境和服务，但不可原样照录，要有取有舍，好好考虑一下如何措辞。比如可写“江泽民同志十分喜欢这个地方，曾多次在此召开高层小型会议、视察京郊北部山区和节假日休息”等。第二章是接待中央各部委和兄弟省市领导人。也可分成两章，在总体叙述后还可列表反映。第三章是接待北京市市级会议，应改为第四章，把第四章接待中央会议改为第三章，先中央后地方。这两章除“会议”外还应增加“活动”的内容。比如知名人士举办的科技和文体活动。如果“活动”的内容较多也可单列一章。写法上可采取概括叙述、重点举例，再加列表的方式撰写。第五章“接待社会名人”改为“接待零散顾客”。宽沟招待所接待了不少知名科学家、作家、艺术家、华侨华人中的实业家。作为贵宾，如果内容较多，可单列一章，内容分量不足单列一章，就在第四章下面单写一段。如何安排，再推敲一下。

第四篇，经营管理。这部分很零乱，应重新设计。建议把经营管理分类，比如客房管理、餐饮管理、庭院管理、人事劳动管理、财务物资管理、安全保卫管理、后勤服务管理、质量管理、分支机构管理等。每部分在叙述管理主要内容和方法后，把管理制度简单介绍，或列表介绍。主要说明管理从粗放到规范，逐步实现制度化、现代化的情况。把第三章职工学习培训部分移到职工队伍建设篇中。

第五篇，职工队伍建设。可分两章，第一章强化学习培训，提高思想和业务水平，第二章加强企业文化建设，树立具有宽沟特色思想风貌。有关激励机制的内容应移到人事劳动管理部分，服务质量应放在质量管理部分，安全工作放在安全管理部分。特殊时期的队伍管理，什么是特殊时期？此稿例举了1989年春夏之交政治风波和2003年非典型性肺炎肆虐北京的内容，但内容和当时北京市各机关企业类似，没有特点可言，可删去。

第六篇，党的建设和工青妇工作。应改为党的建设和群众团体工作。第一章党的组织机构应改为党的建设，组织建设可作为第一节，这一节资料丰富，但需要调整精简理顺。第二节应是思想建设。这一节只是材料的堆砌，历年来的活动太长、太细、太琐碎。应集中概括地写，比如三会一课，党的知识教育、形势任务教育、人生观价值观教育、廉洁自律教育、思想道德教育等。这一节应重新起草。第三节应是作风建设。把前面纪律检查委员会工作内容移到这里。第二章工会建设、第三章共青团建设都应精简一下。以年代排列，一年一年写下来，在这部志中只能用一两次，不能都这样。党、工、团三章都应概括地写，文字不必太长，年度情况只能作为基础性资料。此外，有无妇女组织？

以上六篇是这部志书的主体，体现的是志书的主要内容，使用的是志体。但一部完整的志书，不仅有志，还有述、记、传、图、表、录等。述就是总述和篇下述，记就是大事记，传是人物传，图是前置图和随文插图，表是列表，录是附录。宽沟志试写稿尚缺篇下述、大事记、插图等。传是为在历史上产生重大影响的人物立传。《宽沟招待所志》属于一个单位的志书，只有30年历史，按地方志生不立传的原则，没有人达到立传的地步，因此不写传。不写传不等于人员不入志，有关人员采取以事系人的方法写入志中，这已在试写稿中体现了。目前工作量大的，一是插图，人们看书往往是先看图，如果图片选好了，可大大提高志书的质量、吸引力。现在应着手按照志的要求搜集、选择图片。宽沟是招待所，应有较多的十分美观的图片入志。比如，前插图应选一些有代表性、全局性，有意义的图片，比如招待所的位置图、全境航拍图、春夏秋冬四季风景图、中央领导人题字图、宽沟标识图等。宽沟开拓者焦若愚市长、杨登彦秘书长的照片应入志。每一篇的插图都要精心安排，组织机构篇主要招待历届领导的图片，如果能有领导班子照片最好。设施建设应有每座楼、环境变化、文体活动的照片。接待工作，选择几幅党和国家领导人照片，比如彭真、杨尚昆、胡耀邦、江泽民、胡锦涛等，选有特色的。会议照，按类型多选一些，比如大型的市委全会、中型的讨论会、小型的庆祝会等，中央的会、北京的会、企业的会都选一点。经营管理应选各类工作照片，队伍建设和党群团建设选活动照，可少一点。二是大事记，即以时间顺序记载宽沟招待所的大事要事，要突出首创之事、转折之事，放在概述之后。据说大事记已有稿子，应修改一下。三是篇下述，尚未撰写，应补上。四是附录，有没有附录，附什么，应研究一下。表已在有关篇章中使用。此外，还有编委会编纂人员名单，说明编纂宗旨、编纂原委和原则规定的凡例，说明编纂始末的编后记等。封面设计、装饰等也应找人商定。

最后需要强调几个问题：

1. 志书内容一定要核实，不能出现虚构的东西。真实是志书的生命，不真实的内容不仅有害于当前工作，也将遗祸子孙后代。为什么把求真存实定为志书的第一原则？原因就在于此。建议此书初稿形成后把每项内容都认真检查核实一下，可对照档案材料，也可找老同志把关、征求意见。

2. 要讲平衡。即每项内容所占篇幅、文字数量要和它在宽沟招待所发展中的地位及影响程度相称。相同或相近的工作以大体相同相近的篇幅展示，不能轻重失衡甚至倒置，对不重要的内容使用大量文字，而对很重要的内容则轻描淡写。反映局部工作的内容不能超过反映总体工作的内容，比如党、工、团各类目机构设置的文字量，不能超过招待所机构设置的文字量，过细地写党的思想建设和某项工程的施工过程，有反宾为主的味道。要特别注意入志人物的平衡，哪些人的名字在志中出现应有个原则。如规定所一级领导班子成员和部门的一把手应写进志书，就严格按这个规定办，不能有的写有的不写。平衡既体现实事求是，又体现公平公正。实事求是就是某项工作篇幅大小应和它在整个历史发展中所处的地位、所占的分量相适应，不能想当然地安排。公平公正就是一视同仁，要按既定法则办事，不能厚此薄彼。

3. 要突出重点、特点、亮点。重点就是历史发展中主导性工作，比如组织建设中重点是领导班子建设，设施建设中重点是客房建设，接待工作中重点是接待知名人物和重要会议等，抓住重点就等于完成了志书的“主体工程”。特点是自身不同于同类单位的地方，比如宽沟的地理位置、良好环境、高档设施、优良服务、重视队伍建设等，突出特点才可展示“宽沟模式”。亮点就是最值得称道、最引人注目的地方。如宽沟是北京市环境优美、适于休闲而又较易安全保卫的地方，可同时接待多名党和国家领导人，有三个国际标准认证并被评为5A级休闲娱乐的单位等。突出亮点才能充分展示与同类单位相比较中更高的地位和突出的成就，才有吸引力。

4. 要有概括。执简驭繁也是志书编纂的一个原则。即用简易的方法支配繁杂的事物。志书使用的是写实叙述方法，但写实不是把特定范围内发生的事全部记录下来，而是区别轻重，把最重要内容叙述清楚。在叙述过程中，带有共性的、反复出现的内容要概括地写，不可都像记流水账一样排列出来。要详独略同，详重点略一般，详结果略过程，详史实略背景，详转折略铺垫。试写稿许多篇章是以年度记述工作的，可能是因为先把材料凑起来还来不及加工。按年度记述少数篇章可以，比如机构人员变动、设施建设等，但不能都这样写，多数内容应加以概括，讲清总体情况，举出重点事例，否则有些章节写得过细，文字过长，使人如入雾中。概括不仅减少篇幅，更重要的是让读者有个整体认识。

5. 避免重复。在一部志书中，一些交叉的内容有一点重复是难以避免的，但要在侧重、详略上加以区分，不应有太多的重复。试写稿虽然采取横排竖写的方式，但一些内容在不同篇章中重复出现并不少见。原因是大类分开了，小类没有研究清楚。比如思想教育在队伍建设、党的建设甚至经营管理和接待工作中都有相同或相似内容出现。分支单位在有关篇章中常常是同一面貌等。

以上意见仅供大家参考。我在阅读时对一些比较成熟的内容顺手作了修改，对一些难以修改的内容，作了建议性的旁批，这些都属于急就篇，并非深思熟虑的文字，只是引发大家的思考而已。下一步的工作量是很大的，形成完整的初稿后我还可再看一次。总之，还是老话，一定要把质量摆在首位，千万不要因赶进度而影响质量，应力争出精品志书。

（2012 年 8 月）

《北京四合院志》初稿修改意见

《北京四合院志》初稿，主体内容齐备，四合院的建筑文化和历史文化得到了较好的反映，结构也符合志书要求，为修成一部佳志奠定了很好的基础。如何进一步补充修改，我提几点建议。

1. 关于内容。这部书的主体内容是记述四合院，除了四合院的缘起与形制、文化与风俗、保护与利用外，能否把每座院落的形态及其文化内涵描述清楚，是这部志书质量高低的决定性因素。应当说，初稿对每座四合院的研究都下了很大功夫，特别是对建筑形制的记述上，使每座四合院的面貌及其特征都能具体地展示在读者面前。此外，对院落的历史变迁和建设者、住户中的历史人物也尽可能作了记述，进一步挖掘了四合院的历史文化内涵。但是，在对知名住户的记述上，缺乏一定之规，不少内容写成了文字很长的个人历史，有的甚至写了与名人有关但与四合院无关的历史事件，偏离了记述主体。应当明确，我们这部志书是四合院志，不是名人故居志，主体是院落，不是名人。写名人是为展示院落的历史文化，需要的是名人与院落有关的内容，不承担记述人物历史的任务。有两类情况，一是名人建造的院落，应在叙述院落的历史中随文介绍其人；二是名人是院落的住户，在叙述其与院落有关的内容后，可简略介绍一下是何人即可。如果写成名人简史，还会出现对名人的历史评价等问题，就脱离了述而不论的轨道。我在阅读时，已随手删去了一些多余的文字。

2. 关于图片。初稿有较丰富的图片，请再研究一下。第一，要把封面图设计好。第二，是否有几张前插图为好？如北京现状宏观图、四合院成片街区图、一座典型四合院的放大图等。前插图应和封面图配合。第三，每座院落都应有图，一些郊区四合院缺图。每座院落的多幅随文图中应有一个主图。突出主图，缩小配图。主图一般应是绘制的全局图，也可用全局性照片，个别的还可用突出特点的局部照片。此外，还应处理好图片所有权问题。

3. 关于凡例和概述。凡例中应写明四合院选入标准。概述不必太长，能给读者以综合性知识即可，要注意避免和下面的篇、章、节的“无题述”的内容过多重复。

4. 关于文字规范。文字应有一个比较统一的规范，比如每座院落该写什么、如何写，应大体一样。现在开头的文字五花八门，分段也各行其是。应有一个标准样本。还有一些习以为常但不准确的文字，应进一步调整规范，比如“解放后”，应是“中华人民共和国成立后”，“日本投降后”应是“抗日战争胜利后”，等等。

此外，北京郊区的四合院是否再搜查一下？特别是一些古镇，比如通州张家湾镇、房山良乡镇、密云古北口镇、昌平平西府镇、南口镇、居庸关等，是否有古老四合院？门头沟四合院收罗较多，和其他郊区县明显不平衡；不平衡没有关系，只要符合客观事实即可。究竟是门头沟区提供的多、其他区县提供的少而造成的，还是收录标准不明确造成的？请再研究核定一下。

（2013 年 4 月）

《北京四合院志》第二稿审读意见

这是一部创新之作，是《北京胡同志》的姊妹篇。四合院和胡同都是北京这座文明古都城市建设的标志性风貌，为四合院和胡同修志，对保护和传承北京优秀文化和风貌，挖掘和展示北京城的深厚文化底蕴和历史脉络，具有重要意义。《北京胡同志》出版后受到社会好评，《北京四合院志》也应下功夫以更高的质量奉献给读者。

这是《北京四合院志》的第二稿。用两年时间编到现在这个状况十分不易，感谢古建所的同志付出了巨大努力。这一稿总体看，框架大体可行，但还应作一些调整；志书内容基础很好，但资料尚待补充；写法需要按志书要求规范。望再接再厉，以高标准和要求修改好这部志书。具体修改意见如下。

1. 结构。除凡例和概述外，此稿共设置了四篇，但各篇文字量相差过大。第一篇四合院的缘起与形制 100 页，第二篇四合院的分布 736 页，第三篇四合院文化 28 页，第四篇四合院的保护与作用 13 页。在篇章节的篇幅上讲究大体平衡是书籍编纂的一个原则，现在的四篇，头小脚尖，肚子过大，很不协调。可把第二篇四合院分布，分成三篇，即东城区四合院、西城区四合院、郊区四合院，全书共设 6 篇。这样东城和西城四合院两篇虽然篇幅仍然大一些，但相对要好一些。

一些章节也需要调节。第一篇第一节关于房屋和院落的产生和演变，是人类关于建房、建院的历史，不是四合院的产生发展的历史，放在概述中讲比较妥当。第四节四合院的建筑特色中，“能够适应所在地域的地理及自然环境”，不是建筑特色，而是效果，也和第二章的内容有重复。第二章第一节北京的地理及气候环境，是四合院形成的重要原因，应移至第一章第二节。院落及房屋构建理念应归为文化类，移至四合院文化部分，即第四篇，可列为第一章。第三篇四合院文化的第二章四合院艺文，收集了楹联、歌谣、诗文抄、文献。这里要分清，是四合院自身文化的组成部分，还是外界对四合院的研究、描述、颂赞？比如第一节楹联是作为四合院的装饰，一些歌谣是从四合院唱出来的，它们都可称为四合院文化。但大部分诗文抄和文献则是学者、文人对四合院的研究和赞赏，不是四合院自身的文化，故放在附录中更妥当。

此外，概述、篇下述、章下述，写什么、如何写，也需研究，应有分工。比如概述讲全局性问题，篇下述、章下述讲局部情况，现在有些篇章讲的是全局性问题，一个理念反复讲，造成大量重复。每一章节中的内容应紧扣主题，有些内容离题太远。比如庭院绿化是四合院的一个特点，但用大量篇幅写四合院外北京的绿化和历朝历代对某一种树、某些花木的重视及其成长的历史沿革等，却是离开了主题的，过度发挥，使读者得到的是对某种花木的知识，而非四合院的知识，应下决心“割爱”删节。

凡例也应补充修改。要把收录内容的时空范围和四合院标准定下来。现稿第一条下限是 2010 年，第二条又说收录范围是“新中国成立前建成的四合院”，两者是矛盾的。什么是四合院？应有原则性标准等。

2. 文体。志书使用的是记述文体，即用规范的现代语体文如实记述客观事物，不用总结报告、新闻报道、文学作品、教科书、论文等写法。遵循“述而不论”原则，“寓褒贬于事实之中”，不议论，不旁征博引，不逻辑演绎。四合院志二稿的第一篇，论文的痕迹太深，议论、结论随处可见。比如第一篇第一章第二节四合院的缘起与发展中，议论文字占四分之一以上，第二章第一节地理及气候环境中加进了许多学术性议论，第三章第三节庭院绿化与园林中，大讲各种花木的种植史和历史上被人重视的例证，演绎过远，旁征博引过多等。在志书编修中，对编著者感兴趣的问题发议论、做结论，是常见病、多发病。一些编写者在下笔时，一旦触发其兴趣，引发出灵感，便发起了议论，忘记了自己是编写志书，而非写论文、学术专著，影响了志书作为资料书的客观性。

3. 四合院单体记述。即第二篇四合院的分布，这是这部志书的核心部分，也是内容最多的部分。应当说，这一部分对北京现存四合院的记述是否全面准确，决定着这部志书的优劣成败。现在的稿子比较全面地记述了旧城区的四合院状况，也就是说，最主要的四合院大体被收罗进来了，但有几个问题需要进一步研究。

第一，四合院入志应有明确的标准。北京四合院在乾隆年间（1736—1795 年）城市图显示的约 26000 多座，保存至今有多少？众说不一，最多是近 4000 座，也有说 3000 座、1000 座左右的。20 世纪 80 年代航测调查，除国家和市级文保单位外，旧城区保存较好的有 805 座。现在又过了 30 年，这 805 所保存了多少尚无统计。我们编修四合院志正可以做个比较准确的调查统计，即按四合院标准的统计。此外还应有四合院的入志标准，即现存的四合院哪些入志？现在第二稿入志的约 800 座。其中有保存完好的，也有面目全非的，还有几所是三合院。入选标准如何确立？比如在北京市现域内以 2012 年为时点，首先选列入文物保护的，其次选保存比较完好的，再次选虽然已不完好，但历史上曾一度显赫，现在形制框架尚可辨认的等，三合院应删除。近些年新建的四合院也应选入。有些同类型的，是否选典型的为好？应再研究。有的同志提出把所有的四合院列表，我同意。但列一张大表还是每篇或每章列中表、小表？我倾向于列中表、小表。这样再选其中保存较好的以文字和图照展示出来，更为妥当一些。

第二，郊区的四合院记述不全，应补充完善。十六个区县只记述了十一个区县的情况，还缺五个区县的资料。有记述的十一个区县也遗漏了不少重要的四合院。门头沟区记述了75座四合院，但通州区、大兴区、房山区各只记 个四合院，应再核查并加以补充。近些年改造和新建的四合院在郊区并不少见，也应收录。有一些外表看大体是四合院，但内部结构、用材等作了较大改变，更适合当代人居住，应当是四合院的当代版。如资料充足，可在郊区四合院部分单设一章新建和改造的四合院。

第三，写法。主要是每座四合院入志应有个大体规范的记述，即记述内容和要素。比如在强调突出每所院子特点的前提下，都应记述其位置、大体面积、建筑时间、形制、曾住户、现用途，等等。其中建筑面积现在大多缺乏资料，再搜罗一下，如有可能尽量记述。曾用户主要是有记载的名人。目前不少院落的记述缺建筑时间和现用途。行文应严谨、朴实、简洁、流畅。

第四，对名人故居的记述十分敏感。应注意，核心是名人与院落的关系，不是为名人写传。对名人的生平可略加介绍，介绍时特别要注意不可发议论、作结论。

4. 图照的使用。使用大量的图照是这部志的一大特点，不仅仅是美观，更主要的是展示。用图照让读者直接观察到四合院的位置、形制、特点，与文字相互照应。首先应考虑使用全局性图照。比如能否选择一张既典型又美观的四合院照片放在封面或显眼的地方？乾隆时期的北京全景图能否全局或选择局部放在志中，既展示京城古代最繁华时的四合院，又有很高资料价值。考古发现的两座元代四合院原貌图是最早的四合院，当代经过改造或新建的四合院是现代版四合院等。现在收入书中的图照，从用途上分为两类：一类主要用于装饰，使志书更美观；一类是展示院落的面貌及特点。前者多在目录和篇章开头的上面或旁边，应再研究一下，如何和志书内容相结合，既美观又展示四合院特点。后者又分两种：一是作者手绘的位置形制图，二是院落全面或局部照片。手绘图，主要展示院落的大体形态和位置。现在的图技术性、准确性很高，其中线条粗细长短代表不同尺寸厚薄，点代表立柱等。如果仔细阅读衡量，不仅可大体了解建筑形制和式样，还可比较准确地衡量出规模。但一般读者难以辨识，是否加一个较细致的注释或说明？此外现在手绘图占位太大，在展示其方位上因边延伸过宽，建议只保留四周的街巷，其余适当压缩。院落照片如有全景照最好，如没有全景照首选院门照，然后正房照等，也应有个规范性次序。有些具有标志性的文物、树木应突出一下。图照和文字在同一页上的排列也应尽可能使其既美观又比较规范。此外，北京全景图和区县、街道地图应放在全书或各篇章首位，区县和街道地图上能否标明四合院分布？可试一下。

5. 保护和利用篇的充实和修改。现行内容不仅少而且没有抓住要点。关于四合院保护，在北京市规划和一系列文物保护法规中都有表现，也有落实这些法规的行动。应把有关法规文件研究一下，要从历史有了自觉保护意识开始写起，顺便把保护四合院的法规和文件的有关内容摘引下来，然后把落实情况记述下来，这样把我们文物部门和有关方面为此而做的贡献也就如实地记载了下来，同时对这方面的迟缓、失误、不重视、不落实等问题也就表露出来了。应强调，对那些违反法规和规划，破坏文物的典型事件和普遍存在的问题，应格外给予关注，重点加以记述。

四合院的利用写什么？现在是写了四节，民居和宿舍，故居博物、陈列馆和展览馆，机构办公用房，商业用房。实际上是记述了使用的现状，绝大部分是住宅，其中多数为适应人口增长和现代生活需求进行了改造。有的专家提出了“有机更新”理论和“类四合院”住房体系构想，是否在这一篇增加一章“四合院的发展演变”？这一篇是否可变为三章：四合院保护、四合院发展演变、四合院利用，再研究一下。

6. 文字。一要准确，二要规范。比如“解放前”“建国后”“抗战时期”“伪政权”等词都不准确。四合院的用途，有居民院、私宅、私人宅院、单位用房、单位住宅、某某故居、某某归居、某某寓所等，应规范一下。对于一些无记载的事物，常常使用“据当地居民讲”“据传说”“相传”等，也应规范。

（2014 年 1 月）

为《崇文区志》画一个完美的句号

——在《北京市崇文区志（初审稿）》评议会上的发言

《北京市崇文区志》第二轮编修的初审稿，基础是比较好的。大的框架在研究篇目结构的时候已经讨论过了，在收集资料形成初稿之后反过来再审视这个框架，应当说，大体上是可行的，是符合崇文区实际和志书编纂要求的。初审稿的内容也比较全面，资料也比较丰富。特别可贵的是，这些材料是编纂人员在崇文区和东城区合并交接的时候、在各方面工作忙乱的情况下塌下心来认真收集的，是非常不容易的，没有奉献和专注的精神是做不到的。这部志书对崇文区来说是很有意义的，也可以说是划时代的。崇文区第一轮志书是从这个区的起始写到 1993 年，现在第二轮志书从 1994 年写到与东城区合并变成新东城区的一个部分，正好是崇文区存在的一个完整的历史过程。这段历史留存下来，对崇文区和北京市、今人和后人有个完整交代，影响是深远的，意义也是重大的。

有几个问题还需要深入探讨。

第一，续志续什么？核心是续变化，重点是写影响全局，能展示时代特点和崇文区特色的大事、特事，体现规律性变化的事物。崇文区第二轮修志是对一轮修志的接续，一轮修志的下限是 1993 年，二轮修志从 1994 年写到 2010 年 6 月两区合并为止，共 16 年，那么这 16 年崇文区有哪些比较突出的变化？看来研究得不够，因此，这部书稿反映得也不够，读者看不出时代特征在崇文区的表现，对带有崇文区特点的重大变化也感受不深。比如，这个时代最大的变化是信息化的突飞猛进。崇文区也不例外，我们的办公室都安装了各种先进的信息化设施，人人手中都拿着手机，网上通信、网上查询、网上购物等等都已深深融入到我们的生活当中，这种广泛而深刻的变化，如果没有在志书中反映，实在是太遗憾了。当然，这是个难题，是全国的普遍性问题，如何反映尚需研究探索，但如果我们能做好，那是一个很大贡献。还有，社会化的迅速发展。过去我们都是“单位人”，现在逐步向“社会人”过渡；过去没有社区，现在城市普遍建立了社区；过去只有经过严格批准的工、青、妇等少数的几个“人民团体”，现在一大批社团组织像雨后春笋一样涌现，这一点在初审稿中讲到了，但不充分、不突出。还有经济的市场化，也要认真研究并给予反映。信息化、社会化、市场化，还有郊区农村的城镇化，是带有全局性的大变化，也是我们这个时代发展的突出特征。此外，对于崇文区自身来说，也有很多变化比较明显。比如，人口的数量和结构。这是近些年崇文区变化中比较突出的一个方面，初审稿反映得比较全面，也突出了变化的特点，如以前小商小贩等底层人口多，现在上、中层的人口大幅增多。1990 年受到大学以上教育的占总人口的 7.15%，2010 年增至 36.67%，文化程度高了，文盲大大减少。人口素质的迅速提高相比其他区县是个很大特点。又如城市面貌的改观，在城市中心区也是比较突出的。过去“穷文”的房子，可以说破破烂烂的居多。有的地区家里老人去世后，遗体很难抬出来，院子和门口进出很难，汽车更进不去，只能把后窗户打开往外运。现在几条很漂亮的现代化大街，不少以高层楼房为主体的社区一片又一片建起来了。前门大街、两广路的建设，龙须沟、龙潭湖、花市等拆危建新的改造，都应客观深情地写一笔。再如，群众生活的改善，过去做饭取暖用煤球，现在用天然气、用电等。还有法律事务所、会计师事务所等新兴服务业的出现，连锁经营、大型超市等新兴业态的发展等，都是大变化，都应给予充分、如实地记述。有的同志建议，对区情的重大变化，先不要着急去写，先找一些老同志好好议一议，议清楚以后再下笔，这个意见是对的，可供大家参考。总之，把变化想清楚了，续志就抓住了提纲，抓住了核心内容，就可纲举目张。

第二，志书的立足点在什么地方？应立足于大众、立足于社会、立足于地域，也就是要客观地、全面地反映一个地域在特定历史阶段中的人、事、地、物、情。有的同志说初审稿讲政治是对的，但政治化太强则是不可取的。这个意见是对的，原因何在？关键就在于立足点的重心高了，眼光偏了，没有脚踏实地踩到点子上。初审稿的很多内容立足于领导人、领导机关，好像是坐在区委书记、区长的位子上，总结经验、报告工作议论的虚话较多，宣传色彩较浓。志书应立足大事、要事、特事，不仅要真，还要实，求真存实、语言质朴是其编写的重要原则，要把所记述的内容放在历史的长河和宏观的比较中考察。因此，志书在认知上应高于、深于某一届或几届区委书记、区长们，使其更客观、更真实。要去掉那些不必要的文字，说什么取得了如何大的成绩、进行了多么大的努力等空话，无用还有害。更应注意的是，领导班子、领导人总是不断变化的。今天提这个口号，明天提那个口号，多是当时形势的需要，但经过历史的沉淀回过头来看，有些或许到现在也是对的，也有不少是过时的甚至是错误的，而且前后和互相之间常常出现差异和矛盾。我们编纂志书要作客观分析，不管哪一届领导班子、哪一个领导人，都对社会起了重大影响，不管好坏，都应入志；没有起重大影响的就没有必要写，要看社会影响的深度和广度，不可以“届”或人分配文字，如每届领导班子都要写几句，每个领导人都要露露面，这样做费力又不讨好，落实到文字很难客观准确。为什么初审稿有较浓的“报告”“总结”性公文化色彩？当然有初稿不少内容来自各种报告、总结，编纂者尚未消化就照搬的原因，但更主要的是没有摆脱和超越领导者的思维框架，以客观的、历史的、发展的眼光看问题。这里面有两个关键问题要注意：一是一般情况下不要议论、不要结论、不要推论。也就是除概述、无题述允许有一定的议论、结论甚至推论外，其他部分都是写实，少数地方可以有画龙点睛的结论，但也应使用社会已有的结论。我们客观去写，不是我们的结论。二是凡牵涉人的部分，必须认真审视。不管是传记还是以事带人，只要遇到人名，就要认真研究、核对。有没有资格入志，要不要点名，都不可马虎大意。现在的初审稿人名太多，特别是领导人物的活动太多。比如前置图把中央领导、市级领导、区级主要领导的活动照片统统入志，我认为绝大部分可以删掉，只留那些参与重大活动的照片，而不是上级领导只要到崇文区就“上镜”，或崇文区领导都“露脸”，这样做有害而无益。刚才几位点评的专家提出图片该怎么选用，我赞同他们的意见。开篇要有区划图照和崇文区变化中有标志性意义的图照，然后应有影响全局的重大事件的图照，如人代会、党代会、政协会，以及崇文区很多创新事物的照片。燕京书画社是全市第一批民办文化产业，并产生很大影响；天桥百货商场的股份制是全市最早的一批试点；百工坊是第一家非物质文化遗产的聚集点，它将一批老艺人集中起来，并与旅游结合起来，当时国内外参观者川流不息，等等。这些单位有的已经不景气或正在消亡，但他们在北京市有过较大影响的。总之，图照应以事为主，人随事出，不是因人找事，为某些领导上书而找事凑一张照片。又如大事记，也有同样问题，记领导活动太多。有些领导来了，对崇文区工作影响比较大，是大事，要记；绝大多数领导的活动，对崇文区没有太大的影响。不要把崇文区大事记写成上级领导和崇文区领导人的活动记。这些问题不是崇文区初审稿一家的问题，是带有比较普遍性的问题。

第三，关于必须补充的内容。主要是三项：一是第二轮志书中，一定要有补志。这要作为二轮志书的质量标准来要求。一轮志书中有不少缺、失、漏、错，特别是比较大的遗漏和错失，这一次要补充修正。第二轮志书是第一轮志书的接续，在续志时，对已发现的第一轮志书中的缺失，如果不加以补充纠正，是对读者不负责任的行为。因此，在第二轮修志中，对应当有志补而没有的，应算有严重缺陷的产品。二是续志一定要和前志衔接，不能搞成断代志。为什么学术界很多人反对把第二轮志书叫做断代志？就是担心续志和前志截然断开，阻断了历史发展的脉络。续修时应在概述、无题述中简略地追述历史，要和历史连接上。我们的初审稿也有这个问题。三是要写历史发展的曲折和失误。这本来是不言而喻的事，但我们的许多志书对失误采取了淡化和回避的态度，成了第一轮修志的一个重大遗憾。根本原因是现代人写现代志，不可避免地会遭遇执政者或当事人的某些非分的、有形无形的压力，以及编纂者自身的功利和认识不足的影响。但也有如何写的问题，应把曲折和失误放到事物发展的过程中写。比如，北京市的人口过快增长、环境污染、交通拥堵等问题，放在发展中就好写一些，也易于各方面接受。

第四，关于专记。没有特殊需要，尽可能少写或不写专记，特别是主体内容中能包容的，千万不可单独拿出来写成专记。这样，表面上看突出了某件事，实际上影响了主体内容的深度和广度，就如从星空中把最亮的星星摘下来单独放另一边，整个天空就会暗淡，而这颗星也难以在比较中显示其光辉。初审稿中的四个专记都是主体内容中的亮点，应写到主体内容中，单独拿出来写成专记分量也不够，放在原处则给现在过于平淡的内容增添色彩，请你们再研究一下。要写专记，我觉得曹雪芹故居倒是有“资格”，因为它的发现，有过轰动性效应，直到现在仍然是“红学”中争议较大的问题，把被认为是遗址的情况记载下来，把各种不同的观点都写出来，对红学研究和文物认定与保护都是很有意义的。再提一个建议，就是把北京市人大关于东城区和崇文区合并的决定作为附录放在志书中，这个决定对崇文区有画句号的意义。此外，初审稿中，不少内容分量很轻，是一些不具典型性、代表性的事物，还有不少重复的内容，可作较大的删节；有较多照抄公文的文字，特别是一些形容、论说、定性语，绝大多数都应删除；有些方面的内容当须补充。评议中，大家提了许多很好的、很中肯的建议，大多数应该采纳。希望编纂者再接再厉，为一度存在于北京市历史上的崇文区留下整体的、真实的、简洁而多彩的记述，也为《崇文区志》画一个完美的句号。

（2014 年 7 月）

对《北京风物图志·长安街》第三稿修改意见

长安街是贯穿北京城区东西向的通衢大街，它以天安门广场为中心，把闻名于世的古都厚重文化和蓬勃向上的现代化气息串成一条光芒四射的彩带，展现于中华文明发展历史上。也就是说，把北京最精彩的一组风物聚集在这条大街上。编纂北京风物图志系列丛书，长安街应占十分重要的一个席位，与其他风物图志相比，它应更吸引人眼球，也应更出类拔萃。这就是组织编纂北京风物图志的同志为什么格外重视这部书的编写，下很大力气讨论修改，力争使其与长安街的地位相匹配，以较高质量奉献于读者的原因。

这是我第二次对编写稿审读。第一次主要是对图志的总体结构上提了一些意见。如果总体结构不科学、不顺畅，内容写得再多也常常是无用功。这一稿在大的结构上理顺了，首先写长安街的历史变迁和规划建设，然后展开写天安门广场及其周边建筑设施、东长安街、西长安街，最后写长安街的绿化美化，把应突出的内容作为重点，又照顾了方方面面。每一部分又补充了不少资料，比前一稿有质的变化。

但这一稿仍然有许多缺失和应斟酌的地方。

一 长安街的范围及记述方法

这是编书需要解决的第一个问题。它关系到本书的内容范围，即写什么，写到什么程度。这部书稿对其记述范畴没有明确的界定。统观历史，人们对长安街的习惯性界定共有四种：一是东单到西单。目前街巷区划中从天安门到东单叫东长安街，从天安门到西单叫西长安街。二是建国门到复兴门。东长安街加上建国门内大街，西长安街加上复兴门内大街。这一段在二环路内城市核心区，是由统一规划建成的一体化大街，人们习惯性地统称为长安街。三是大北窑到公主坟。或向东到四惠桥（四环路），向西到玉泉路。这一段也是长安街延伸，经统一规划后已基本形成的大街。四是通州镇到首钢东门，后又延长到门头沟。这一段内的东西两端尚未成街，只能称路或道。书稿中的内容，大体是从建国门到公主坟。不在四种之内，可叫第五种。为什么选取这一段？应有理由。我的意见是，如按法定大街，应是第一种，它本身就叫东长安街、西长安街。如按已建成多年，又在旧城核心区内，大众也认可，就是第二种，即建国门到复兴门。第一种和第二种都可以。第一种的好处是核心内容更集中，文字量可少一点，也不会有歧见。第二种好处是与时俱进，更现实一些，但它是我们定的，不是法定的。再斟酌一下，不论哪一种，再往西到首钢东门，往东到通州镇，可叫长安街延长线。在图志的记述上，可采取轻重区别的方法，即长安街的记述内容应具体详细，如天安门广场及四周的每座建筑都应从历史写到现在，东西长安街的重要建筑也应把区位、面积、外观、内部结构、用途等写清楚，延长线的建筑重要的可写一小段，一般的只提名即可。建议在东西长安街两部分各增加延长线一节。

二 图片应增加，文字应压缩

图志和一般志书不同之处就是图片多、占位大、直观形象性强烈，相应的是文字不可太长。图照上一眼即可看清的，文字应少写，点到为止。长安街图志第三稿，图照少了，且不完全、不成套。文字多了，且描述太细，还常常走题，添枝加叶。还有轻重不分的问题，该简略的未简略，该加重的未加重。建议按照图志大纲加配图片。图片可分三类：一类是全局照，即北京市地图，突显长安街在北京市的重要位置，长安街的航拍全图、不同时代长安街全图等；第二类是局部照，即不同时代的天安门广场全图、东长安街和西长安街全图、东西两边的延长线全图等；第三类是单体图照，即各个重要建筑和景致的图照。现在的书稿特别缺全局和局部图片。图片应尽可能精美，但首先是真实、清晰和文字相配，美要服从真、服从明、服从文图一体。

书稿的文字应大大压缩，主要压掉偏离主题的内容，小题大写的内容，过细的内容，解释性、注释性、过程性、议论性的内容。我在审阅时随手勾掉了一些，估计占全书的四分之一，不一定妥当，但还有压缩余地，请再研究一下。

三 结构上还应作一些局部调整

大的结构共七部分中，建议删去第七部分，即长安街的交通和市政。这部分是我第一次审稿时建议写的，现在看是多余的。因为长安街与全市各大街区交通和市政相似，没有明显的独特之处，很难作为“风物”表现。删节后，不仅不影响图志的质量，反而使书稿更精准。在局部结构上，除在东西长安街增加延长线一节外，可删除环境绿化、美化部分的屋顶绿化，这在长安街并不突出。可把城市雕塑放在文化建设部分，不单独设节。单体建筑的排列顺序应规范一下，如总体上应是中、东、西，即天安门广场、东长安街、西长安街。每一部分，天安门广场建筑应是中线（天安门城楼、国旗升降台、人民英雄纪念碑、毛主席纪念堂、人民大会堂、国家博物馆）。国家大剧院是否放在西长安街为好？东长安街每类建筑排列应是从西到东，西长安街应是从东到西或按门牌号码排列。

四 内容上，单体建筑（或单位）的点名和记述的详略，应有比较规范的标准，应确定大体的要素

比如，党政机关应是中央部级以上，饭店应是四星级以上，文物古迹应是市级以上，金融应是国家一级银行、保险机构的总部等。每座现代建筑应有区位、外观、面积、特点以及变化，文物古迹还应写明历史变迁等。这样，书稿内容应作较大调整和补充。如天安门广场及周边建筑设施部分缺国旗升降台，这是国家象征，每次升降都有群众围观瞻仰；缺故宫，有劳动人民文化宫、中山公园，怎么能没有故宫？而这倒是应花点功力记述，当然也不要太长；庆典只写“共和国大阅兵”不完善，阅兵是庆典的一部分，有些重大庆典也并不阅兵。应把庆典排一下队，择要将影响重大者排列出来。东长安街，部以上机关和大型商场、饭店，以及王府井古人类遗址、东单体育场馆和东单公园都应记述。北京火车站是交通设施，应单列，不应和饭店并列。西长安街，首都博物馆、军事博物馆、中华世纪坛、远洋大厦、全国总工会、国家新闻出版广电总局等都在复兴门外，应移到延长线部分简略记述，还有中央人民广播电台、中央军委大楼、铁道部、空军司令部、海军司令部、京

西宾馆……一直到八宝山公墓、火葬场等，再梳理一下，少数简写，多数只提名，或一律只提名不写内容。

五　前言、后记和每一部分前的概述或导引性文字如何写，应再斟酌一下

应把握三者各自的特点。前言，应简略概述长安街的总体状况，文字要准确、精炼。应补充内容，推敲一下文字。后记，应记书稿之外想说的话，如写作过程和为之有贡献者等，而不是现在写的第一段长安街在中国历史上的地位、意义等，和前言是重复的。各部分的前言，也应是这一部分的概述或导语，而不是全书的概述，现在书稿中重复很多。

此外，我在审读书稿时随手做了一些旁批，删除了一些多余的部分，改了一些不太准确的内容和文字，因为是边看、边批、边删、边改，没有更深入的思考，只能作为修改时的参考，不能作为定论。

（2014 年 11 月）

编纂好北京志书的“风味美食”

——北京风物图志系列丛书后续10部初稿审读意见

《北京风物图志》是反映北京古都文化特点和亮点的系列丛书，是全面记述北京历史和现状的大型成套规划志书之外的“特色志书”。如果把规划志书比作一桌大餐，北京古今可圈可点的文化食品大体都可呈现于桌上，实、精、全是它的特点，那么《北京风物图志》则是名播京城内外、传承弥久弥香的风味美食。前者是政府主持众手成志，后者则由市地方志办统一筹划、专家主笔。第一批10部已于2005年7月出版，第二批接续10部，计有《长安街》《朝阜路》《平安大街》《成贤街》《牛街》《东交民巷》《南锣鼓巷》《三山五园》《西单》《雍和宫》。编写完成后，再接续第三批、第四批……如何编写好风物图志，让续编的10部比前10部更上一层楼，根据对初稿的审读，谈几点意见。

1. 风物图志是志原则上应遵守志书编写的基本规定、通用法则、体例体式和语言风格。其中，核心原则是存真求实，即志书内容必须实事求是，如实记载历史和现状，既要求保存真实的丰富多彩的地情资料，又要求对收集的资料反复核实、考证，也只有科学地进行核实考证，才能做到保存真实。应当说，这10部图志的初稿大都重视对所用资料的考核，也有一些在叙述事物时带有随意性，自己所钟情的问题展开过多，或多或少淡化或掩盖了核心内容，少数内容也有虚美和隐恶的问题，应引起充分注意。真实是志书的生命，一点也含糊不得。志书编写另一条原则是述而不论，由于风物图志和规划志书相较带有更多的地域亮点的展示性、地域知识的普及性，更强调鲜明性和可读性，因此对述而不论原则可像志书的概述那样，对史实可作随机性有磁性的简短评点、推论甚至结论，但只可在记述事物的过程中作画龙点睛式的评议，对所记述事物关键处作说明性点评，不可动辄都发议论，更不可无节制地长篇大论，把记述异化为论述。这个偏差在后 10 部图志初稿中有较为普遍的、或多或少的存在，必须引起重视。在体例上，图志在书名、内容断限、篇目、体裁、文风、结构、逻辑等方面和规划志书并无原则差异，不同的是结构更灵活一些。在横分门类、纵向叙述的原则下，根据不同内容和作者的意愿，可采用总分结合、时空穿插、历史倒叙等比较活泼的结构。这一点图志的执笔者们自发的创造性是比较强的，几乎每一部初稿都有各自特点，但大都较为随意，有几部忽视事物客观发展的逻辑性，结构安排主线不明、层次不顺、轻重倒错，少数几部需重新设计篇章结构。在文风上，志书的特点是严谨、朴实、简洁、流畅，行文规范统一，不虚浮空泛，事无重复、章无虚设、文约事丰、文字通俗、语法规范。图志在遵循这些原则的前提下，文字可更活泼一些，状物叙事、开头收尾、标题用语可更生动一些、形象一些，使图志不仅有内容的引力、逻辑的引力，还应有文采的引力。这也可以说是对一般志书追求朴实文风的一种超越。

2. 风物图志是志书的一种类型，除要遵守志书的编纂原则和规范外，还在内容、编写方法和社会效用等方面有自身的独到之处。主要是：内容上，不是全面记述省、市、县、乡村的历史和现状，也不是记述一个行业、一件大事、一群人物的生存发展及其影响的状况，而是在一个地域范围内选取那些耀人眼目、传承深远、文化深邃、影响深广的，即能表达一个地域特点和亮点的一个点或一条线作为叙写对象，也就是我们所说的“风物”，是让人眼前一亮、风光满目的所在。如北京市的故宫、长城等已被国际认定的5处人类文化遗产，这些已被列入规划志书行列。此外，还有许多“文味”“京味”十分浓郁的点和线，如这两批图志选取的王府、天桥、什刹海、长安街、朝阜路、东交民巷等，都是北京这个文明古都特有的可展示历史文化无穷魅力的闪光之处，深入挖掘其文化内涵、历史辉煌和现实影响，不仅可为首都北京增光添彩，也为北京志书家族增色添丁。应当说，我们已出版和正在编写的20部图志，在选取亮点上都是从文化内涵、社会影响、人们关注程度着眼的，是称得上“特色风味”的。不足之处是，对历史风光挖掘较深，展现较多，这是必要的，但对现状则注重不够、展示不足，有悖于志书的“详今略古”原则。在编写形式上，不仅要用文字表现事物，还特别强调图片的作用。所谓图志，较一般志书的最大区别就是大量地、更多地使用图片。也就是说，这套风物图志应当开篇即图、页页见图，使读者闭书而不忘图。地图、统计图、实物图、风情图、照片、绘画、特制图等，尽可能多地选用，还要使文字和图片互相照应、相互印证，以增强吸引力、说服力。图是方志基本体裁——述、记、志、图、表、录中的一种，虽然志书是以志为主，即文字是主体，但志书离不开图，没有图是志书的一大缺陷。历史上，方志的一个源头就是图经，图经以图为主，并配以文字说明。我们编写的图志是新方志，展现志书内容主线的是文字，但图应占较大篇幅。理想的图志应每事必配图，有的还应从不同角度配图，配反映不同侧面的图。图少或图不典型，很难称其为图志。大量收集、选择、绘制、配备能反映事物本质的图，需要下较大力气，这项工作比起文字的撰写来说难度还要大。在第二批图志初稿中，多数还未配好、配齐图片，有的好像已经配齐了，但不仅质量较差，数量也远远不符合要求。还应注意文字和图片的搭配，要尽可能地对应，避免图片不到位甚至错位。还应注意，图志使用的图片应和文字紧密配合，凡是与文字关系不大的，一般不应选用。在第二批图志初稿中，有些为美观而设计的贯通图，虽然古色古香，也有浓浓的“文味”“京味”，但和本书的内容不相配或配合不紧密，也应重新设计。事实上，在诸多图片中有不少图像既美观，内容又是图志不可分割的部分，完全可用于贯通图。在社会效用上，志书存史、资治、教化的三大功能，图志都应具备，但教化的作用更为突出，也就是图志对地域风物亮点的助燃作用、认识作用、宣示作用和知识的普及作用更为明显，这也要求图志应更简明易懂，避免过繁、过于学究气和公文化，应更有吸引力，点亮枯燥的资料，使其既真实无误，又彩光闪动。在第二批图志初稿中，这方面还有不少差距。多数初稿文字过多，大多超过 20 万字，最好能压缩在 10 万字左右，尽可能使读者用较短的时间立体地了解一个闪光点、一条风景线。有些初稿学究气较浓，考证、引证、注释性说明过多，不善于把史料转换成叙事，有的过分追求辞藻的华丽，等等。

3. 北京风物图志是一套丛书，是在一个大的主题下有计划、有规范陆续编写的特色志书。丛书的每一部都有独特的个性、独立完整的内容，各自不同的撰写方法反映着作者的编写风格，但总体上又有共同遵循的一些规范性要求，除志书的编纂原则、体例体式、特征功能等外，还有编写对象的同类性，即只能是反映北京古都风貌中被人特别关注者，也就是历史文化的一些集中突出之点、片、线。反映单体的完整性，即对所写对象尽可能展示其全貌，把历史回顾和现实状态紧密结合起来，有头有尾，有密有疏，有立体感。多部书之间的关联性，即在设计篇目结构和使用一些历史资料时，要考虑丛书中其他图志的需求，在不同图志涉及共同的地域景点、历史事件时，应考虑这些内容放在哪一部书中最好。主要编写人员的专业性，即编写者都应有北京历史和当代发展状况的专业知识，主笔应是北京地情研究人员以至专家、学者。北京风物图志已出版的10部和正在编写的10部，大体是依照这些规范性要求安排的。后10部初稿，也基本上体现了这些要求，但有的书稿在一些方面还有较多缺陷和值得商榷的地方。比较突出的，一是有的书稿地域范围不明确。志书有越境不书的原则，境就是边境、边界，也就是志书所写的特定的时空界限，所写内容不能超越时空的界限。图志初稿中有一些边界模糊，特别是街道和连片景点，常常跨越边界，耕了别人的田，荒了自己的地。《三山五园》初稿详细写了西山寺庙的泉水院，其中多数不在“三山五园”内，而对“三山五园”内的著名景物，有的没有涉及，有的过于简单。长安街、东交民巷、平安大街都详细写了天安门广场的历史变迁，显然这个广场应作为长安街的重点内容，东交民巷作为其东头起点作部分反映即可，不必作全面的叙述。而平安大街与此处相距甚远，没有必要生拉硬扯过来。东交民巷与朝阜路都从北海旁穿过，都在北海南侧，都详细写北海，完全重复。作为一套丛书应合理分工，一家详写，一家简写等。二是有的书稿内容占位不科学，文字分量不平衡。志稿的每一部分内容都应根据其历史地位和现实影响适当分类，有主有次，有轻有重。文字量的分配有多有少，有详有略。但有的初稿对此思考不够，随意性较大，一个突出问题是对一些地区和事件的历史背景的追溯，往往上追下延，左右扩张，篇幅占位过大，像给正常人戴了一顶高帽子，瘦小个儿披了一件大外套，很不合体、不顺眼。而对一些应重点表述的内容常常轻描淡写、丢三落四，没有下功夫研究。为什么会出现这些弊病？一个重要的原因是没有在确立篇章结构上下功夫。篇章结构是志书编纂的大纲，也是对志书内容的科学分类和层次的初步设置，有关内容的主次轻重应在研究篇章结构时就大体设定。如果在撰写初稿时对此仍然不明确，下笔就有可能像脱缰之马任其驰骋，哪儿熟悉、哪儿有吸引力，就往哪儿跑。三是对出现在不同书稿中的同一重大事件，诸如李自成进京、英法联军和八国联军侵华、义和团运动、“五四”运动、“一二·九”运动、中国人民解放军进京等，不论作为重要内容还是作为背景，在同一套书中应有大体相同的观点和评价，但在初稿中常常出现一些较大差异。此外，对于城市建设中拆毁文物的过程和倾向性评点，也有不同认识。这些都是在一套丛书的编写中应十分重视的问题。

（2014 年 11 月）

对《新志编纂通论稿》的修改建议

——与夏侯炳同志讨论

大作《新志编纂通论稿》（以下简称《通论》），我抽空拜读了两遍，又翻阅了一些重点内容，遵嘱写下了序言初稿送上，请把不妥之处告我。

阅读你们的专著，就我来说是又一次对方志编纂学知识的系统学习，其中不少新知识使我受益匪浅，也引发了对方志诸多理论和实践问题的思考。我现在受中国地方志指导小组办公室的委托，正在主持编写《方志百科全书》，你们的新著给了我不少启发。从总体上看，《通论》是一部很有新意的方志编纂学论著，其中有四大亮点，即关于方志体例、行文规范、质量评价体系建设的论述和强烈的针对性、实用性、可操作性，十分引人注目。这些已在序言、初稿中评述。此次，只想对书中我还没有看清楚、想明白或自认为是问题的内容做些探讨交流。

1. 关于新方志的功能。“存史”“资治”“教化”三大功能已取得方志界共识。此外，有些专家又提出若干功能，其中“交流”功能提出时间较久，已被部分专家认可，但至今仍有较大争议。《通论》稿中又提出了“科研”功能，过去也曾议论过，但认可的人甚少，你们重新提出，仍然缺乏有说服力的论证。书中的三条理由：一是修志是科学研究活动；二是大部分方志史料必须经过深入研究或系统整理，才能更好地发挥资政和教化作用；三是专家学者早有科研功能的提法。这三条都不是志书的社会效用，即功能，是修志过程中的工作和一些人对志书的见解，不能作为“科研”功能立足的依据。望进一步深入研究，提出有说服力的理由，否则还是暂不提出为好。

2. 关于方志性质。《概说（下）》并列写了三条：文献性质、科技志性质、方志特征。很明显，这三条不属于一个类型，也不在一个层次上，是不可并列的。科技志性质，应是科技志的性质，把它升格为方志性质，在文理上也说不通。为什么要专写这一段？《通论》讲了两条理由：一是因科技是渗透到社会生活各领域的生产力，二是科技志和科学著作或科学文献关系密切。人口、人事、劳动、金融等也渗透到了社会各领域，其中有的也属于生产力范畴。所有的志书都与其地区或专业领域的著作、文献联系密切，单独把科技志列出来提高其地位，起码是领属不当，归类有误。请再思考一下，这个“硬伤”如何处理？此外，把科技志作为科普读物也应讨论，科技志是资料性文献，科普读物是知识性书文，无论内容还是功能都有很大差异。

3. 关于方志编纂原则。在“存真求实”“详近明远”“横排竖写”“述而不论”“生不立传”5条原则后，增加了“以人为本”“经世致用”两条，也没有充足理由支撑。可理解为，作者把“以人为本”作为修志原则，目的是要实现从旧方志“以官为本”转变为以“以民为本”；提出“经世致用”是要使志书文体实现从“枯燥乏味”到“可读性强”的转变，主体实现从“官用”到“全民同用”转变，形式实现从“自发读用”到“有组织利用”转变，规模实现从“零打碎敲”到“资源开发利用”转变。应当说，这些见解都是很有新意的。但无论“以人为本”还是“经世致用”，应是多数学科通用的原则，作为志书编修的指导思想尚可，作为编纂原则则显过大、过宽、过空，等于小人戴了顶大帽子，很不协调。

4. 关于资料。这部分的不少论述是比较深刻的，但不知为什么，对资料的首要问题真实性却没有专门论述。志书使用的资料必须真实准确、全面系统，具有代表性和权威性。其中生死攸关的是真实性。缺少对真实性的论述就等于在资料部分缺少了核心和灵魂。《通论》在论述资料的特性时，以科学性代替真实性，把真实性纳入科学性之中，淡化了真实性对志书资料的重要作用。此外，关于资料长编是否是志书编纂不可或缺的环节，也值得商榷。在编纂实践中，并非所有新编志书都需要编资料长编，有些内容比较单一，平时又注意搜集整理资料，特别是坚持编写年鉴的单位并不一定非编资料长编不可。即便需要编资料长编的志书，是否编成一个模式，也应研究。应当从实际出发，根据不同需求，采取不同类型编纂方法。现在不少地方过分重视资料长编的“规范化”，把长编编成了“大志书”或志书初稿，实际形成了长短两部志书，是没有必要的。志书要编资料长编，也应研究它的独特原则，如它是资料的汇编而非著作，它强调的是资料的原始性而非制作性；应是资料的简单归类、大体选择，而非精挑细选、事事核实，是资料的并列串联、结构松散，而非多体裁连用、篇章节目勾连，形成严密整体，等等。

5. 关于行文规范。这一部分把现代语言学知识充分用于修志编纂实践中，是最有新意、最实用的部分。但也是引申发挥过多，讲作文编书在语言上的共性问题占位过大、比较臃肿的部分。其中论述志书语言特征、文体、用语和标题创制等表述都很精彩，但文字词语、语言修辞、标点符号、数量用法等，都是一般性语文知识，并非地方志特有。应当说，这些共性问题写得也很精彩、到位，建议把它单独拿出来，略加充实，成为另一部小册子，既可奉献更广泛的读者，也对《通论》起瘦身作用。

6. 关于志书分类。这一部分缺编纂性质的分类，即创修志书、续修志书、重修志书、补修志书等。目前我们规划的第二轮修志大多是续修志书。有些志书需要补修，少数志书应重修，也有创修的志书。创修、续修、重修、补修的志书如何区别，应注意哪些问题，是现在大家十分关注、迫切需要解决的问题，渴望立足于理论研究第一线的《通论》，缺乏这一部分是令人遗憾的。

7. 有些内容重复较多。如志书特性、体裁等文字，原样出现在不少地方；有些“名言”反复使用，如胡乔木关于“把地方志作为学术工作来抓”，邱新立关于“方志学研究气氛有所淡化”的言论等；一些引文，在新的更完善的文件中已有比较准确的论述，但仍然引用过时的文件，如有关体裁等的内容，引用《地方志工作条例》和《地方志书质量规定》就比引用1985年颁发的《新编地方志工作暂行规定》更准确、更有说服力。

以上意见，仅供参考。我觉得《通论》这部可贵的学术著作，如果在现有成就的基础上再研究修改一次，必将更上一层楼。如有更改，也应在序言中作相应的改动。

（2013年10月）

对《贾令村志》初稿的修改意见

《贾令村志》初稿内容丰富，重点突出，特色鲜明，语言平实、通达，总体设计大体可行，是一部比较成熟的稿本。提一点补充修改意见，不一定妥善，仅供参考。

一　编目结构尚需调整一下

目前全书设计 12 编共 35 章，前有编委会和编辑人员名单、前言、凡例、目录，后有大事记、后记、编辑人员简介。

1. 前言和后记都是编者要说的话，应合并为后记，放在后面。主要内容应回答：为什么要修志？这部志书是如何修成的？有什么感想和遗憾之处？这些内容在现在的前言和后记中大体都有，应补充、删节、重新组织一下。

2. 增加概述。放在目录之后，第一编之前。主要内容应是概述贾令村全貌，即现状（地理位置、自然环境、人口、土地、产业结构……）、特点（即现在前言中的历史悠久、人杰地灵、文化底蕴深厚）、主要内容（把村志的内容概括讲一下，不应只照抄目录）。

3. 把大事记提到前面，放在概述之后。这样改的好处是方便读者阅读和理解。概述是志书内容的概况，主要是从横向看全面。大事记也是总体性记述，是从纵向看历史。读者在一横一纵的阅读后，对贾令村的总体状况就有个大体的了解，不仅有利于对主体内容的理解，也起导引作用。

4. 把12编调整为11编，第十二编杂记折并到有关篇章中。顺序调整为第一编古镇概述，改为“古镇沧桑”。其中，镇河古楼和贾舍等的记述应和后面古建古迹区割开来，以免重复。在这一编写镇河古楼等古迹的目的是为了展示古镇历史，在古建古迹编是具体地写其在古代和现存的状况。第二编农业经济，应把第二十四章的《农民生产生活基本情况表》放在这部分最后。这张表主要是反映新中国建立后农业生产状况的，应是这一编的总表，60年的农业发展一目了然，资料价值非常高。第四编改为第六编，第八编改为第七编。各编的顺序是：第三编工商企业，第四编政事纪略，第五编军备战事，第六编人口族系，第七编教育卫生。民间文化改为第八编，把第十二编的传说轶事移到这一编。第九编民情习俗，其中第二十四章农民生活的内容多是新中国建立后的情况，放在“民情习俗”编中很勉强，更接近政事纪略中合作化、人民公社的内容。除生产生活表前移外，劳动报酬、实物分配、集体食堂应放在第五编政事纪略的农业合作化、人民公社、大跃进等各节更为妥当。第十一编古建古迹改为第十编，第十编古今人物改为第十一编。

二　古今人物编，应再仔细研究一下

志书对于人物的记述，从来就是一个难题。难在两个问题上，一是哪些人入志，哪些人列传？二是对人物如何记述？要不要有肯定否定的评议？这部志书初稿对入志人物分为古代贤达和当代人士两章。在当代人士中，既有去世的又有健在的。在记述方法上，虽然不是完整的人物全传，但多写了生平，实际上是“小传”。我的意见是，把这一编分为两类，一类是2012年12月31日前去世的，另一类是在世的。第十一编只记去世人物，不记在世人物。生不立传是编修志书的一条原则，我们这部书的凡例第四条也写了“本志坚持生不立传的原则”。记述顺序应当是：古代贤达、革命先驱、革命烈士、先进模范，（把第七节贤妻良母的三位名人放在这一部分。他们虽然没有先进模范的正式称号，但在村里早就把他们看作先进模范了）专业人才、经商名士、行政领导干部。在各级干部中，村党支部书记和村长（主任），应放在第五编政事纪略的党派群团和行政机构中，按以事系人的方法，不论是去世的还是在世的，都应顺序作简要介绍。我们编修的是村志，对村中主要领导干部的记述是不可缺少的内容。在世人物怎么办？还是要记载的，因为它能体现贾令村的特点。但不应放在正文中，应在志书后面设附录加以记述。这样附录可容纳两类内容，第一类内容是在世人物，标准应当是省部级以上授予先进模范称号者、副研以上专业人才、在县以上地区闻名的经商名士、正科级以上行政干部。排列以生年为序，可分类，也可不分类。如果要分类，把行政领导干部中有先进模范称号的归先进模范类，从事专业性领导职务的归专业人才类，这样较为妥善。第二类内容是第三十五章的艺文。都是已有书籍的转录，应放在附录中。

三 应多一些图片

图片很重要，人们看书，如有图片，往往是优先阅览，第一眼常常会给人留下较深的印象。图片有地图、专题图、示意图和照片，在志书中使用时可分前置图和随文图。前置图是反映全局情况的图片，如地图（历史图、现状图、规划图等）、重大集会图、标志性建筑图等，一般放在前面。随文图是伴随文字的插图，是与文字互相印证并起图文并茂的作用。如古建古迹、民间文化、民情习俗等就应一一配图，特别一些古色古香艺术水平很高的建筑物及其构件，应全部录像留存，选择其中价值较高的随文放入志书中，这样能大大提高志书的文化含量、历史价值和欣赏引力。

四 语言应用规范汉语

在叙事中，除特殊需要，一般不应使用方言和古语，如“莜子面”应注明“高粱面”，“料子鬼”应注明“因抽大烟土而不务正业者”，“古代贤达”中的“选举”是什么意思应注解，等等。此外，一些人名再核实一下，如参加抗美援朝战争的“段柄全”，是否是“段柄权”？他是我的堂叔伯哥哥。一些用语或判断不很准确，如“参军人物”应具体写参加什么军队；“生活日新月异，直至进入小康”，有点过分，等等。

十分感谢这部志书的编者们——多是我的儿时玩伴、少年学弟，为故乡做了一件功德无量的大事。希望再接再厉，一百步已走了九十九步，最后一步千万不要马虎，不要着急，多征求意见，反复核对事实，推敲文字，以追求高质量为目的，力争把这部志书修成流芳百世的佳志、名志。

（2012 年 12 月）

五

书稿序文

展示北京地域文化的千姿百态

——《修志人眼中的北京——志说北京》序

志书是地域文化的如实记录，是文化事业发展的基础性产品，也是文化产业灵感和原材料的源泉。我国的修志事业萌发于上古，几乎和文字的形成同步；孕育于春秋战国，和史书、地书同胎而生；成形于宋代，逐步从史书、地书中独立出来；明代以后被制度化，成为“官修”的“官书”。目前保存下来的新中国成立之前的旧志有8000多种，10万多卷，约占现存全部古籍的十分之一。新中国成立后，特别是20世纪80年代以来，新编地方志受到空前重视。截止到2011年，已出版规划内省市县三级志书6500余部，还有更多的规划外的部门志、行业志、山水名胜志和乡镇村志以及地情资料书等。北京市现存旧志百余种、千余卷，包括府志、市志、州志、县志、风俗志、山水志、地名志、关志、寺庙志等。当代新修第一轮规划172部市区县志大体完成，规划外特色志、部门志、乡镇村志以及大量的地情资料书，总量远远超过规划志书。这些志书和资料汇集书，是传承中华文明的最完整、最有权威的地域文化基础性资料，是五千年中华文化积累的宝贵财富。在中国历史上，它曾作为资政、教化、传史的载体，使中华文明传承不断、生生不息，为中华民族不断增强凝聚力做出了不可估量的、独特的贡献。当前，对促进我国现代化建设，推动中华民族伟大复兴，发挥着越来越大的作用。

然而，这些珍贵而丰富的文化宝藏，如何挖掘利用，较长时期未被重视，大量古旧志书因散落于中小图书馆或民间，保存条件很差，处于亟待抢救的状态。即便是保存完好的，多数也被长期封锁在馆库之中，很少有人问津。新修志书虽然采取多种措施，提出"修用"并举方针，开展读志用志活动，大力发掘使用渠道，开拓使用范围，但从整体上说，多数群众仍不知志书为何物。加之志书本身的特点，强调存真求实原则，有真实性、权威性，大多缺少趣味性。采取述而不论的写法，有客观性、公正性，缺乏思辨性。加之古旧志书多数未加整理、注释，读起来比较困难，很难走向大众。新修志书也极少走向市场，很难引人注意。如何解决这个难题，使志书充分发挥其效用，北京市地方志办公室和有关部门采取了多种办法，如让志书上网，把志书编成不同体裁的专业书、教科书、故事书和百科全书，产生了较好的效果。《志说北京》采取的是地方志工作者和新闻工作者合作，在《北京日报》上开辟专栏，把地方志记载的、当前社会需要、人们喜闻乐见的内容，通过讲故事、说历史、写观感等方式，分门别类地把志书中的有关内容解剖、改写后刊载出来，一事一章、短小易读，历时三年，成就了深受读者欢迎的百篇短文，汇集而成第一本文集。

《志说北京》对于志书宝库来说，像一把钥匙，引领读者打开大门，进行北京地域文化之旅，去领略北京这块风水宝地的风采；像打开一扇窗口，展示北京地域文化的鲜活场景，吸引人们从不同角度领略其千姿百态；它又是一桌美味大餐，把不同味道的文化佳肴集于一桌，任人从中挑选、摄取营养。它有对各种历史事件的有趣记述，有对建筑、寺庙、陵寝等文物古迹的深入解析，有对饮食、衣着、风土人情等的生动描述，也有对历史名人指指点点的写照。这些文章不是志体，这部文集也不是志书，但它却以志书记载的事实为依据、为蓝本，联系有关史实，加上作者合理的描绘、符合逻辑的评点、生动形象的语言，使这一篇篇短文像诗性散文，既深深扎根于志书，对志书的某部分内容进行挖掘、再加工，又大大超越志书，变成了更有吸引力的形象化、通俗化了的“志书”，开创了读志、用志的一种新方法、新形式。这一切，对宣传北京地域文化，继承中华文化的优秀传统，提高全社会的文化自觉，推进文化事业和产业的发展，必将发挥不可或缺的作用。

《修志人眼中的北京——志说北京》的出版发行对于丰富多采、博大精深的志书这个知识宝库来说，开发利用的不过是冰山一角、九牛一毛，我们对读志、用志新形式的开发创新也仅仅是开始，殷切期望这个“栏目”、这本文集成为开春的第一个芽、第一支花朵，引来绿色满地、万紫千红的春天，使志书在我国文化大发展、大繁荣的新形势下，发挥应有的更大的作用。

（2012 年 1 月）

让志书活起来

——《志书撷英》序

这是一本展示北京地域文化的知识性写实散文集，也可以说是《修志人眼中的北京——志说北京》的姊妹篇，是北京市地方志办公室和《北京晨报》合作，由晨报编辑记者撰写，陆续在晨报《志书撷英》专栏上发表，经两年多的辛勤劳作，在专栏刊出100期后集结而成。

《志书撷英》顾名思义，就是从丰富多彩的志书宝库中采集的北京地域文化点点滴滴的“花瓣”，经过剪修装饰、排列组合、添枝加叶，形成100株生机蓬勃、各具特色的林木，展示于大庭广众之中。也就是说，这部书中每篇文章的主要资料都是来源于志书，但其内容和写法又不同于志书。在内容上，坚持志书的存真求实，但突破了“述而不论”的原则，常常根据作者的认知，对史实进行合理的引申发挥，褒贬评议，表达其见解，抒发其情感，尽管常常是一家之言甚至存在某些偏颇，却使问题更加明确，史实更为引人；在文章的结构上，从志书的横分门类不缺要项、纵述史实不断主线的框架中跳出来，只截取其中一枝一根、一叶一花，以“北京的怪”“北京的吃”“北京的绝”“北京的钱”“北京的乐”为题，写成不足千字的短文，让叙述对象和自己的认知紧密结合，自然流淌于笔下，尽管对有些人、事、地、物的记述并不那么全面、系统，像一个个糖葫芦被几根线串起来，摆在那儿，使读者更方便即食，从而更大众化；在文字上，志书的语言特点是严谨平实，这个文集却在不违背真实的前提下力求生动活泼，使用了一些引人注目的特性语言，有的编成故事，有的展开联想。尽管在严谨上略显不足，但大大加强了趣味性、形象化。总之，它为志书装上了翅膀，使藏于馆库、传于少数专家之手的珍贵著述——志鉴，得以解放，亮出来、飞起来，进入社会大众之中，使其潜能得以释放、固有形象得到展现；它为北京地域文化揭开面纱，使人们看得见、摸得着、想得到，就像在不同时期、以不同角度、从不同方位展示北京文化的一百张面孔，让人们很快认出它、了解它、亲近它，使北京文化更能凝聚人心，优秀文化得以发扬光大；它为提高人们的文化素质、文化自觉提供了生动活泼、易学易懂、感染力很强的教材，也为发展文化产业提供了基础性素材和创新发展的启示。

感谢《北京晨报》开辟《志书撷英》这个栏目，为传播和挖掘北京地域文化打开了一扇广受读者欢迎的窗口，也感谢为这个栏目撰写文稿的同志，他们在浩如烟海的古今志书中披沙拣金，选择当前群众最关心、最需要了解的内容，制作成“小品”或美味佳肴，参与到我国文化大发展、大繁荣的潮流中，为把北京这个世界文明古都建成现代化国际文化中心，奉献自己的聪明才智、辛劳和心血，也殷切期望《志书撷英》这个栏目越办越好，在第一本文集出版后陆续推出质量更高、特色更鲜明的第二本、第三本……文集。

（2012 年 1 月）

《北京奥运会志》编纂出版的意义

——在北京奥运会成功举办四周年纪念暨《北京奥运会志》首发会上的发言

纪念北京奥运会成功举办4周年，以什么来纪念？最好的行动是传承奥林匹克精神，以此推动国际和谐，国家兴旺，城市发展，本职工作取得新进展。今年的纪念会，把《北京奥运会志》的出版发行作为主要内容。这部志书无论是对奥林匹克运动的普及和推进，对中华文明的展示和积淀，对北京市现代化建设今天的激励和未来的借鉴，还是对作为基础性文化建设地方志编修的探索创新，都具有深远的意义，可喜、可赞。我代表市地方志编委会向为这部志书编纂工作做出贡献的市地方志办公室、奥组委的有关同志，特别是参加奥运会举办、筹办和两次申办的一些老同志，表示衷心地感谢！

《北京奥运会志》是国际奥林匹克历史上第一次以志书形式全面记述一届奥运会从申办到举办全过程的文献性资料书。北京奥运会之所以能圆满成功，成了奥运史上“无与伦比的奥运会”和“有史以来最伟大的一届残奥会”，追根溯源就是高水平地实现了激励人类奋发进取的奥林匹克精神和博大精深的中华文明的有机结合。这一结合，不仅使奥林匹克精神得以进一步普及，奥林匹克文化得以进一步弘扬，奥林匹克理念得以进一步传承，也圆了中华民族百年之梦，向世界展示了“中国面貌”“中国精神”“中国模式”，让世界了解中国，也让中国爆发激情，拥抱世界。《北京奥运会志》以中华文明传承中特有的志书体例，记载了这一国际性盛事，同样是中华文明和奥运精神结合的产物。它以资料的原始性、真实性，内容的客观性、完整性以及在历史长河中的传承性，开启了奥运史上以中国方式科学地、全面地总结记述奥运会历程的新篇章，为今后举办奥运会或类似活动提供了具体的鲜活的样板，也是奥林匹克运动史上的一个创新性贡献。

《北京奥运会志》是对中华民族伟大复兴过程中一个丰碑式闪光点的真实记述。这个闪光点，所展示的是中华儿女在改革开放和现代化征程中奋发有为、高歌猛进，使世界为之瞩目的活力和成就，是国人紧紧抓住历史发展所赋予的际遇期，以中国特色社会主义为旗帜，使综合国力大大提升，人民生活水平大幅度提高，国内外交流日益拓展，逐步融入国际发展的大潮中。北京奥运会正是这种大变革的结晶，又是新的更大变革的起点。北京奥运会“同一个世界　同一个梦想”的主题，“人文奥运、科技奥运、绿色奥运”的目标，所体现的也是这种和平和发展的时代风貌，改革开放推进科学发展的中国特色。正如国际奥委会主席罗格先生所说：“我相信，历史学家将把2008年奥运会看成是中国发生重大变革的一座重要的里程碑。”特别是作为奥运举办城市的北京市，通过筹办和举办奥运会，使这座历史文化名城以更大的步伐向更开放、更文明、更优美的世界城市目标奋进。《北京奥运会志》所记述的这座丰碑式的事件和它的编纂质量，决定了这部志书必将承载着历史的重任，以其特有形式闪光于当代、造福于后世。

《北京奥运会志》还是一部创新的志书，开创了现代志书系列中以专志形式记述重大历史事件的先河。在志书内容分类中，有地域性综合志书，即记述内容包括特定地域的自然、经济、政治、文化、社会等方面，有专志，即行业、部门、单位、山水、寺庙等志书。北京奥运会属于重大历史事件，它不是一个地域全面的综合性内容的记述，也不是某个专业行业、企事业单位、名山大河、寺庙庄园、府弟家族等特定事物的记述，而是记述一定时限和范围发生的，对历史有重要影响的事件。这在现代志书中，还是第一次。它拓展了专志记述内容的范畴，也使一些重大事件以志书形式，按志书原则编纂成资料文献性的专著，使其更易完整地保存其真实面貌，也更有权威性、传承性。其特点是在结构上，把一个完整的事件按“横分门类，竖写史实”的原则，科学地加以分类，准确地在每个门类中分清层次，妥善安排篇、章、节、目，使读者既能对奥运会整体情况一目了然，把握整体情况，又突出其特点、亮点，十分方便查阅自己所需的资料。它记述内容的涵盖面，是以事件发生地域为限，而不是北京志的特定地域范围，不限于北京市界，也包括6个京外的协办城市，在一定程度上突破了地方志书“越界不书”的原则。奥运会是举世瞩目的国际盛会，不仅汇聚了全世界最优秀的体育运动员、教练员、裁判员，而且有一大批新闻和演艺界名人，以及国际组织和国家级领导人等国际贵宾，实际是以体育为中心的国际性社会精英的聚会。但《北京奥运会志》没有设人物篇，不写人物传，重要人物采用以事系人的方法加以记述，取得奖牌的运动员一律列表入志。这些编纂方法上的突破，为以后编纂类似志书提供了经验。

《北京奥运会志》还是北京规划编修第二轮新方志结稿出版的第一部志书，在北京规划二轮方志编修中起了带头作用。这也是这部志书的一大贡献。当然，也正因为它是“第一部”，不足之处也将随着历史发展、实践检验不断显现。希望大家给予指正，以便在下一轮志书编修时做出修正和补充。

总之，《北京奥运会志》因记述奥运盛事而具有了独特的意义和不尽的生机。北京奥运会也借助这部志书而光耀历史、流芳百世。正如北京奥运圣火在熊熊燃烧之后灵魂并未消失，而是借助《北京奥运会志》深深扎根于中华大地，也将永存于人类文明发展史上。

（2012 年 8 月）

一部意义深远的创新志书

——在《北京志·中央机构志》出版座谈会上的发言

在中央编制委员会的支持、指导和参与下，由北京市地方志办公室承编的《北京志·中央机构志》和大家见面了。感谢两个单位参与筹划和编写的同志为我们编纂了一部独特的、具有深远意义的创新志书，为中华文明的传承弥补了一个空白，做出了新的贡献。

说《中央机构志》是一部创新的志书，是因为在古今志书家族中有三个突破。

第一，它是第一部全面地、完整地记述我国在北京市设立的中央机构的地方志书，具有开创性。

机构设置在古今综合志书中大都占有相当篇幅，是志书编纂不可或缺的内容。但为机构写一部专志，过去还没有过。这是一部开山之作，它将为类似内容的接续编纂和此类志书的拓展起开拓作用，并打下了良好的基础。

第二，它是第一部以地方为主体，从地方角度编纂，以中央直属行政事业为主要内容的地方志书，具有示范性。

我国的中央国家机构林立，但到现在为止，还没有哪个中央国家部门自觉主动地去编写自己的志书。中央国家机关应不应当修志？有人说，地方志就是地方的志书，中央国家机关不包括其内。按照修志原则，地方志的编修内容应包括特定地方辖区内的自然、政治、经济、文化、社会等方方面面的内容。

中央机关设立在特定地方，也应归于地方志的编修范围。现在的问题是，对地方来说，不是不应编纂中央党政群事业，而是现行体制难以做到。现在中编办和北京市合作编写出了纯属中央直属行政事业的志书，在众多的国家机关中起了带头示范作用。它的出版一定会引起一些中央机关有关人员的思考，进而推动中央机关修志。

第三，它是第一部中央国家机关和北京市地方志办公室合作编纂的地方志书，具有启示性。

我们与中央部门合作修志，这并不是第一部。如《教育志》《广电志》《科技志》等都是北京行业主管部门和其上级领导部门、兄弟单位合作编纂的。但编写完全以中央行政事业为内容的并和市地方志办公室合作的还是第一部，这对北京市修志也是一种启示，和事件、人物不同。相对来说，机构是历史发展中的固化现象，是什么就是什么，已过去的机构设置是不可改变的，难以否定的。因此，只要有其真实的历史资料，编写起来相对容易，在内容的真实性上不会有太大争议。《北京志》首轮规划志书是172部，除《中央机构志》外，没有专门记述中央部门历史发展和现状的志书。中央机构为什么能修志成书，首先是因为有关机构设置的内容比较特别。其次中编办领导有远见，重视文化建设，积极主张与北京市地方志合作编书，才有现在的成果。因此，启发我们应积极主动地寻求中央部门的支持，进一步拓展志书编修范围。

为什么说这部书意义深远，不仅是有三方面的突破，还因为它的编纂出版为当前和今后的机构变革提出了一个历史的参照系。机构是政权的骨架，机构设置是否科学直接关系执政的效能，甚至政权兴衰。北京有八百多年建都史，把中央机构设置的历史发展和现状如实记述下来，使之系统化，不仅方便有关研究人员从中研究其规律性问题提出当代机构设置的科学论述和推进发展的意见，而且为当政者提供有关机构的历史组织，推进机构改革发挥重要作用。

就志书而言，也有鲜明的特点。一是中央机构的历史演进比较清晰。全书依时而写，依机构组织分类，突出了多朝代关键时期转折的内容。不仅展示了历史演进中各朝代特点，还在制度以及职位的设置上作了比较概括的记述。对近代以前的几个地方割据政权的机构不予记述，因为它们不能代表中央政权；近代和当代是北京向政治中心过渡时期，机构在概述中作了简要记述，以彰显历史脉络，元、明、清各代北京作为全国首都，中央机构作了粗线条的记述，民国时期和中华人民共和国时期，还记载了执政党、参政党和工青妇等按公务员管理的人民团体的机构设置，同时记述了曾任各级实职的领导人名单。

二是中央机构的大势大略高度概括，总体上比较全面。制度、机构、职位、人物，应有尽有，但并不是兼收并重，而是有重点有选择地记述，该重则重，该轻则轻。遵循重今略古的原则，轻重顺势而为。层次也比较清楚，横分门类，竖写史实，脉络清楚，领属适当。

三是对民国时期机构设置也作了如实记述。在第一轮规划志书中，对民国时期有关内容的记述不够重视，比较简单，这部志书给予应有的篇幅。此外，文字上比较朴实。

如何评价这部志书，只能经过时间的检验，让读者作结论。我认为，比较而言《中央机构志》是一部内容独特、结构严谨，符合志书规范的很好的志书。当然也有不完善的地方，也存在一些遗憾和问题。总之，这部志书的出版是方方面面共同努力的结果。应当说，我们又完成了一件对当代和后代子孙都很有意义的工作。

（2012 年 9 月）

一部很有新意的方志编纂学专著

——《新志编纂通论》序

这是一部很有新意的方志编纂学论著，它在总结前人特别是近些年新方志编修的经验和教训的基础上，对志书的编纂理论重要节点的研究有进一步深化，一些薄弱环节有不少创新。全书着眼于广大修志工作者的需求，针对当前志书编修中的诸多问题，力求在基础理论上讲明原则，在编纂方法上指明路径，对常见的弊端点出原因和改正的方法，具有较强的针对性、实用性和可操作性。

当前，我国方志界正在热议建立方志学科体系问题，其中一个关键性节点是如何确立方志体例。经过多年的争议，在中国地方志指导小组印发的《地方志质量规定》中，提出了“科学、规范、严谨，适合内容记述”的原则和“坚持志体，横排门类，纵述史实，述而不论”的要求，指出了体例构成的要素，涉及凡例，志书名称，述、记、志、传、图、表、录、索引等体裁，篇目设置，标题等。《新志编纂通论》（以下简称为《通论》）在研究方志发展历史和古今有关志书体例的各种论述的基础上，总结新方志编纂的实践经验，对新方志体例做了比较深入的论述，发挥并拓展了《地方志书质量规定》的有关内容，使之进一步完善并明晰化、具体化。首先把志书体例定性释义为“志书区别于其他著述的整体表现形式”，是

“志书独特的编纂形式，又是志书的总体规划”。然后比较全面系统地提出了新方志体例的要素，阐明了各自的特点。要素主要包括序、凡例、结构体式、八大体裁（述、记、志、传、图、表、录、索引）和行文规范。特点是“体裁运用上的综合性”，八大体裁集于一身，构成一体；“篇目设置的合理性”，按事物的科学分类和社会分工相结合的原则设置篇目；“横排竖写的独特性”，横排门类，竖写史实，纵横结合，展示因果；“门类分合的灵活性”，从实际出发调节内容结构。为使读者易学易记，还对新方志体例的要素和布局作了概括性论述，即“‘序言’开篇，带起全书；‘凡例’在前，规范编纂；‘概述’接纬，鸟瞰全貌；‘大事记’经，纵述大事；以‘志’为续，分类详述；以‘传’为翼，展示人文；‘图’‘表’随文，穿插配合；‘索引’利器，探囊取物；‘附录’殿后，补录资料”。这些论述，尽管还有可商榷之处和进一步完善的余地，但它较为全面地探索了新方志体例的构建，对建立方志学科体系做出了贡献。

关于方志行文规范，在有关著述中多有论述，但大多讲的比较原则，特别从理论和实践的结合上进行系统深入的论证，更为少见。《通论》把行文规范同修志基础篇、编纂体例篇、组织管理篇并列为四大部分之一，作了详尽的论述。其中不乏创新闪光之处。如把志书的语言特征概括为质朴性、简约性、规范性，并进一步细分为表述特征（记述的第三人称，客观质朴不带感情等）、词语特征（特有用词规范，专用方志词语等）、句法特征（陈述句为主的句型，句子一般为主谓结构，忌用特殊句式等）、修辞特征（记体和志体主要用双声叠韵等语言修辞，引用、对偶、排比等词语修辞，长短、整散、分合、单复以及句群等句子修辞等）。又如，对志书的文体表述提出了应使用语体文和记述体，坚持据事直书原则，运用陈述事实写法等。同时又把它细分为政策表述（准确表述国家、政权、民族、宗教、台港澳事务等）、人称表述（客观、公正、可靠）、名称表述（以规范的通用名为准，以当时的称谓为准等）、时间表述（严守断限、明确具体、注意时态）以及数据、符号、引文表述等。再如，对标题的拟定原则、拟定方法、常见毛病及命题禁忌、标点符号、题前序号等都有详尽的意见。在论述中，把志书的行文和其他书文作了鲜明对比，并引用了大量正反两面的事例，新鲜之处常常使人眼睛为之一亮。

对于志书质量评价指标体系，也是方志界一直探讨并力求解决的问题。《通论》汲取有关文章、文献，特别是《地方志书质量规定》的研究成果，从建立志书质量体系的必要性、可行性和现有成果与弊端谈起，提出了建立评价体系的依据、原则、构成和评价机制等一整套规范。在比较深入地论述了内容质量、编校质量、设计和印制质量的规范以外，补充了对志书体例和行文规范的要求，形成了内容标准、记述标准、编校标准和设计印刷标准四位一体的新方志质量标准评价体系；并把每个标准都细化为多项要求，把每一项要求在整体质量中的占比量化为分值，形成了一套志书质量评价体系表。虽然其中一些内容和做法同样有可继续探讨之处，但在历来难决的质量评价问题上不仅确立了原则，而且具体到可操作的规范，这就为进一步完善志书评价体系、开展准确公正的志书评价工作开拓了一系新路，提供了可行的方法。

一部著述如果能把现实生活中存在的某一范畴的问题给予关注、进行研究、加以解释，不论其深度如何，是否准确、完善，都会受到有关人群的欢迎。因此，一部著述是否有较强的针对性，成了衡量其质量高低和社会效用的重要标准。《通论》十分关注新方志编修出现的新情况和新问题，渴求解决方志界颇有争议的一些理论和实践问题，因此在构建新方志编纂理论体系时，力争针对这些问题提出能够解释或解决的新见解。比如，在修志基础篇对方志文献性的解析；资料在志书的编纂中的地位、作用、特性、搜集和鉴别核实等；在编纂体例篇，对体例的要素分析、创新目标、前后辅文的写法和述、记、志、图、表、录的沿革、功用、类型、体式、格式、记述原则、编写方法等，特别是对人们不太重视的索引的编制，都作了比较详尽的论述。这些都是修志人员急需认知的问题。在行文规范和组织管理篇的论述，也多是针对问题和需求而发。更应赞扬的是，针对性紧跟着可操作性。作者把《通论》写作目标确定为“让修志工作者一书在手，就可编写出合格志书”。因此，聚焦新方志通例通则，讲明编修志书的原则和方法，并尽可能指出十分容易出现的偏差、误区、错漏，给予纠正的办法；占用较大篇幅，把一些必备文书、编目以至常用和次常用语等示例，序言、凡例、大事记、索引、编后记等样本，或作正文组成部分，或作随文附录，提供给读者。这就使人们不仅在性质上认清是什么，道理上弄懂为什么，在实际操作上也有参照样品，比较容易地解决怎么做的问题。

这部论著也存在一些值得商榷的地方。比如，关于方志功能，增加了“科研”功能，与“存史”“资治”“教化”并列，关于编纂原则，增加了“修志为用”等，都缺乏有说服力的论证。又如，在行文规范篇关于文字词语、语法修辞、标点符号、数量用法等论述，占有很大篇幅，但多是作文著书的共性问题，使这部分十分臃肿。再如，有些论述和例证视野较窄，使用编修科技志的经验和实例占比过大等，都有进一步讨论和研究的必要。

（2013 年 11 月）

那一代人佼佼者的印记

——在推进改革开放暨王大明文集出版座谈会上的发言

首先祝贺王大明文集的出版发行。人生的意义何在？在于你给后人留下了点什么。如果你为推动社会进步做出了一定贡献，就应当说活得很有价值。如果你又把生命中闪光的东西记录下来，留给后世，就更值得庆贺。关于这套文集我已应邀写了序言，但言犹未尽，还想多说几句，也为这个座谈会抛砖引玉。

王大明出生在战争年代，少年投身革命事业，曾先后担任北京市共青团区委书记、团市委宣传部副部长、中共北京市委研究室组长、北京市化工局副局长、北京市经济委员会主任、中共北京市委宣传部部长、中央宣传部常务副部长、北京市政协主席、全国政协常委兼社会和法制委员会副主任等职务，是与共和国共同成长起来的党的高级领导干部，可以说一生都在为祖国独立富强、人民自由幸福尽心竭力，孜孜以求，弄潮于风口浪尖。年逾八旬以后，又回首往事，把生活中潮起潮落的五彩浪花俯拾收集，整理编纂成洋洋120万字的四部文集，又给人们留下了一笔精神财富。四部文集作为共和国成立前参加革命，而后与共和国同生长一代人中的佼佼者的真实记录，其中不乏诸多闪光的思想、感人的故事，不仅具有长远的认识和教育意义，而且具有十分珍贵的史料价值，现在出版恰逢其时，是学习落实中共十八届三中全会精神，全面深化改革的参考书。

王大明文集的最大特点是不时流露出闪光的思想，一些推进社会发展的创新观点，很少有人想到的他想到了，别人想到了但不敢说的，他说出来了。每到一个新的工作领域，他都有一些新的思维和认知，有些在行业甚至全社会都有很大影响。如20世纪80年代，在工业经济领域工作，他在一些会议上明白无误地讲，“企业的任务不是巩固无产阶级专政，而是利润的最大化，追求利润不是修正主义”，“领导班子应配备几个明白人，不唯成分，不唯资格，不唯学历”，引发了全社会热议；进入宣传工作领域，他又提出“宣传工作应转轨变型，从以阶级斗争为纲，转向以经济建设为中心”，并触及一些当时宣传领域禁忌的民主、自由、人道主义、公民意识等概念；到政协机关工作后，他又对政协的核心任务之一“监督”进行了研究，提出了“政协的监督，是不具权力性质的软监督，不同党内监督、人大监督、行政监督、法律监督、舆论监督，应充分发挥‘软’的优势”。在调查研究中，他提出全社会应关注弱势群体，引起了中央领导同志的重视，为制定有关政策提供了理论支撑。

与闪光的思想紧紧相连的是感人的故事。其中对他参加北京地下党斗争的记录，特别是对北京解放、地下党转到地上公开化的记述，那种激动人心、催人泪下的场景将会流传百世；他从实际出发，解放思想，拨乱反正的观点引发社会争议后，得到了邓小平、胡耀邦、朱镕基等党和国家领导人的支持，成为改革开放中的一曲曲凯歌；他的一些调查研究成果，诸如他主持的北京市政协关于消费品质量问题的调查报告，被国务院采纳，掀起了关于提高产品质量的全国性的“质量万里行”活动，等等。这些涉及党和国家主要领导人的活动，包括他是邓小平的牌友，涉及在国家重大变革的决策过程中某些环节的真实记载，涉及改革开放中思想解放、攻坚克难、去旧布新的生动写照等，都将成为学习研究历史，教育今人和后人的珍贵史料。

闪光的思想、感人的故事和呈现于读者面前的珍贵史料，不是凭空产生的，而是在特定环境和条件的造就下作者自身奋斗的成果。奋斗的源泉和支撑是发于其身的“三气”：正气、底气、勇气。有正气，就是有坚定的理想信念、明确的奋斗目标、无私的奉献精神。他的生活选择，是以国家富强、民族兴旺、人民幸福为准则，排斥和鄙视为一己私利或小团体利益而损害国家人民利益的言行。作为领导干部更是严以律己，勤奋刻苦，廉洁奉公。遇事以身作则，办事公道正派，身正影正，一股凛凛然正气自生其身。这是王大明为什么总是朝气蓬勃，总是充满信心，总是理直气壮，总是能召集并团结一班精英与之共同奋斗的一个重要原因。有底气，就是一切从实际出发，从人民群众的愿望和需求出发，始终不脱离实际、不脱离群众，永远与地气相接。王大明的底气有三个源泉：一是来源于对自己奋斗目标的坚定信念；二是调查研究，他一生重视调查研究，遇事总是从调查研究入手，许多与众不同的创新思想和见解多是从调查研究中获得的；三是好学多思，向书本学、向实践学、向朋友学，手不释卷，刻苦读书，总结经验，探求新知，虚心求教，拓宽认知，使知识不断增长、拓宽、深化。遇事开动脑筋，多想缜思，不断探索事物的发展规律，认识事物发展的大趋势，在比较中准确把握认识和解决问题的办法。眼中有路，心中有数，办事当会充满必胜信心，理直而气壮。有勇气，就是在是非之间，敢于站在正义一边，在困难面前，敢于迎难而上，在众人诺诺时，敢于做谔谔之士。一切新生事物的推出，都需要勇气，走在前面有被卡尖的危险，做弄潮儿有被风浪卷走的危险。革命战争时代，在敌占区做地下工作，要冒生命危险，改革开放也有被各种阻力扼杀的危险。这些王大明都经历过了，在奋斗中他曾有过成长的烦恼，有过一度被“打倒”、被“边缘化”的经历，但他却忍受艰难困苦之后，带着所收获的累累硕果闯过来了，如果没有源于正气和底气的勇气，哪有可能闯关夺隘，获得如此有声有色、光彩闪烁的人生呢？

此外，王大明之所以事业有成，不能忽视他的另一个特点，就是有情有义。有一个与他相濡以沫、为同一事业携手共进的爱妻，至今仍然是他生活的重要支撑。他的善采百家意见、升华为精辟见解的能力，待人诚信亲和、能团结不同特长才子的本领，在他的周围形成了一群年龄不等、多是各业精英的朋友，营造了一个易出和多出成果的小环境。他之所以在同代人中有较大的成就，家庭和朋友们的贡献是不可磨灭的。

（2013 年 12 月）

一部助推全面深化改革的理论专著

——读《中国梦——一个东方大国的成长之道》

读完郭万超著《中国梦——一个东方大国的成长之道》，我又一次被作者对中国道路论述的新见解深深触动。在学习《中共中央关于全面深化改革若干重大问题的决定》中，又自然而然想到了这部书，想到其中一些精辟的论证，对我深入理解《决定》产生了很大助力，让我回过头来再次翻阅他的论著，从他对我国改革大业的深度思索而形成的创新理论中汲取思想营养，以加深对中央全面深化改革决定的理解。这也使我回想起十年前，31岁的作者写了一部专著《中国崛起》，副题也是“一个东方大国的成长之道”，探讨的是当代国际最引人关注、令全球震撼的中国迅速发展问题，成稿送我征求意见。阅读之中被这位年轻作者敢于担当富有全球挑战性、敏感性、前瞻性课题的理论自信与勇气所感动，也被这部书展示的全球性、历史性视野，较深的理论和文字功底以及一些独到的见解吸引。与作者交换意见后应邀写了序言，题目是《破解世界性、世纪性课题》，对这本专著给予评述。此后一年多，他又送来一部论稿，书名为《中国大战略》，副标题是“一个新兴大国的和平发展之路”。与第一部相比，对同一主题在理论探索和实践的描述上大大进了一步，但重复较多，比起第一部较为粗糙。以后就同一主题又连续出版两部专著《当代中国经济发展战略》和《探索当代最优发展模式——中国经济大变革》，集中论述中国经济变革，在理论上有不少突破之处，体系上也有新的建树，受到社会有识之士的关注，在理论界产生了一定影响。与此同时，他发表了不少文章，探讨发展战略和与之有关的问题。现在把这些文章整理加工，又形成一部专著，这就是《中国梦——一个东方大国的成长之道》（以下简称《中国梦》）。如果把这几部书按时序排列进行研究，可以明显看到，伴随着新世纪中国社会迅速而深刻的变化和人们的认识特别是理论探索的深化，作者不仅仅作为经历者，而且站在了变革的前沿，紧盯历史发展的潮头，对新情况、新问题作了深度思索，同时内外兼顾，尽可能汲取国内外学者对战略研究的新成果，在全球大视野和历史大趋势下，研究我国发展的大战略。《中国梦》应是他的最新研究成果，也可以说是集大成者。

从这几部专著的总体上看，作者对于中国崛起的研究已有初步的体系性认识。这就是发展的基本逻辑，即发展的出发点和落脚点，人与物主观与客观的关系，中国道路是以人为本的道路；发展的目标定位，战略目标和阶段目标，中国的现代化是赶超性现代化，有着清晰的战略规划和具体的奋斗目标，称为“三步走”战略；发展的主客观条件，国际的战略际遇期，国内的物质基础条件、文化基因和强有力的领导；发展的特点，自主性、渐进性的和平崛起等；发展的风险，即国内外的挑战；发展的影响和前景等。这个认知体系，对于构建当代中国道路的理论体系和核心内容，做出了重要贡献。

作为集作者认知大成的《中国梦》，在对中国发展战略的理论研究上，又有一些新的突破，主要是：

1. 对中国崛起的发展脉络进行了梳理。从理论上比较明确地论证了“中国道路”的科学内涵，比较准确地描述了它的发展阶段和现状，即经过持续 30 多年的经济高速稳步增长和社会深刻变革，完全可以确认，中国已经走出一条独特的、前无古人的迈向现代化实现强国梦的道路，并具备了继续前行的一些基本要素，但它还处于成长过程中，尚存在难以预料的变数，还不能说已完全成熟和定型。中国的学术界特别是国外一些专家把它说成是“中国模式”，就现状而言为时尚早，或许将来有可能以“模式”定位，但现实情况下还是叫“中国道路”比较妥善。中共十八届三中全会的决定中也是这样认定的。

2. 在国内外历史比较中，对中国道路的特征作了明确的描述。比如，它是原创的，具有自主内生性，是在中国文明根脉中生长，并在当前中国经济社会发展阶段、发展环境和资源禀赋下选择的，还充分汲取了外来经验并把它们融入自己机体而萌生的；它是和平崛起的，以对内建设和谐社会、对外实现和谐世界为目标，采取对内共同富裕、对外和平共处竞争双赢，而坚决反对掠夺、侵略、战争、殖民化等手段；它是以实践试验起步而渐进发展的，一切从实际出发，在不断探索中总结经验逐步前进，避免了急进式、暴风雨式、休克式的弯路和重大失误；它是在发展中实现转型的，逐步实现由计划经济体制向市场经济体制、人治向法治社会转变，正确处理改革、发展和稳定的关系，以改革开放促进发展和稳定，以稳定保证改革和发展的顺利进行。发展是目的，改革开放是动力，稳定是前提；它是社会主义大国独立自主进行的，是在共产党领导下，以适宜的发展战略，适宜经济、政治、文化、社会和生态环境建设的方针政策，动员和团结全国各族人民共同奋斗，独立自主，充分挖掘自身潜力，汲取发达国家以至人类创造的先进文化，发挥后发优势，逐步缩小和发达国家差距，从而实现中华复兴的强国梦。一个地域广阔、人口众多大国的发展，依附别的国家或照搬别国经验都是行不通的。

3. 对中国道路成功发展的根据，作了深入探索。比如，我们遇到了国际上相对和平发展的时代，发达国家的经济结构在调整中升级，资本和技术向发展中国家转移，经济全球化成为大趋势，这对我国进行现代化建设客观形成了战略际遇期。又如，我国幅员辽阔、人口众多，博大精深的独特文化蕴藏巨大的创造力、自我更新能力和发展潜力。对中国迅速发展的文化根源的探索，是这部著作的一大亮点。文化遗传基因，诸如进取、勤奋、乐观、忠诚、奉献、责任、中庸、包容、追求和谐和秩序等文化传统，都是民族复兴的强大动力。再如，新中国建立后的前30年积累了一定的物质基础和试错的经验教训。也就是强大的、独立的主权国家和强有力的政府，是我们之所以能起飞的平台，是必备的物质和精神条件。在此前提下，制订了以经济建设为中心推行改革开放的方针路线，形成了中国特色社会主义理论体系和科学的符合国情的发展战略，等等。这些根据结合在一起，得出的必然结论就是中国道路之所以能快速走通，不是偶然的，是主客观、国内外的各种有利条件造成的，不仅现在获得了成功，而且有可能继续走下去，越走越宽泛，这是不以某人或某种势力的意志转移的。这也是中国“崩溃论”接连失败的原因。

4. 对中国道路行进中的风险和问题，作了有针对性的回应。比如，西方民主制度和西方经济学为什么不适用中国？因为世情不同，国情不同，西方民主制度和经济学形成于资本主义发展的上升时期，与当前经济全球化、社会信息化的新形势很难适应，西方民主制度发展至今已千疮百孔，自身也在寻求改革。各国都有自身的历史文化传统和经济社会发展独特状态，凡是照搬别人经验的很少有成功者。先进的制度必须建立在特定世情、国情和发展阶段的基础上，才有可能立足并成长。中国道路之所以行得通，正是因为在破除唯西方发达国家模式是从的认识定势中，逐步树立中国创造人类社会发展新道路的自信。再如，市场经济是否需要发展战略？战略的制定是否是对市场经济的干预，否定了市场对资源配置的决定性作用？当前在经济结构性减速的背景下，如何打造中国经济的升级版？如何解决当前某些方面的市场失灵、政府失灵、法律失灵？中国为什么缺乏创新动力，在经济发展出现奇迹时却没有国际性品牌、企业和企业家？以及如何解决贫富差距拉大，生态环境破坏，伪劣商品充斥市场，生产安全事故不断发生等问题？作者都力图做出解答，这就使这部专著更有了现实意义。

此外《中国梦》还有不少新颖之处。比如对发展战略、经济发展的道与术、中国式转型中的制度演进、企业家的市场激励与约束、社会组织的管理体制及其作用、以人为本发展观的理论基础等，以及对转型的问题，诸如“市场经济体制在一些重要领域尚须突破而负面影响已开始显露”“计划经济的一些弊端尚待革除，而一些积极的社会成果已有所流失”和对中国当代政治与中国传统文化的契合性等论述，都是引人深思的。总之，这本书使读者进一步认识在中华民族伟大复兴中，苏联的道路走不通，第三世界的道路不能走，欧美的道路走不了，唯一可行的是探索开辟中国道路。这一切对于深入学习和理解中央关于全面改革的决定具有较高的参考价值。郑永年教授在序言中说“该书是经济发展理论的新开拓，是对中国道路研究的新深化，具有较高的学术价值和现实意义，是该领域不可多得的佳作”，是中肯的、准确的。

（2013 年 11 月）

教育改革的弄潮儿

——《傅正泰教育教学思想与实践文集》序

傅正泰同志是北京城市学院及其前身海淀走读大学创建的积极倡导者和领衔承办者，在建校 30 周年之际，他把自己有关教育教学的文论梳理选编，成册发行，不仅具有展示和保存可贵文献资料的价值，也是对丰富和创新有中国特色社会主义教育理论的奉献，对推进我国高等教育全面深化改革具有现实的借鉴意义。

海淀走读大学，创办于我国改革大潮初起的 20 世纪 80 年代中期，从区办校助到民办公助，在高等院校体制改革上开创了一条新路；由海淀走读大学到北京城市学院，由面向海淀区到面向北京市以至跨省区招生，由学生走读到全日制住校，由学制三年的专科到有专科、本科、研究生以及各类培训班的多科多学制，共有理工、文法、财经、艺术、外语、管理等学科门类 100 余个专业，全日制在校学生已达 2 万余人，成为以高级职业教育为主规模宏大的学府。多年来，在高校毕业生就业难的严峻形势下，北京城市学院毕业生初次就业率在全国高校中一直名列前茅。这所学校已成为全国高教改革的标志性典范，民办高等院校的一面旗帜。《傅正泰教育教学思想与实践文集》（以下简称《文集》）全面记载了这所新型学校从无到有、由小到大的发展历程，其意义不仅为后学校友留下了珍贵的校史、院史，更主要的是作为一个典范，在记述学校个体的创建中，反映的是一个时代的深刻变革，也就是反映改革开放时代中国人民在中国共产党领导下，冲破各种思想、体制和制度的牢笼，探索新路新境，活力四射，气壮山河的辉煌历史。其中所展现的新思维、新探索、新经验更具有现实的指导、启示和借鉴意义。这些思想概括起来主要有：

1. 改革必须以解决现实问题为优先目标。只有解决了现实问题的改革，才能得到多数人的支持。20 世纪 80 年代初，一个重大社会问题摆在人们的面前，这就是一方面国家的发展迫切需要高层次人才，但无钱扩大高等院校规模，另一方面，许多年轻人，特别是返城知识青年和高中毕业生大部分无学可上，一些人即便有了工作，在文化和技能上也难以尽快适应岗位需求。很明显，只有举办更多的高等院校，才能缓解这个矛盾。但是办大学存在诸多难题。首先，大学只允许国办、公办，不允许民办、私办；其次，办学需要有较大的人力、物力、财力。冲破这种旧的体制，成为在当时条件下能否培养更多高层次人才的优先攻关目标。即使国家允许“民办”，财力、物力、人才又从何而来？傅正泰等同志经过调查研究，提出了地区政府举办少花钱的走读大学的建议，为解决全社会都十分关注的青年人就学、就业问题找出了一条可行的道路，受到了有关方面和有识之士的欢迎，使创办“区办校助”的海淀走读大学具备了深厚的群众基础，取得了有力的社会支撑。

2. 改革必须从实际出发，调动各方面的积极性，挖掘各种潜力。“海大”开办初期，没有资金、没有校舍、没有师资，怎么办？只有紧抓全国改革开放大好形势的际遇，充分借用海淀区作为文教区的优势，发扬艰苦奋斗精神，多方筹资，政府拿一点，承办人征集一点，学生交一点，尽量因陋就简，减少投入，校舍暂借中小学的空余房，师资主要靠周边大学教师兼职，这就是学校实行“区办校助”，学生实行“自费走读”的原因。随着学校规模的扩大，学生交费总量增长，校办企业也有收入，市、区政府在土地优惠供给和协助贷款的支持下，采取滚动发展方式，实现了学校自建校园，学生由走读到住校，教师队伍主体由兼职向专兼职按需求配备的转变。

3. 改革是不间断的自我革命，进则活，停则腐，退则亡，有逗号、分号，没有句号，必须不断深化和完善。北京城市学院之所以能迅速发展并保持其生机和活力，一个重要原因就是在教育的体制和机制，以及学校各方面的制度上，根据客观环境条件的变化及时进行改革调整。在体制上，随着学校的发展壮大，自主办学的需求增强，建校初期的“区办校助”已不适应新的形势，经过各方协商改为“民办公助”，不仅进一步明确并扩大了学校领导团队办学的自主权，也为学校的发展拓宽了空间。在培养对象和方式上，开始主要从高考落榜生中招收学制三年的专科生，逐步发展为“多路育人”，既有专科，又有本科和研究生，除培养多个层次的毕业生，还举办了自考助学班等多种形式的培训班。凡是社会急需人才，就主动设置相应的培养机构和专业，使教育和社会需求紧密相接。在教师队伍建设、学校管理制度、党组织和各类社团建设等方面，都不断进行与时俱进的变革、强化和完善，使学校一直保持着勃勃生机。

4. 改革既要勇于奋进，敢于冲破思想、体制、制度的牢笼，又要善于通关，脚踏实地，一步一个脚印，审慎处理各种矛盾，让多数人见到实效、得到实惠、看到远景。改革需要有强大的舆论支撑，没有思想的解放，就没有改革的行动。但在舆论后面应紧跟改革的成效，最终说服人、吸引人的是累累的果实，是群体利益和社会效益的展现。海淀走读大学的孕育期，看好的人并不多。在国家对高等院校包办过多、管得过死的体制下，在政府、高校、社会各阶层利益诉求有所差异的情况下，在多数人还想不通“民办”高校是姓“社”还是姓“资”、是“正路”还是“邪路”的形势下，找到既对现有体制上有所突破又让多数人能够认同或观望而不反对的方案，是需认真研究谨慎行事的。为什么采取“区办校助”而不是“民办”？因为“区办”是“公办”，避免了“姓资姓社”的争论，使“海大”举办得以顺利“通关”。这样政府无须巨额投资，又为群众办了好事、实事，北京大学、清华大学、中国人民大学和附近高等院校教师得到充分利用，海淀区的部分高考落榜生有大学可上，妥善处理了各方矛盾，取得很好效果，统一了多数人的认识。在这种情况下，国家也承认学历，使这个改革的新生儿得以茁壮成长。

在创办海淀走读大学、北京城市学院的实践中，傅正泰形成了一系列举办现代高等职业教育的新认识，这就是在当代中国现代化建设进程中，为什么应大力兴办高等职业教育、兴办什么样的高等职业教育、怎么兴办高等职业教育。这些新认识，也可称之为具有中国特色的现代高等职业教育的理论体系，在《文集》中得到了全面体现。

在当代中国现代化建设中必须大力发展高等职业教育，原因何在？傅正泰同志不仅把美、欧、日等发达国家的历史经验作为参照系（美国从1950年到2000年的就业岗位中，需要有一定职业技能的岗位从20%上升为65%），更主要的是从分析我国国情、现状和未来的发展出发，认为我国的就业问题、人口问题归根到底是教育问题。“把沉重的人口压力转化为巨大的人力资源，把人口大国转变为人力资源大国”，是我国现代化建设中具有战略意义的重大问题；在经济全球化的国际竞争中，我国主要依靠低成本的劳动力和低廉的产品价格争得竞争优势，是不能持久的，必须培养一支高素质的劳动大军，不断推出适应市场需求的高端产品和服务品种，才能在竞争中立于不败之地；伴随我国的现代化建设迅速发展，科学技术突飞猛进，人民生活水平大幅度提高，对劳动的技能和服务水平提出了越来越高的要求。结论是，“发展职业教育极为重要，应当成为我国发展的一项长期战略”。

兴办什么样的职业教育？当前我国的职业教育多是中等专业学校和大学专科学校，而大学专科又向学科性教育靠拢，忽视技术实用性，教育和培训必须尽快调整方针，转变方式。傅正泰提出：“发展面向时代的需要，跟上时代发展的步伐的职业教育，这就必须对我国的职业教育做战略性的改革和发展，使规模、水平、办学模式、办学体制上都上一个新台阶，达到新的水平。”把发展高等职业教育提上日程，不仅要培养本科层次人才，还应向硕士、博士发展。当前应密切关注社会需求，重点发展四方面的职业教育。首先应十分重视兴办适应信息时代需求的高新技术方面的职业教育，培养信息尖端技术领域的辅助和服务性人才；兴办与现代化服务业相适应的职业教育，培养高端服务业的应用性人才，满足社会对服务水平越来越高的需求；兴办文化、艺术领域的职业教育，培养适应文化繁荣发展和文化产业蓬勃兴起所需的经营性、技能性、服务性人才。还应十分重视农村的职业教育，这是提高农村劳动力素质，拓宽农村多余劳动力就业渠道，使农民尽快致富，促进农村城市化的有效措施。

怎样兴办高等职业教育？傅正泰提出学校应是“公益性方向，市场机制，应用性模式”，他主张应由国家兴办和民间兴办两条腿走路，更多的发展民办职业教育。这是因为民办机制可以更好地切合市场需要，建立更灵活的反应机制，有利于调动社会各方面的积极性，也更适合穷国办大教育的实际；要形成完善的不同领域、不同层次职业教育体系，完善职业资格证书制度，建立职业预报体系。对目前的职业教育进行战略性调整，从一次性就业教育转向可持续发展的人力资源开发教育，从以中等职业教育为主转向中等职教与高等职教并重，从以学历教育为主转向学历教育与培训并重，从比较重视数量扩张转向数量、质量与效益并重，从传统的办学模式向更具产业化经营特性的模式转变，从单纯的学校教育向全社会参与办学转变；要以社会需求为导向，创办专业、开设课程，不是“有什么办什么”，而是“需要什么办什么”，按照职业岗位对人才的需求制订教育计划。要把研究社会需求放在优先地位，把教育内容和职业紧密结合起来，力争专业和课程设置有前瞻性、针对性；要根据不同地区发展水平、实际需求，对职业教育的内容提出不同要求进行更新改造，等等。

在教学方法上的一些独到见解，也是《文集》的一个亮点。比如，讲课一定要让学生的认识“上台阶”，内容要“少而精，拿到手”，教师要萃取课程的精华，精通精华，抓准基本要求、基本概念、基本原则、基本方法，切忌贪多求深、不留余地；教师的科学水平不等于教学水平，对一个大学教师来说，要取得良好的教学效果，必须熟悉学生的认识过程，使教学方法符合学生的认识规律。不是课题做得越多越好，如果概念不清，做得再多也不能有大的收获。不是书看的越多越好，如果盲目看书，抓不住中心，钻得不深，效果亦不好；要注意发挥学生的主观能动性，通过启发引导，让学生深化认识，特别要注意总结提炼；要搞好各门功课的组合，使各课之间互相渗透，相互促进；教师要把心放在教学上、放在学生身上，身教重于言教，教师的工作态度、思想作风、治学方法都会对学生产生深刻影响；确立骨干课程，保证学生有足够的学时和练习时间等；应重视学生思想教育、体育和文化活动；不仅要掌握科学技术，提高动手和服务能力，还要熟悉社会，关注国情世情变化，会做工作，以提高学生社会工作能力和相关素质。这些多是在傅正泰同志担任清华大学教师时总结的经验，在海淀走读大学和城市学院工作时又广泛推广，有了新的发展。

傅正泰就读于清华大学，属于中华人民共和国初期培养的知识分子中的佼佼者。这一群人的特点是极具社会责任感，为改变国家贫穷落后面貌不畏艰难困苦，“哪里需要就哪里去”，甘愿无私奉献，不论在什么岗位上都全身心投入且力争最优。他们中的不少人又是立足岗位、志宏思远、耳聪眼明者，他们对新事物的出现十分敏感，总想探求其成因，对新知识的汲取如饥似渴，总是没有满足的时候。我国上世纪50年代的高歌猛进、60年代的艰苦度日、70年代的乱局纷争，都在他们身上打上了深深的烙印，也给予他们丰富的阅历。80年代的改革开放，为他们创造了一个展示才华的新天地，使他们欢欣鼓舞，长期积聚其身上的“热能”找到了喷发的出口，他们中多数人成为改革开放的先锋、现代化建设的栋梁。这群人的共性折射在《文集》中，形成这部书的一个鲜明的特色。此外，在这群人中，傅正泰又有其特性。他从清华大学的优秀教师到民办大学的创业校长，始终没有脱离教育领域，在这个阵地上洒下了全部心血，创造了令人瞩目的辉煌业绩；他学的是工科，曾从事工科教育，但对马克思主义基础理论和中国传统文化的学习则乐此不疲。应当说，他学的并不多，更不系统，但都紧密联系实际，把“少而精，拿到手”“萃取精华，掌握精华”用于自身，而且在实践中用得很活，这就大大提升了他思想的高度、深度和领导与办事能力；他在生活中养成了眼观四路耳听八方的习惯，不仅十分关注国家大局、发展大势、国际动向，而且对社会各阶层，特别是基层群众的思想和要求也十分敏感，他的思维走向、新鲜见解和正确决策都和这种习惯有密不可分的关系；他是一位脚踏实地的追梦者，总是自信心十足，一旦认定目标便奋勇追求，不达目的死不罢休，有时执着到近于顽固的地步。这既是他事业有成不可或缺的个性特征，又是他遭受包括身体在内的各种挫折的重要原因，也为《文集》提供了独特色彩。

傅正泰同志为教育改革做出了重要贡献，在有形的成就的基础上，又总结创造了一批无形的思想成果，现在把这笔可贵的精神财富汇集起来出版发行，可说是好上加好，可喜可贺。

（2014 年 6 月）

京西园林文化研究的扛鼎之作

——《三山五园新探》序

张宝章同志的新作《三山五园新探》，洋洋洒洒80余万字，让人眼睛一亮，心潮起动，敬佩之情油然而生。这部学术性专著，史料丰富扎实、内容新意迭出、文采斐然，生动的叙述、明晰的展示、深刻的论述，不仅给人以新的知识、新的启示，而且引发历史的遐想，获得精神享受。

以"三山五园"为代表的京西皇家园林，陆续建造于清代国力鼎盛时期，是我国古代南方和北方园林艺术精华相结合的产物，也可以说是我国古典园林建造艺术的巅峰之作。被英法联军劫掠烧毁的圆明园，曾是国内外交口称赞的"万园之园"，焚毁重修的颐和园，已被认定为世界文化遗产。以"三山五园"为核心，围绕皇家园林而建造的众多园林、寺庙、名人故居，构成京西园林文化的独特风采，北京历史文化以至中华文明的一个闪光点，为国人暖心、世人瞩目，也吸引了国内外不少文人学者领略其亮丽，研究其奥妙。一些介绍和研究性文章、专著，陆续见之于报刊等出版物。在众多的著述中，张宝章做出了受人称道的独特贡献，而在他的等身著述中，应首推这部新作——《三山五园新探》。

张宝章是海淀区地域文化的领军人物，也是北京市园林文化、民俗文化和史志编纂的知名专家。他曾担任海淀区志的主编，主持编纂的《海淀区志》，受到了市级嘉奖；他为凤凰卫视作清初著名文学家、词人纳兰性德的节目，其专业水平之高和博学多识，让制片人十分诧异；他深入挖掘尘封多年的“样式雷”建筑世家，写出专著《建筑世家样式雷》（合著）和《雷动星流》，使设计建造圆明园等皇家园林的大师们展现于世人面前，加之国家图书馆和诸多专家的努力，引起联合国教科文组织关注，被收入《世界记忆名录》；他对海淀古镇有精细的研究，串起了海淀镇的历史演变，撰写出《海淀古镇图志》，被收入北京市地方志办公室组织编纂的《北京古镇图志》丛书；他参与发起成立北京史地民俗学会并任副会长，主编《海淀史地丛书》28部，出版后好评如潮；他提出“北京西山文化”概念，其内涵有山水文化（也叫旅游文化）、宫廷文化、园林文化、八旗文化、红楼文化、科技文化，他对这六个方面都有较深的研究，大多数著作都与此有关；他自写或与人合写的书籍20部，诸如《曹雪芹在香山》《京西名墓》《海淀风情录》《乾隆与海淀》《德贝子园随笔》《海淀名胜掌故》等，主持或参与编纂的书籍46部，诸如《北京风物散记一、二集》《颐和园、圆明园的传说》《香山的传说》《海淀景物记》《海淀山水记》《古今香山》《纳兰性德丛话》《京旗外三营》《顾太清与海淀》等。他还担任过中共海淀区委和区政府主管文化教育的领导和区政协主席。历史的际遇，使他的职业和兴趣爱好长期处于融合以至互补状态，而他自己也自觉地把行政工作和学术研究巧妙结合起来。在职时，研究服从工作，为工作服务，退休后又充分利用在职时拓展的视野、积累的知识和形成的人脉，全身心投入学术研究。特别是他对京西园林的研究，陆续推出量多质高的成果，被人称之为京城皇家园林研究的著名专家，海淀区的“地情通”“活文物”。

张宝章对京西园林研究的成果，突出反映在几本专著上。

第一部《京西名园》，2005 年出版，以三山五园为主要内容，共叙写了 13 座皇家和权贵园林的变迁，是京西古典园林建筑群研究的综合性专著。此书一经面世，受到了读者的欢迎，专家学者给予超乎预料的好评。第二部《京西名园记盛》，2009 年出版，是京西名园研究的扩展和补充。该书着重记述“三山五园”建成后最兴盛时期的状况，并补充记述了 12 座园林的变迁。第三部《畅春园记盛》，2009 年出版，填补了畅春园没有研究专著的空白。第四部《京西名园寻踪》，2010 年出版，是为《海淀史地丛书》系列撰写的专著。此书追随前三部著述，继续对京西园林寻踪，其中记载有皇家园林、王公赐园、私家宅院，也有寺庙园林等 30 多座园林。其特点是使用了更多的历史文献和资料，特别是大量使用诗词资料，使叙事更可信，也更具吸引力；写了各式各样的人物活动，使专著更有灵动性和历史感。第五部《静明园述往》，2011 年出版，是北京文化史上第一次对玉泉山自然美景和园林建筑全面细致的描述，对“三山五园”的玉泉山静明园历史演变作了深入独特的解析。此外，还与他人合作，编注了《乾隆三山诗选》（2006 年）、《乾隆玉泉山静明园诗》（2014 年）。现在又出版了这部《三山五园新探》。如果说 2005 年出版的《京西名园》在京西古典园林研究上具有开拓性，紧跟其后的其他几部专著使研究成果更进一步拓展和深化，那么《三山五园新探》则有集其大成、推陈出新，把京西园林研究推向新境界、新高度的意义。它不仅在京西园林原有研究成果的基础上填补了不少空白，补充完善了围绕皇家园林所发生的历史事件和人物故事，而且弄清了一些争议问题的来龙去脉和真实情况，纠正了一些流传广泛的错误说法，在进一步挖掘新的史料和拓展研究的视野中形成了一些新的观点和结论。可以说，这是一部站在京西园林学术研究最前沿的专著，必将对京西园林更深入的研究起引领作用。从一定意义说，张宝章同志过去的行政工作和学术研究成果，都是为这部书开路的、奠基的。而这部书的出版，不仅使宝章的生命之光更亮丽，而且是其从事皇家园林文化、京西园林文化、北京西山文化的阶段性集结。宝章，年龄八十有二，仍有如此佳作，是人生大幸，难能可贵。

《三山五园新探》的出版，不仅有较高学术价值，还有重大现实意义。前不久，北京市做出了建设“三山五园历史文化景区”的规划决策，把京西古典园林建筑群作为整体进行维护、修复、链接并大力改善环境，使这片具有独特光彩的古典园林景区焕发生机活力，成为弘扬中华优秀历史文化的标志性、引领性景区。《三山五园新探》的出版，十分及时地提供了大量的、真实的历史资料和对这个地区、这群建筑以及活跃在这片热土的古今人物研究的最新成果，为完善景区的规划、细化景区的建设提供了可靠的资料和独到的见地，必然会对景区向更真、更美、更具文化魅力和有更大、更长远的精神和物质产出，起助推作用。

《三山五园新探》生而有幸，恰逢其时。

（2014 年 10 月）

《贾令村志》序

我的两位同乡，《贾令村志》总编袁钟福和主编袁钟晋，路远迢迢，从山西祁县进京，给我送来《贾令村志》初稿，一则征求意见，同时要求写一篇序言。提提修改意见义不容辞，写序却是一个难题。当代新修的省、市（地）、县三级规划志书一般是不写序言的。有了总述，再写序言，似乎多余。序言如何写？如果对本志作点评价，以引发读者阅读兴趣和深入思考，不无坏处，但可有可无；如果借题发挥讲点有针对性的题外话，也无必要。我曾想说服他们取消写序，但在对这部初稿狼吞虎咽地翻阅一遍后，深感其编写水平和成熟度超乎我的想象。它不仅完全遵循当代志书的编写原则和规范，而且内容丰富，特色鲜明，很有吸引力，是一部一滴水可照见大海、一个村可观察中华文明深厚底蕴的志书，令我惊喜不已，也动摇了不写序的想法。

让我十分感动的首先是编写者们的辛苦劳作。他们不少是我的幼年玩伴、少年学弟，自发组织，不辞艰辛，不讲报酬，上下奔波，四处搜索抢救、挖掘了大量珍贵历史资料，又耗力费心，披沙拣金，历时三年，修成了贾令村形成2500多年来的第一部志书。修志写史，历来被我们的先人视为神圣的事业，中华民族之所以生生不息，中华文明之所以传承不断，志书的代代接续编修立下了汗马功劳。炎黄子孙的重德修能和创新精神，中华民族的凝聚力、向心力，重创而不散，久乱而必治，很大程度上受益于志书。这部村志的编修，不仅在贾令村的文化建设中具有里程碑意义，对全社会、对子孙后代是功德无量的盛事、好事，也为地方志家族特别是村志领域增添了一部让人耳目一新的佳品。我不能不对这部志书的组织者、撰写者和支持者们深深鞠躬，衷心感谢。不为之说几句话，不写序，似乎过意不去。

其次是这部村志的内容和写法也让我这个久居外乡的游子心暖情热，激动不已。志书的第一个特点，也是最感人之处是有浓浓的乡土味，突出了贾令村的地域文化特色，使其重点显著、特点明晰、亮点闪耀。对人们所关注的文化内涵丰富、地域色彩鲜明的内容，都作了浓墨重彩的记述。比如，把古建古迹专列一编，较详细地写了7处遗存，12处古迹和明清时代建筑的7处大院。在民情习俗编中，详细写了衣食住行、婚丧嫁娶、集市庙会、方言土语等。其中，光面食就写了106种，还写了做法，证实了那句民间流行语“要吃面，到祁县，天天不重样，可吃一百天”，并非夸张。在人口族系编，不仅列表介绍了全村100个姓氏和每姓在2010年的人数，而且记述了6大姓氏的家庭谱系、始祖出处、后人繁衍传承状况，还选录了不少家谱序言、例言、源流说明等文。在农业经济编，记录了全村110多块耕地，以及每块地的名称、方位、面积，如官道地、营息地、廉地、新坟地等。地名所显示的都是该地块的原始来历，蕴含着很高的历史文化价值。志书第二个特点是真切实在。记述内容有根有据，涉及人、事、地、物都进行了实地考察或调查考证，没有意测、虚拟、渲染、夸张，一切依据实物和人证物证，力求全面，但不求完满，“有多少米，做多少饭”，体现了可贵的实事求是精神，也就是志书的求真存实原则。志书是资料性著述，真实性是志书的生命，资料是否真实，决定着志书的存废，资料价值的分量，决定着志书价值的高低。这部村志中记述的内容、使用的资料不仅是真实的，而且有很高的历史文化价值。比如，记述的城堡、营盘、四门、碉楼和交通驿站，对研究更大地域的军事和社情很有参考意义。对于村镇贸易，记载了清末民国初的商家多达 167 家，较详细地记述了老字号工商户 17 家，列表收录新中国建立初期（1950 年 7 月）的坐商 64 户、摊贩 18 户、免税商 6 户，总计 88 户。1953 年工商户为 105 家。对研究地区经济发展提供了翔实的资料。在地方语言一章，列入方言土语 64 条、谚语 220 条、歇后语 147 条。在风土民情编，收录摇篮曲 14 首、竞技杂耍 50 多件，以及趣味算数 6 条、民间禁忌 23 条等，这些都是很有价值的文化资源。特别是在农业经济编，把农业税负单列一节，从清光绪初年，一直写到 2006 年国家免征农业税为止。在这一编的最后还使用了一张《农民生产生活基本情况表》，记载了从 1949 年到 2011 年贾令村每年的人口、劳力、耕地面积、粮食总产、亩产、各作物总量和家畜数量、大牲畜、农用机械、化肥使用以及人均收入等资料，对于研究我国经济发展，特别是农村、农业的发展具有很高的的资料价值。志书第三个特点是编纂上有所创新。篇目结构的横分门类并未按人们通常用的自然、政治、经济、文化、社会去划分，而是按贾令村实际情况和掌握资料的状况而设计结构，共设计 11 编。原则是社会上带有共性的内容尽可能简化，比如有关政治的内容，只设政事纪略一编，包括了党派群团、行政机构和政治要事。对新中国建立后在农村的 8 次政治运动，都给予简略的概括性记述，每次只写 500 字左右。而对具有独特性的内容，则尽可能具体地记述。家族谱系编中选录家谱用了一万多字的篇幅。在人物的记述上，对去世人物没有采取篇幅较长的记传体，而一律采用小传的写法。名号、生卒年、出生地、简历，文字长短因人而异，最长不过400字。人物排序是革命先驱、革命先烈、先进模范、专业人物、各级干部，避免了一些志书的官本位弊病。其中有三位村民是公认的贤妻良母，虽然没有先进模范的称号，也列入了先进模范的行列。对于在世的人物，村长、党支部书记等村里的主要干部，采取以事系人的方法，给予重点介绍，以体现村志特点，其他人物一律按生年排序列入附录中。这样，既坚持了生不入传的原则，又体现贾令村人杰地灵的特点。

这部书如果用更高的标准要求，也不无遗憾之处。在内容上由于没有历史资源可寻，不少门类没有追溯到事物的发端；由于顾及本乡本土的人际关系，书稿中关于“农业合作化”、“人民公社”、“大跃进”、改革开放等在我国影响深远的大事，记述简单了些；在编下述中的一些议论尚须推敲等。

总之，这部志书令人动心，写点文字抒发一下，是为序。

（2012年12月）

《提要》应是常青树

——《北京方志提要》再版序言

谭烈飞、韩旭等同志编纂的《北京方志提要》于2006年出版后，受到业界同声赞扬。这不仅仅是因为他们对北京现存古今方志进行了全面的挖掘和分门别类的梳理，对每一部志书都作了扼要的介绍和画龙点睛的评点，使人“一书在手”就可了解北京志书的全貌，翻看一个词条就可认识一部志书的概况，在有关北京志书研究和介绍琳琅满目的著述中独树一帜，填补了北京方志研究中的一项学术空白，使这部书具有了对方志的科普性和编纂方志工具书的开创性。也不仅仅因为编纂此类书籍费时费力，对作者来说，既要求对志书有广泛的涉猎并具备深厚的专业知识，更要求有韧性、耐心、长性，“集寸土而成山”“汇滴水而成海”，锲而不舍的刻苦奋斗精神和为他人作嫁衣的默默奉献精神，让人感动，给人激励，令人钦佩；更在于这部书的编纂，为读者和方志之间搭建了一座便捷的桥梁，为志书的应用及其知识的传播开辟了一条直达通道。修志是为了使用，是为政权建设、科学研究、文化教育、社会发展等提供可资借鉴的历史资料。使用的前提是对志书的基本情况有所了解，而我国历代编修的志书，为后世留下了浩如烟海的文化资料，仅民国以前的古志就留存有8000多种、10万余卷。新中国成立后，仅省、市、县规划第一轮和第二轮志书已出版

8000余部，各地、各部门编纂的行业志、部门志、乡村志、专志等有20000多部，其中北京市方志留存近百种，约千卷，新修各类志书800多部。在如此浩瀚的“文海”中，使用者如何能快捷顺利地获取所需知识，成为志书应用的一个难题，《北京方志提要》的编纂出版，较好地破解了这个难题，具有很高的实用价值。

时事推移，《北京方志提要》出版发行已有八年多时间。8年多来，我国的方志事业伴随新时期文化的繁荣昌盛迅速发展，特别是国务院颁布《地方志工作条例》，使方志工作走上了法治化轨道，无论是各级领导对方志工作的重视程度，还是方志队伍的建设，都进入了一个新的阶段。编修方志的热情自上而下、从点到面渐趋升温，新修方志大批涌现。仅北京市8年出版志书440多部，相当2006年5月以前北京新旧志书的总和。其中不仅有规划北京志和区县志70部，市、区地方志办公室在规划外直接或指导编纂的专业志、部门志等250多部，还有村镇和各企、事业单位自发编纂的100多部，再加上一批经过整理校点的旧志陆续再版重印。《北京方志提要》第一版已不能适应新形势的要求，急需进行补充修订。《北京方志提要修订版》的编纂，是对新形势的阶段性跟进，有很强的现实意义，必将接续推动地方志知识的普及和应用。

《北京方志提要》是伴随方志事业的发展应运而生的专业性工具书，也应随着方志事业的持续发展而与时俱进，不断补充、修订、创新。它如同常青树，将在成长中对其机体不断更新，以永葆生机活力。这次修订在保持原书结构的前提下，补充了大量新鲜内容，是原著的第一次“加高、加固”工程。随着方志编纂这一中华民族优秀文化传统的永续发展，这部对读者有导引性和阅读使用便捷的工具书，也必将进行连续不断的阶段性修订。殷切期望编著者着眼长远，尽快开始为第三次修订做准备工作，把再版工作的完成作为第三版资料积累的开始。当然第三版不仅仅是内容的补充，也应思考在结构和条目撰写上做一些适应方志事业发展和读者需求的创新变革，在质量上有进一步的提高。

（2015 年 3 月）

《北京地方志·风物图志》序言（二）

记述北京古都文化特点和亮点的《北京地方志·风物图志》系列丛书，第一批10部于2005年7月出版，包括《王府井》《天桥》《前门、大栅栏》《什刹海》《琉璃厂》《会馆》《王府》《庙会》《老字号》《祭坛》，发行后颇受读者青睐。时光匆匆，又过去近10年，目前市场已难觅其踪，需再版供应。现在我们又接续编纂了第二批10部，计有《长安街》《朝阜路》《平安大街》《成贤街》《牛街》《东交民巷》《三山五园》《西单》《雍和宫》《南锣鼓巷》，将来还应有第三批、第四批……，把北京这块宝地上现有的和曾有的人类文明的闪光点、出彩处，尽可能网于其中、展示世人，同时也在志书的宏大家族中创立北京特色志书的“风味美食”系列，并使其生生不息，同现已经完成规划第一轮172部志书，正在编纂的规划第二轮67部志书及规划外志书《胡同志》《四合院志》等大型特色志书，古镇图志等系列丛书，乡、村、街、社等综合性志书，各行业的专业志书等，构成了覆盖北京历史和现状的基础文化宝库，必将光照现实，影响千秋。

《北京风物图志》与规模宏大、历史知识丰富全面的北京规划志书相比，应当说在内容上是出其类、拔其萃，使其特点更加突出，亮点更加鲜明。如果把规划志书比作无所不包的天空，那么风物图志就是在美不胜收的满天繁星中，撷取其最美、最亮者，给以拉近、聚光、展示，使其更加感动人、吸引人。表现形式上，图志在遵循志书的体例和纂写原则的基础上，比规划志书更多地使用图片展示内容，即图片多、占位大，成规成套，有地图、象形图、实物图照，有全局性图照、局部图照、单位图照，有现状图照，也有历史图照。总之，图片美观，形象性强烈，加之图文紧密结合、相互映照，对读者更具说服力和吸引力。可以说，图志既是展示北京风物的精选本，又是志书家族的精美书，更具有京味，更方便选用，也更大众化。

第二批10部图志和第一批相较，无论是只写北京风物的选题原则，还是以专家为主的编纂路线，没有不同之处，每部各自独立，相互是单体并列，两批之间是整体接续的关系。较大不同的是，第一批是以北京风物的“点”（诸如《天桥》等）、“片”（诸如《什刹海》等）、“类”（诸如《会馆》《老字号》等）为主要展示对象，而第二批则以“线”为主，辅以“点”和“片”。10部中有7部是展示名街名巷的，这虽然在写作上增添了一些难处，但名街名巷是北京古都风貌不可或缺的特色和闪光之处，把它们纳入图志丛书系列，是图志领域的扩大，也是读者的要求。

志书是代代相续的资料性著述，时移势易，随着时代的演进，北京风物也在不断变化，有的由亮变暗，有的增光添彩，也有消亡和新起的。志书编纂者都应如实记载下来，把消失的纳入历史文化的宝库中，用以为子孙后代积累精神财富；把新生的展示出来，以便为后来者接续编纂开创先河。

（2014年12月）

《方志百科全书》的意义

经过三年多的努力，在中国地方志指导小组及其办公室的组织领导下，汇聚方志界和百科全书界的一批精英，群策群力，首创编写出了《方志百科全书》，这不论对方志事业还是百科全书事业都有十分重要的意义。

1.《方志百科全书》是以百科全书为载体，按其特有的体例和方式，全面系统地介绍了方志和与方志有关的知识，为方志知识的普及、方志队伍的建设、方志事业的拓展打造了一座崭新的学堂、开辟了一个广阔的天地、完成了一项基础性工作，也为百科全书的编纂，探索推进到一个新的领域，为其家族增添了一个新的成员，较为完满地实现了“浓缩修志历史，展示事业成就，普及方志知识，促进传承应用”的编写目标。

方志和百科全书的编纂，都属于带有工具书性质的基础文化建设，但它们是两种不同的知识表达方式，有各自的表述对象、纂写体例和原则，构成了独立的、自身特有的知识展示体系。方志是资料性著述，百科全书是知识性著述，把围绕资料性著述的多种知识，择其精华，纳入百科全书所展示的知识范畴，用百科全书这个形式反映志书编纂的有关知识，不论对方志还是百科全书，都是创新之举。百科全书是一种知识体系的常青树。一种知识体系一旦纳入百科全书之中，就会扎下深深的根须，长出干枝叶花，结出累累果实。方志知识一旦编成百科全书，就等于种植了一棵常青树，这棵树将会随着时代的变迁、方志事业的发展，逐渐成长壮大，并代代更新相续，永葆其青春活力。第一部方志百科全书，既是探索性、开创性的，也为今后方志百科全书的充实、更新、发展打下了基础，树立了旗帜。

2. 方志百科全书的编纂过程，是对古今方志事业做了一次全面的、深入的调查研究，使我们对方志和围绕方志的有关知识，有了一个全局性的并在某些方面比较深入的和拾遗补缺、填空性的认识。百科全书的编纂，动员了各省市、中央部委办、有关文化学术单位和军事部门参与，也可以说，全国各地的修志部门和修志有关的单位无不参与，集中了活跃于当代方志界和百科全书界的一批知名专家学者，对上至远古、下到当代与方志有关的知识做了一次排查，探索研究了方志历史发展和现状中的主要成就、重大事件、重要人物和争议较大的问题，力争把有关方志方方面面的重要知识囊括于这部百科全书中。各省市、自治区和新疆建设兵团地方志工作办公室，还对本地域的修志工作做了全面的总结性叙述，作为修志工作的地域性展示纳入方志百科全书中。在调查研究中，对修志知识分门别类地进行了梳理，对方志界公认的或大体认可的、产生重要影响的名志、佳志和历史事件、重要人物评价等作了如实描述，有的在文字上作了简化或规范性修补；对存在不同意见的，以诸议并存的方式作了反映。调查研究的目的是为搞清情况，分清轻重，辨别是非，提高对调研对象的认识，从而做出比较科学的评议，提出较为妥善的解决办法。在调研过程中的综合分析、探讨争议，大大提高了对方志的认识。综合分析的视野越广阔，占有资料越丰富，就越有可能接近真实，越有创新的条件。而探讨争议，更是发展的动力，在争议中意见趋于统一，就是认识的深化，也是事物新生的起点。因此，对百科全书的编纂，也就是全面深入的调查研究，对方志界思想的活跃、方志理论的发展、方志学科建设的促进和方志队伍的锻炼、水平的提高，都是很有意义的。

3. 方志百科全书编纂的最大收获，是在全面梳理方志知识过程中，对方志知识体系作了初步的探索性构建。方志学科建设，首先应构建方志知识体系，也就是把有关方志的知识收罗汇集，根据内在的相关性整理排列，形成系统性知识，在此基础上，才能形成历史基础深厚、理论有序完善、结构独特紧密、专业性很强的学科。方志百科全书构建的方志知识体系，概括说有主体内容、方志理论、发展历史、区域修志情况、做出贡献的人物以及志书应用和管理等有关知识。主体内容，就是对新、旧志书的介绍，它是知识体系的中心，其他知识都是为它生发，围绕它而展开的。这叫一个主体。方志理论，就是统管和指导这个体系的思想理论，它由修志实践而生发，又在更高层次上指导实践。这叫一个核心。方志产生与发展的历史和现实状态，是围绕志书的纵向和横向发展的知识，主要是方志史、方志学史及古近代、当代各地区和部门的修志情况，可更全面展示志书编修知识。这叫主体知识的拓展。修志人物，就是在志书的创立、创新、发展中做出重要贡献、产生重大影响的人物，人物是历史的发动机，书中无人，就没有鲜活的历史。这叫体系的灵魂。志书应用，是志书编修的出发点和落脚点。这叫目标导引性知识。方志管理，是方志事业发展的保障，是体系中的修志支撑性知识。归结起来就是古今志书选介，对古代和当代有代表性的志书，选择1000多部作了扼要介绍，这部分内容占全书篇幅的40%；方志基础理论，说明什么是方志；方志史和方志学史，说明方志是怎么产生和发展的；国内外古今修志状况，说明有关修志的工作情况；方志人物，记述创造方志历史的知名人物；方志应用，主要介绍馆藏，作应用引导；方志工作管理，记述有关方志的法规文件、机构队伍、期刊、会议和评奖、展览等有影响的活动。共七部分。这个知识体系是否完善还有待讨论，但它对志书编纂，特别是理论研究，将会起促进甚至导向作用。

4. 在方志百科全书的编纂过程中，对方志理论研究进行了广泛的沟通和探讨，在许多重大问题上取得了共识，在不少问题上进行了深度探索，一些创见不时显现。特别是对一些概念的科学界定，方志史和方志学史的认识深化，方志编纂原则的肯定，将大大促进方志理论的创新，推进方志队伍的凝聚和不同观点的争鸣，在活跃的论辩中，思想得到进一步解放。还应说明的是，在方志篇目、方志人物、方志学著述选评标准和表述方法，以及各类条目纂写要素的规范、域外史志和省级行政区、中央国家和军队部门修志工作的入书、涵盖国外方志馆藏的介绍、方志工作管理的梳理等方面，多为首创之作，为编修其他著述具有借鉴意义。

5. 方志百科全书的编纂，采取了新的体制，即国家行政事业部门和民办文化企业相结合的体制。具体讲，就是由国家行政事业部门，即中国地方志指导小组办公室统筹，定任务、定标准、定时限、定费用，发动各省市和中央部门方志办积极参与，组织方志和百科全书知名专家、学者讨论把关，并采取聘用方式，聘请有丰富百科全书编修经验的文化企业的专业人士具体操作。编纂的决策权在由国家行政事业部门负责人为主、文化企业负责人参与的编委会，执行权在由编委聘任的主编、副主编和由主编、副主编主导的编辑室行使，主编在业务上负总责。这种新的编书体制，既发挥了国家行政事业部门的组织指导和动员作用，又充分利用了社会力量，不仅保证了最终成果的质量，也大大提高了编书的效率和效益，是文化领域体制改革的一次尝试。尽管如何选择合作伙伴、如何合理解决责任分担和利益分配，尚须进一步探索，但这次实践的成功，为文化体制改革创造了一种模式，提供了新鲜经验。

《方志百科全书》的编纂出版，不是偶然的，是时代的呼唤、形势的需要。它有长期积累的方志学术基础，有越来越增强的群众需求，还有人力、物力的保障支撑。我们有近三千年的方志编写历史，近三十多年来在全国范围内开展了庞大的、前所未有的新志编修工作，十多万人直接参与，几乎涵盖所有地区和行业，各类志书、研究专著、专文大批涌现，不仅业内人士急需有一部可随时学习的有关志书的知识全书，志书阅读和使用者也希望有一部方便查阅的普及性工具书。加之近些年全社会越来越重视文化建设，人才和资金可充足供应，《方志百科全书》应运而生。这是我国方志界的大喜事，是我国方志知识从散状和局部聚集向体系化发展迈出的很大一步，是方志知识的传播从方志界内部循环状态向大众化普及的突破性进步，是方志理论研究、方志工作总汇和方志事业拓展的重大成果。当然也因它的开创性、探索性，不可避免地存在不完善、不准确甚至错失之处。欢迎大家“横挑鼻子竖挑眼”，拔刺、补漏、纠错，在下一版修订时使之更趋完善，更有品味，更上层楼。

六

工作论述

做一个称职的主编

——在地方志主编业务培训会上的发言

市地方志办公室请我在主编业务培训会上讲一讲。讲什么呢？他们提出了一大堆问题，我把它概括了一下其实就是一句话：如何做好一个称职的主编。回答这个问题也很简单，四句话：一是有良好的精神状态，二是有必要的知识积累，三是精力要科学使用，四是调动各方面的积极性。我想就这四句话展开来谈一点认识，这也是我从主编们和我自己的工作体会中得到的一些看法。

地方志主编是地方志编纂质量的主要责任人，在客观条件（主要是人、财、物）具备的情况下，全权负责特定志书的编纂工作，在一定时限内，按质量要求完成志书编纂任务。这也叫编纂业务上的主编负责制。如何能称职地负起责任来？

一　要有强烈的事业心和高度的责任感

这本来是做好任何工作都需要具备的一种思想境界和精神状态，对于编纂地方志更有必要，必须反复强调，这是当前我们所处的客观环境和地方志编纂的特殊需求决定的。当前，地方志编纂的环境条件，比起二十世纪八九十年代，即第一轮规划志书编纂时期，有了根本性的改善，特别是国务院颁布了

《地方志工作条例》，把地方志工作纳入了法治化轨道。县以上行政区域编不编地方志，编纂什么样的地方志，已不是由地方行政长官觉悟高低、拍脑袋来决定，而是法定要求、法定规范，地方政府必须履行的法定职责，从根本上改变了不少单位修志启动困难，启动后财力、物力常常不到位的困难境地。这种环境条件的改善，倒逼着我们修志人员必须以更高的标准要求我们的工作，更深地认识我们所从事的是有益当代、泽及后人、意义重大而深远的事业。我们的一笔一画其分量之重，直接影响对历史的品评、人们思想的变化和社会发展的走向。这种影响在眼前或许摸不着、看不清，但随着历史的发展，将越来越大，也越来越清晰，就像我们看前人那样，后人将以更敏锐的目光审视我们。抱着诚慎恐惧的心态，认真负责地工作，应是修志者的座右铭。这方面主编应做表率。主编有较强的事业心、责任心，对业务热情专注、高标准要求，所带的队伍也会生气勃勃，敢战能战，高质量完成任务。相反，主编精神状态不好，或者不负责任，我们常讲："挂帅不出征，或出征不出力，或出力使不到点子上"，所带的队伍必将人心涣散、难以振作。第一轮志书当中，这类现象相当普遍。不少志书就是主编没有下功夫，志书编修踏步不前，甚至弯路不断，这方面我们是有深刻教训的。

从地方志编纂来说，它有两个特点是主编们必须看清、想通、主动适应的。一是地方志编纂是基础文化建设，投入大、周期长、见效慢，常常和党政领导班子换届不同步，很难给某一届领导人提供明显的政绩。因此，这项工作也极容易被眼光短浅、只追求短期显形政绩的领导人忽视，常常被边缘化。这在新修规划第一轮志书时，是相当普遍的现象。现在情况虽有较大变化，但这个问题并未完全解决，这就为有些主编的工作带来很大困难。解决这个问题，除多向领导同志请示、汇报、宣传，力争他们给予必要的指导、支持外，还要以我们的事业心和责任心弥补这个缺项。我们常讲，有为才能有位，对我们编纂志书也是适用的。只有你经过努力做出成绩，才有可能取得领导的青睐和认可，才有可能促使或引起领导人的重视，给予必要的支持。二是志书编纂是众手成志，参与者涉及方方面面，介入程度有深有浅，最终要成为符合志书质量要求的著述，需要在业务上有一个主心骨，一个协调、裁定、统筹规范的“总统”，这就是主编或叫主笔。众手成志后面还应有四个字：笔削一人。这就更加呼唤着主编们周密的思考、周全的协调、周到的工作、全身心的投入，也就是强烈的事业心和高度的责任感。从一定意义上说，它决定着志书编纂的效率、质量以至成败。

二　应有针对性地扩大知识面，熟练掌握所需知识

不断扩大知识面，掌握基础知识，特别是基础理论知识，是事业成功的重要条件。但不同职业应有不同要求，应有学习的侧重点。对于地方志主编来说，迫切需要的是三方面的知识：

一是对本地区或本行业、本单位的历史和现状全面深入的了解。地方志是对一个地域或行业、单位的历史和现实的全面记述，如果对写作对象的历史发展不甚了了，不懂其发展的环境条件和顺逆曲折，不了解重大历史事件和重要人物对社会变革的正反作用，要如实记述历史是不可能的。对现实也是如此，如果不认识它的全貌、它的时代特点和地域、行业特色，也很难去求真、去存实，去分清主次，把应当记述的记载下来。应当说，我们这些主编，多是长期在本地区、本行业做领导工作，多数同志对本地区或行业的历史和现状是比较了解

的。但作为地方志主编，不同于做党政领导工作，党政领导工作有分工，也有阶段性。对多数领导同志而言，比较深入了解的是他分工负责的工作，特别是他在任或前后一段的情况，对历史和全局常常失之于粗、失之于缺。而地方志主编对自己负责记述的历史和现状，必须了然于心，才能做出全面的谋划、科学的分类、准确的记述，因此十分需要弥补这方面的不足，要尽可能搜罗和阅读有关志书和史书、总结报告和调查报告等，扩大对历史的认知。要多看近些年来的年鉴和其他资料，对一些有争议的重大历史事件做一些调查研究，使自己对所记述对象的现状有更全面、更深刻的认识。应当说，对记述对象前世今生的全面了解和深刻认识，是当好地方志主编的必备条件。

二是应熟练地掌握地方志的基本知识。地方志的基本知识，首先是其基础理论。如方志是什么？是中华民族的基础文化，是中华文化赖以生存和发展的文化，是全面系统地记述本行政区域自然、政治、经济、文化和社会的历史与现状的资料性文献。又如，方志和其他文种有什么区别？这首先应搞清楚方志的特征，即记述内容的资料性、记述空间的地域性、记述时间的时代性，记述结构的系统性。方志的体例，也就是反映内容的特定形式，包括志书名称、内容断限、篇目结构、体裁体式、文体文风等，其中基本体裁有述、记、志、传、图、表、录，以志为主，还有序跋、凡例、索引、编纂始末等。基本体式，目前多采用章节体或章节与条目结合体。文体采用规范的现代语体文记述，不用总结报告、新闻报道、文学作品、教科书、论文等写法。文风要严谨、朴实、简洁、流畅等。再如，方志的编纂原则，存真求实、横分纵述、述而不论、越境不书、生不立传、详今略古等。方志的类型，按记载内容可分为地域志（新分法为省、市、县、乡、区、村），专志（新分法包括部门行业志、专业志、专题志等）；按编纂性质可分为创修、续修、重修、补修志书；按编纂时序分，可分为旧志和新志；按编修主体，可分为官修、私修等。这些都是基本的知识，应当反复学、经常学，应当随着志书理论研究的深化，逐步对这些方面加强理解。此外，还应有方志史、方志应用、方志管理等方面的一些知识，都要了解。总之，艺不压人，知识越广博，越容易认识客观世界、发现和解决困难和问题。但任何人都不可能穷尽知识，只有掌握其中一个部分，也就是有针对性地学，为用而学，急用先学，“任凭弱水三千，我只取一瓢饮”。作为地方志主编，首要的是掌握地方志的基本知识，而且要熟练地掌握。当然要抓住要点，我主张宁肯少些，也要好些。

三是应丰富写作知识，掌握写作方法，特别是地方志的写作方法。主编是编书的、搞写作的，不断丰富写作知识，提高写作水平，是我们能否称职的重要方面。我们的写作能力，首要的不是文字的应用，而是对问题的分析认识能力，想不清楚就不可能写得明白。但分析、认识问题能力比较高的人，也不见得能写出好文章。写文章还有自身的要求、自身的规律。好文章是以准确、鲜明、生动的文字去表述深刻的思想。作者不仅明确为什么写、写什么，还应解决怎么写的问题，也就是在既定主题的前提下，思考内容如何组织、资料如何安排、文字如何表述、标点符号如何使用等，都是写作技巧问题，都应下功夫去学习、实践。地方志是独立的文种，又有不同于其他文种的写作方法。作为主编，多数都有一定写作基础和文字能力，但按照地方志要求，多数需要继续学习。也有一些德高望重、熟悉情况，侧重于组织领导、坐镇指挥的同志，也要多拿出点时间，侧重对写作多研究一些。当然，有些同志年龄比较大，文字功底较浅，又不是一天两天就能达到较高水平，替代的办法是可以找一些文字能力比较强的同志来协助自己。现在的实际情况，包括主编在内，写作能力很强的同志并不多，但是认真负责和了解情况的同志比较多，这就需要从两个方面有所加强：一方面主编自身要多学一些知识，增强领导的主动性和执行力；另一方面，选择一些同志来协助自己“笔削一人”，一道从文字上进行统稿。

三　要把主要精力放在解决全局问题、关键问题和疑难问题上

主编承担着按特定时间和质量要求完成志书的编纂任务。这项任务涉及的工作范围很广，需要解决骨干队伍的组织，资料的收集、筛选和核定，文稿纂写的规划、审核、统稿、修改和定稿等方方面面的问题。有时候还要协助领导人进行各方协调，如人才调配、资金供应、办公条件的创建和改善等方面的工作。不同地区、部门和单位的情况不同，主编所涉及的工作任务不同，究竟哪些应干，哪些不应干，哪些应花大力气，哪些跨脚一将即可，各有客观需求，不能一概而论。但作为主编，一定要明确自己的主要职责所在，即力争高质量、高效率地完成志书的编纂任务，应集中精力心无旁骛地去做这项工作。主编如果精力不集中，兼顾的事情太多，很难完成交给的繁重任务。任何事情都有重点，即使是编书，也不是面面俱到，细枝末节都下力气，而是把主要精力放在全局、关键和疑难问题上。

全局问题。主要是三项。一是编写人才的选定，也就是选好自己的助手。这是能否编好志书的前提。没有干事的人，就没有干成的事；没有能干的人，也难以把事干好。主编不是孤家寡人，应把他看成一个团队，要把有才干又愿意干的人和能弥补自己不足的人选进这个班子。二是资料的收集整理，这是

能否编好志书的基础。志书是资料性著述，它的成功与否和质量高低，取决于资料是否充分和资料价值的高低。收集资料应求全求细，“韩信将兵，多多益善”，越全越细，就越有条件研究事物的本质和特点，也越容易鉴别真伪，决定取舍。主编一接手就应关注资料的收集，应和主要的资料储存供应单位搞好合作。有些重要部门应亲自沟通协调，有目的地组织指导，使一些重大事件、重要人物的资料尽可能较为完整地进入资料汇集当中。二轮志书编纂中，正好赶上机构改革，大批资料散失，很多资料分散在个人手里，有些甚至被销毁，非常可惜。应尽力追回来。三是篇目结构的确定，这是志书编纂的大纲。必须精心组织、反复研讨，按照记述对象的历史发展情况和志书的编纂原则，分门别类、区别轻重，形成一个内容完善、排列科学、结构紧凑的志书编写框架。有了这个框架，就等于给宫殿架起了梁柱，就可以按照这个框架，有针对性地搜集和补充资料，就可以分工负责，各领任务、各尽其能。篇目结构的确定，是主编一上任就应考虑并要抓深、抓细、一抓到底的工作。这是一个慢工，应反复征求意见，反复推敲修正。时间应抓紧，但着急不得，不到火候不可出锅。一旦成熟了，就应通过规定程序定下来，成为众手成志的规范。第一轮志书编纂当中，有些单位急于求成，篇目结构未经充分讨论就开展编纂，结果像翻烙饼一样走了弯路。有的单位，虽然确定了篇目结构，但未经规定程序予以肯定，结果主编或方志办负责人换了新人，便推倒重来另搞一套，结果志书编纂旷日持久，造成严重浪费。篇目框架确定后，在编写过程中发现新情况、新问题，可相应给予调整、补充、完善，但重大变化应经过规定程序去审批，或报请编委会审批，主编不得擅自变动。

关键问题。主要是历史发展的重要节点、重大事件、关键性人物等。比如改革开放起步的农村家庭联产承包责任制，促进思想解放的真理标准大讨论，决定工作重点转移的中共十一届三中全会，确立经济体制改革的市场导向，推动深化改革的邓小平视察南方重要讲话，中国加入世贸组织，几次宪法修改，保护私人财产入宪，依法治国，行政体制、文化体制、社会体制等重大变革在北京市或在本地区、本行业、本单位的反映，“法轮功”邪教组织、几次“学运”、陈希同事件、港澳回归、非典型性肺炎、举办奥运会等重大事件发生、发展及其结果和影响，中关村科技改革试验区、朝阳区商务中心区、西城区金融街以及各个经济文化实验开发区的兴起及影响；还有，像信息化蓬勃发展，社会组织广泛兴起，城市发展面貌的深刻变化和人口迅速增长，交通越来越拥堵，空气、水、土地重度污染等，成就和困难同步而来，这一切都需要主编认真研究，给予真实的、全面的记述。这就需要主编的功力，要把握好度。在这些关键节点、重大事件中，还活跃着一些不可忽视的人物。第二轮志书所记述的内容，大多是修志人所经历或参与过的，如何在记述时避免片面认识和感情色彩，做到客观公正，是主编应认真思考的问题。

疑难问题。主要有三方面：一是政治敏锐性很强的问题。有些是有社会定论的，如一些党史上的是非多数是可以如实记述的。但有一些事件因客观条件所限，尚不能完全解密，难以全面、真实地记述，对此也不可勉强，只能在条件具备时，让后人补写。二是有争议的问题。如社会对记述对象的争议尚无定论，只能把对立双方或多方的见解记述下来，供后人辨别。如编写人员之间对某一问题有争论，主编应在认真研究后做出决断。三是涉及人物的问题。哪些人立传，哪些人列表，哪些人出像，哪些人由事件带出，都会有争议，应制订明确的标准。一般情况下，不可例外。入志人物如何表述、占多大篇幅，也常发生争议，主编必须慎重对待。

四 充分调动多方力量，多请教专家学者，注意培养修志人才

主编是特定志书编纂的“总统”，负责统一志书编纂的指导思想，统一志书内容的协调和观点的同向，统一志书的体例和文字，必要时对个别问题的解决还要采取“专制”手段，多数问题还是要商量。但“总统”不能做孤家寡人，“专制”也不是唯我独尊；“总统”应是一个团队的牵头人，“专制”应建立在集思广益的基础上。任何事业的成功都不可能靠单枪匹马取得，修志更需要多方合作，众志成城。主编之所以成为主编，一个重要职责就是调动多方的修志积极性，挖掘多种修志的潜能。首先，充分依靠修志人员，尽可能地把编纂任务分担给他们，并帮他们破解难题。其次，依靠有关单位，即“关系户”，争取各单位重视修志、支持修志，提供修志人员和资料。再次，遇到编纂中的问题，多请教专家学者。志书资料收集、篇目结构的制定、志稿的审议审定，都应请有关专家学者参与。专家有两类，一类是志书编修专家，我们比较重视求教于北京市的专家，还应进一步借力中国地方志指导小组及其办公室的专家，“近水楼台”应“先得月”，进一步借力全国各地的专家。另一类是有关专业的专家学者。我们的志书，多有较深、较新的专业内容，这些内容的编纂和审定离不开他们。专业知识是我们多数主编都有的短板，特别是综合性志书，如区县志书、志稿的审定，更应请教并依靠他们。

主编除编书外，还有一个不可忽视更不应推卸的责任，就是发现并培养修志人才。在志书编修中要十分注意那些有志于修志的同志，特别是年轻同志，应有意识地给他们压担子、吃偏饭，引导他们专注于修志事业，令其尽快提高业务水平。目前修志队伍人才比之前好得多，但仍处于严重短缺的状态，距

离需求，仍然很远，这需要从制度上加以解决，主编们的重视和培养也是不可或缺的。主编们应把发现和培养修志人才，特别是青年人才，作为与修志一样的责任。换句话说，作为志书主编应出三类成果：一是志书，二是理论，三是人才。

以上意见，供大家参考，与大家共勉。

（2014 年 11 月）

找不足，建学科，育人才

——在 2011 年北京地方志学会年会暨学术研讨会上的发言

我们这个会是一年一度的地方志学会年会，也是大型学术研讨会。会上，学会秘书长朱民作了工作报告，把去年的情况和今年的打算做了讲解，铁鹏同志也代表市地方志办讲了话。大家经过分组讨论，对工作报告给予了充分肯定，也提出了不足之处。这个会还讨论了学会提出的《课题管理办法》，是学会制度建设的一个新的探索。课题是学术方向，课题的确定和实施是推动学术研究、培养造就学术人才特别是学术带头人的重要措施。《课题管理办法》的制定必将对北京市的志鉴理论研究起到推动作用。但是，这个文件比较粗糙，好多原则性问题还没有解决。大家在讨论中提出了许多补充完善意见，应认真研究汲取，如课题如何确定、实施的标准，以及组织领导等问题都没有解决。应抓紧时间研究修改，力争早一点出台。会上有四位同志发了言。他们抓住了我们经常议论但没有系统研究的问题，或进行深入剖析，或借鉴兄弟省市的经验，有很强的针对性和指导性，对于我们第二轮志书提高质量将起导引和推动作用。

借这个机会，我就提高志鉴编纂质量、推进志鉴理论创新、强化志鉴编修队伍建设提几个问题，供大家思考。

第一个问题，在充分肯定北京市第一轮规划志书编修成绩的同时，是否应以更多的精力研究一下不足之处？

为编好第二轮志书，去年，在全市修志人员中广泛开展了研读第一轮规划志书的活动。这项活动实质上是紧密联系实际，对志书编修的基础知识、基本理论和主要方法的学习、普及、提高，也是对第一轮志书的再研究、再认识，取得了实实在在的效果，对推动第二轮志书的编修起到明显的作用。但这次研读活动着眼点是学习第一轮志书的成功经验，对其不足和失误关注较少、研究不多。特别是第一轮规划志书有何不足和问题，找出这些欠缺并认真研究其产生原因、改正办法，对于提高第二轮志书的编修质量更有意义。现在，我初步感觉起码有三个问题应认真思考。

其一是指导思想上，不少志书常常流露出浓厚的政治化色彩。我们曾多次讲志书编修要讲政治，但不要政治化。但讲归讲，一旦落实到编修上，其烙印总是难以消除。比如，我们曾一再反对在志书出现空洞的议论、标签式口号、宣传性语言，应避免唯上、唯书、跟风，但现在翻开志书，这些问题仍然时有所见。特别是不少志书的图片，重政治、轻专业，重领导、轻群众，处处是领导开会、领导视察，开卷插页好多都是领袖像，好像没有领袖像就“缺高度”“压不住台”。有的志书上一个领袖照片还不够，力争凑够三代，第一代、第二代、第三代领袖依次排下来。有些照片和志书内容毫无关系。领袖照片不是不能上，如果和志书内容紧密相连，不仅应当上，还应摆在突出位置，因为领袖人物的活动往往能展示重大事件。但如果把与志书主体无关的领袖图片当作招牌放在志书重要位置，则是不妥的，是对志书存真求实原则的背离。

政治化色彩还表现在对讲政治的片面理解上，认为政治无处不在，政治部类的志书就更要突出政治。而把突出政治又理解为突出现行方针政策、现任领导的政绩，往往让历史迎合现实政治的需要。经济、文化、社会类，甚至自然环境类志书的一些与政治无关的内容，也硬性与政治挂钩，用政治的标准取舍其内容。我们讲政治，主要是讲的是政治方向、政治目标、政治路线，也就是指导思想、方向道路、方针原则等，而不是处处事事都与政治挂钩。每一类事情都有自身发展变化的规律，不能用政治来代替其他、涵盖其他，更不能取代其他。我们一些志书的某些内容，为什么常常不恰当地以经典著作、党政文件、领导讲话作为材料取舍的标准？原因就是政治化作怪。

其二是志书内容上，只唱或多唱赞歌，少讲或不讲失误，讲成绩轰轰烈烈，讲问题吞吞吐吐，讲失误遮遮掩掩。比如，我们对有些政治运动的记述就没有实事求是地写失误。对于土地改革、“三反五反”运动、“一化三改”运动等，我们几乎是完全肯定的，但其中的曲折、失误，类似早期土改中的过火斗争，“三反五反”中的扩大化等，就很少提到。至于“大跃进”中的问题，“文化大革命”中的问题，也多是轻轻一笔带过。当然其中有些内容在目前条件下难以写全、写实，尚需时间的过滤、历史的沉淀，有待后人研究，更全面、更准确地去写。还有些时段，因为受历史偏见的影响，我们没有下功夫搜集资料、研究是非，因此志书中反映的内容与其历史地位不相称，记载比较少。如北洋政府时期等。

我们搞地方志的同志一定要明白，历史的成功和失败都是先人留下来的精神财富，不仅成功是精神财富，失败也是精神财富。写历史的失误比写历史的辉煌更有意义，也更困难。写历史的失误，需要有勇气，需要有远见，需要不失原则地变通。所以，如果不明白这个道理，我们讲实事求是就是一句空话。还应当说明，当代人写当代事，特别是第二轮修志写的是我们身边的事情，或者刚刚过去的事情，这既需要实事求是的精神，更需要公正无私的献身精神。当然有些事情虽然已经发生，如果不具备记述条件，比如认识不一致，档案未解密等，现在写不了，只能等条件成熟时再记述。那时的记述可能更客观、公正、全面。有些事件现在不可能全面地、详细地记述，但应力争将可记的记下来，为后人的补充完善创造条件。当代人写身边事写到什么程度，需要研究环境允许度，这就需要变通，需要智慧。

其三是编纂原则上违背存真求实、述而不论的规则。不少虚假的内容、空洞的议论出现在志书中。有的志书，不在真实性、准确性、完整性上下功夫，而在作评价、发议论、分析推理甚至“穿靴戴帽”上做文章。在志书分类上，如何科学地做到以类系事也有不少欠缺。首轮规划志书的分类，并不完全是以事物的性质划分，而是更多地照顾了事物的管辖权，即以党政部门的分工来分类，这在当时难以避免。第一轮修志各方面都准备不足。谁来承担任务？只能依托于行政单位。如果严格按照科学分类，一部分志书的编纂就无法落实。第二轮志书也未完全避免这个问题，既要按事物性质分类，又要照顾部门分工，这个度需要准确把握。编志有时限，上限是什么时间，下限是什么时间，时限是不能超越的，但不少志书超越时限。《北京志》154 部分志下限应是一样的。但事实上，第一轮志书下限，最早 1990 年，最晚 1998 年，随意性较大。有的志书正文没有超时限，但利用附录延长时限。

第二个问题，如何在总结第一轮修志经验教训的基础上，提炼、发展志书理论，创建地方志学科体系？

创建地方志学科是近几年来我们方志界一直追求的目标。创建地方志学科，首先要建立学科的理论体系，究竟什么是方志学科的理论体系？应当是在准确把握地方志产生发展规律的基础上，全面系统地阐述以下四个问题。第一，什么是地方志？也就是地方志的定位、定性，以及和相近学科比较的特点。第二，为什么编地方志？就是地方志在中华大地上产生的必要性和必然性，以及它的历史功绩和现实作用。第三，怎么编修地方志？就是指导思想、编纂方法、质量标准、编写的组织领导、队伍建设等。第四，如何应用地方志？就是应用的方法、应用手段。所谓科学理论不外乎解决这四个问题。我觉得经过第一轮修志以后，现在已具备了解决的条件。怎么解决呢？应从古今中外方志编修的实践中去寻求解决方法。我国的地方志编修历史久远，前人不仅为我们编纂了大量的志书，而且在理论研究上也留下了丰富的著述。应认真研究古代志书及其理论成果，吸取其精华，作为我们建立理论体系的先导。今人继承先人的传统，接续编纂了大量志书，形成了一大批志书研究成果。特别是二十世纪八十年代以来，全国广泛开展了社会主义新方志的编修，第一轮规划志书基本完成，规划外志书和各种志鉴资料书陆续出版，理论研究也出现了百花齐放、百家争鸣的空前活跃状态，不仅形成了庞大的队伍，并且走上了法治化轨道。新方志的编纂及其研究成果，为创立地方志理论体系打下了良好的基础；我国台湾编修地方志的传统一直未断，积累了丰富的修志经验，在理论研究上也取得了不少成果。香港、澳门，和世界各国的华侨、华人，以及韩国、日本等也有修志传统。发达国家的历史学者在研究中国的历史中使用了大量的志书成果，也有些学者成为志书研究专家。这一切都为我们创建志书理论体系提供了条件。现在是万事俱备只欠东风。这个东风，就是我国当代方志工作者应有组织、有规划、有目标地积累、梳理现有资料，综合提炼历代修志的经验，同时利用最新的科学技术去刻苦探索，创新思维，做出规律性的阐述，扎扎实实地攻克一个个理论高地，最后形成新方志的理论体系。这不仅是需要的，而且是可能的。当然，创立一个新的学科也并非轻而易举。除了方志界的努力，还需要社会舆论的支持和行政的认可，但自身努力是基础，有为才能有位。近几年，由于大量地方志书和年鉴的出版，形成了较大的社会影响。而这种新编志书的需求又呼唤着人才培养，一些高等院校已经开始设立地方志专业或课程，一些教材陆续编修出版。此外，以《中国地方志》为代表的刊物大批涌现，可以说创建地方志学科的曙光已现，应继续努力。这次会上讨论的《课题管理办法》就是在这个形势之下应时而生的。

第三个问题，如何在修志实践和创立方志学科过程中，提高修志队伍理论素养，出版高水平理论专著，培养高层次理论人才？

我们的地方志工作有三个目标：一是出高质量的志鉴，二是出高水平理论，三是出高层次人才。编纂高质量的志鉴是出高水平理论和高层次人才的基础。现在已经出版了一大批志书和年鉴，它既为出理论和人才创造了条件，也呼唤催促理论的创新和人才的辈出。我国社会主义新方志第一轮编修队伍，大多是从别的岗位转行而来的，而且是在没有系统理论准备和组织准备的基础上匆匆上马的，这些同志的长处在于熟悉北京市某一个领域，有的是这个领域的领军人物，短处是多数没有接触过志书，必须从头做起，边学边干，在探索中前进。经过二十多年的努力，克服了重重困难，终于完成了任务，为社会主义新方志的编纂做出了巨大贡献，开出了一条新路。现在这些同志大多年事已高，现已陆续退出了工作岗位。第二轮志书的编修队伍在结构上发生了深刻变化，一批有一定理论修养和文化基础的青年加入了修志队伍，经过几年的历练，已有一批同志成为骨干。他们的专业基础比较扎实，再加上现在环境条件比较好，如果牢固树立献身于志书编修和研究的志向，专心致志不受干扰，脚踏实地做学问，不需要多久，一批有分量的学术论文和专著就会出自于他们之手，一批高水平人才会相继涌现。可以预见，在他们当中必将出现一批志书编修和研究的顶尖人才、名家、大家。当然，出顶尖人才，除他们的主观努力外，有关部门应积极创造有利于他们迅速成长的环境。比如，鼓励他们钻研问题，参加各种研讨会，给他们压担子、出题目、分担尖端任务。同时，帮他们解决工作和生活方面的难题。地方志工作部门应把研究方志理论，培养优秀人才摆在重要位置。从一定意义上讲，出理论、出人才，对于修志更有长远性、根本性。一个单位的修志水平高低，并不取决于队伍的平均水平，而取决于最高水平的人才。只有高水平的人才才能带动一个部门总体水平的提高。各级领导不仅要尊重知识、尊重人才，更要善于发现人才、培育人才。只有高素质人才成群涌现，志鉴编修和研究的高水平著作和名家大家出类拔萃，才能引领方志编修和研究向深度、广度发展。

（2012 年 5 月）

修好二轮志书必须研读首轮志书

——在首轮志书研读成果交流会上的发言

这次成果交流会，实际上既是北京市第一轮修志成果的经验交流会，也是地方志理论的探讨会，还是地方志编纂者的培训会。这个会主要是为促进第二轮修志时效更好，质量更高，比第一轮修志更上一个台阶，所以它也是第二轮修志的促进会。北京市首轮志书研读，各单位选送来 95 篇研读报告，这次会上选其中 13 位篇在大会发言。四位评委对每一篇文章都作了很好的点评，大家听得很认真，使我受益匪浅。这 13 篇发言，实际上是北京市修志单位在首轮地方志编修中，理论与实际相结合上深入研讨而形成的代表性成果。在第二轮志书编纂开展过程中，市地方志办公室在全市范围内开展首轮志书的研读活动，这个决策是非常及时的、正确的。邱新立同志讲，全国约有 6000 多部志书，约 50 亿文字；北京市规划志书是 172 部，大体上 1 亿字。全市参加编纂的专职人员前后超过了 1000 人，阶段性参与者超过了 1 万人。这样大的人力、物力投入，在中国的基础文化建设上是前所未有的，社会动员面深及方方面面，其广泛性也是前所未有的。所形成的文化成果的丰富性，可以说内容无所不及，“横向到边，纵向到底”，也是前所未有的。这一批文化成果，是一座取之不尽、用之不竭的知识宝库。如何使用，使其充分发挥社会效用，是摆在我们面前的一个重大课题。不仅是留给后代人用，首先是当代人要用。我们现在目光集中在如何使学生、学者和有文化层次的人群，特别是各级各类领导干部能够阅读、能够运用，并在工作中能够借鉴，但我们地方志工作者队伍内部如何充分利用并未引起重视。我们曾经提出过修用并举，这“用”字也包括我们自己在内。这座知识宝库，首先挖掘利用的应当是我们。这次开展对第一轮规划志书的研读活动，从一定意义上讲就是对志书的使用，就是要从中挖掘丰富的修志经验，把经验教训提炼上升为修志理论，形成修志理论体系，建立修志理论学科。通过研读，提高修志人员的志书编修能力和水平，培养修志专门人才。总之，面对这座丰富的文化宝库，先得益者应当是我们，“近水楼台先得月”，也是这个道理。

研讨前志，实际上也是我们对第一轮修志的再学习、再研究、再认识。对第一轮修志成果如何评价，有待历史检验和后人论评。但成果形成后，作者首先应该去回头看一下，从全局的角度、历史发展的角度、各类志书对比的角度检验一下，总体上有什么优势和特点、成就和欠缺、经验和教训，对每一层次、每一类型和每部志书都应从研读中学习其知识、汲取其经验、研究其特点、认清其不足。我曾经专门针对一些志书存在的问题讲过一些意见，文章作为《首轮志书研读文集》的代序收在书中了，就是在研读一轮志书时不仅要肯定其成绩、学习其经验，还要十分注注意存在的问题和不足，在一定程度上讲，找出一轮修志的问题比肯定其成绩、总结其成功的经验更有意义，难度也更大。所以，我们在研讨首轮修志的时候，特别要重视从多角度、多层次找出一轮修志出现的问题，加以研讨、修正。

今天会上13位同志的发言都很好，虽然他们都是从小角度、从自己单位出发提出问题的，但并未局限在这片小天地里，而是把眼光放开来，从修志的全局视野、志的基础理论的高度提出许多新鲜的体会和见解。这些发言和未发言的报告都对推进北京市第二轮修志做出了贡献，同时也对地方志理论提供了原料。在此基础上，四位专家从宏观上对每一个发言做了点评，以他们长期从事地方志编纂和研究的丰富经验和较高的理论水平，从理论与实践的结合上，高屋建瓴地提出了许多准确、中肯的意见，绝大多数评点都评到点子上了，抓住了要害，使一些问题得以明晰解答，对提高修志队伍的水平起到很大促进作用。当然，他们的意见是评论不是结论，不同意见还是可以讨论的；是启示不是指示，引导我们思考问题的，而不是指示非这么干而不那么干的。

四位评委都是我国方志界在编修第一轮志书中成长的知名专家。邱新立、周均美、于伟平，长期在中国社科院从事方志研究和出版，成果累累，常和我们北京市地方志办公室合作共事，我们受益匪浅；上海市的梅森同志，正好在北京香山审阅《汶川特大地震抗震救灾志》稿件，他有编纂上海市第一轮志书的丰富经验，也有不少专著奉献社会，现在是正在编写的《方志百科全书》的专家组成员。对他们给予我们的指导，再次表示感谢。

（2012 年 9 月）

大力提高年鉴编纂质量

——在北京市年鉴编校质量评比表彰会上的发言

今年，我们进行了年鉴质量的首次评比，相应地召开表彰会，首先向获奖单位表示祝贺。近年来，北京市的年鉴编纂情况发生了很大变化。1990 年，市地方志办公室开始编纂北京市综合年鉴。那时，在市属单位编纂年鉴的寥寥无几。现在，综合年鉴的编纂已扩大到各区县，而行业、专业、单位年鉴的编纂也逐年增多，仅参加这次评比的就有 70 多家。在管理上，较长时期内，市地方志办公室只负责编写一部综合年鉴，其他单位的年鉴都是各自为战。2006 年，国务院颁布《地方志工作条例》，把综合年鉴纳入地方志范围内。市地方志办除编纂综合年鉴外，开始研究把指导全市的年鉴工作纳入地方志编委会及其办公室的工作范围。2010 年，市地方志办提出构建本市大年鉴格局的设想，即市、区县地方志办要承担所属各部门、各单位编纂年鉴的指导和服务工作，加强全市各类年鉴编纂工作的交流与合作，大大推动了全市年鉴编纂工作的开展。

现在，年鉴的编纂越来越多，但无论管理水平还是编纂质量都参差不齐。有的出版物只有年鉴之名而无年鉴之实，从内容到形式都有问题，亟须加以指导。怎么指导？除组织经验交流和队伍培训外，搞质量评比也被提上了日程。

这次评比是第一届年鉴编纂的质量评比，但这次还不是年鉴整体质量的评比。整体性质量评比条件还不成熟，只选择工作较易进行的编校质量加以评比。严格地说，在年鉴质量标准中，编校质量虽然不可或缺，但还有更重要的，如内容的全面性、真实性、准确性，编纂方法的科学性等，在这个基础上，才能谈编校的质量问题。诸如错别字、标点符号等，在年鉴质量标准的考核中，属于编辑工作范畴，不是主要的，但却是最基础的。这次评比对年鉴工作来说是开创性的，具有重要意义。

第一，交流了情况。评比实质上是优劣的比较、经验的交流、信息的交换。在评比中，不仅可了解自身的长处与不足，而且可了解全局的情况，可开阔视野、学习先进、增长知识、激励斗志，进一步编好年鉴。

第二，推进年鉴的普及。这次参加评比的只有七十多个单位，还有一些单位虽然编了年鉴，但因“丑媳妇不敢见公婆”等原因，未能参加评选。两者相加，不过一百多个单位。但北京市应当编年鉴的单位远远不只这些。综合年鉴，北京市和各区县都有编纂。专业年鉴，包括行业在内，编年鉴的并不多。单位年鉴，如高等院校有 12 部，但大型的企事业单位多数没有编年鉴。这次评比，对年鉴编纂的普及是一个有力的促进，可预见今后年鉴数量将会有一个大的发展。

第三，促进年鉴质量的提高。这次评比，虽然从小处着手，只评比错别字和标点符号，但在评比中发现了比这些小问题大得多的问题，使我们在制定质量标准时更有针对性，解决质量问题心中更有底。更重要的是，通过评比可以大大提高各单位质量意识，促进编纂人员，包括各级领导人，进一步学习掌握编纂年鉴的技能和要求，从而把北京市年鉴质量提高一步。

第四，有利于抵制不良的浮躁风气。我们评比的问题，看起来小其实不小。如错别字，现在特别普遍，打开电视看屏幕下面的说明词中，每天都可发现别字。一些新版著作，包括工具书在内，出现差错的比比皆是，特别是因使用计算机而产生的同音不同字的差错更为普遍。再有就是标点符号乱点，该断句的不断，不该断的却画上了句号，不仅文字不顺，也扭曲了内容。这与工作人员的敬业精神有关，也是社会风气浮躁的表现。地方志和年鉴是资料性文献，出现差错不仅有害于当代，而且遗患子孙后代。如果把年鉴和地方志的质量提高上去，把差错率降低到最低程度，不仅可以坚持志书和年鉴的质量标准，对抵制浮躁的社会风气也大有好处。

这次年鉴评比是第一次，抓了编校质量问题。希望进一步总结经验，把下次评比做得更好。

（2012 年 10 月）

地方志编纂要适应信息化大趋势

——在主编会上的谈话

首先拜年，聚一次不容易，今天到会的人比较全，除了王军、曹子西同志因身体欠佳没有来，其余都来了。18 位同志多数人身体状况不错，但是年龄不饶人，绝大多数已过 75 岁，80 岁以上的占 2/3，最大的马句同志 87 岁。作为一个团队，20 多年在一起，为北京市编修志书默默无闻地坐冷板凳、做奉献，工作到这个年龄，不仅是现代社会不多见，历史上也是少有的。这个团队积累的经验是修志工作的财富。我们这些人不管是不是有副主编头衔，都是北京地方志办公室（以下简称“办公室”）的支撑力量。

我在想一个问题，就是地方志工作怎么适应迅速发展变革的新形势？在中国地方志指导小组换届的会上，一位同志点到了这个题目，对我启发很大。现在人类社会已进入了信息化、网络化时代，近些年信息技术突飞猛进，大数据，云计算，3G、4G，手机代替计算机，网上交流、网上购物等，新技术的发明和应用目不暇顾。这个大趋势促使你必须变革。今天办公室的三位同志给大家汇报了去年的工作进展和今年的打算。和过去相比，这些汇报有一个明显的特点，就是强调工作的规范化、专业化、协调化。为什么会强调这“三化”呢？也许汇报者没有意识到，这是信息化时代的大趋势要求的。在信息化时代讲程序、讲准确、讲时效，工作如果不规范化，你无法立足、无法发展。如果不向专业化发展，没有某一方面的优势，你就很难创新，很难与人竞争。如果不讲协调、协作，和别人沟通配合，什么事也做不好、做不成。是网络化信息化时代促使你这么干，你不这么干不行。我们地方志的各项工作都要适应这个趋势，从编纂到管理再到使用都应有所变革、有所创新，地方志主编队伍的组织也要适应这个新的形势。在规划第一轮志书编修中，我们采取各位副主编分兵把口，编纂工作、组织工作一把抓，每一方面都需要一位在本系统有威信、文字也比较好、强有力的领导，因此副主编人选多是一些局级“方面大员”。现在情况变了，经过多年的修志实践培养，一批中青年专业修志队伍形成了。他们最需要的已不是一般志书编修的专业知识，而是志书内容涉及的各类专业知识，如法律、统计、党史、社会管理等方面的知识。主编团队应更侧重于专业性、专家性，请懂法的同志指导和审查有关法律问题，请统计专家对志书的统计数字把把关，还有经济、文化、社会和地情专家等，少而精，把精力放在钻研业务上和对志书编修、指导的把关上。新的主编队伍要以这个指导思想来组织，现在有些人选还没有最后定。这当中首先要有地方志专家，还会在我们这些同志中留下几位，其余同志作顾问。我们在座的这些人几十年在一起，相互之间结下了深厚的友谊，应当说心情比较舒畅地干了几十年，很不容易。十分感谢大家对我的帮助和支持，今后还要不断求教。

（2014 年 1 月）

进一步提高年鉴的编纂质量

——在2012年《北京年鉴》工作会议上的发言

崔震同志对年鉴工作做了总结安排，提出了按时完成年鉴编纂、提高年鉴质量的措施，应认真落实。大会还对2011年度《北京年鉴》编纂工作的先进集体和个人进行表彰，并颁发了荣誉证书，对获取荣誉的单位和个人表示衷心祝贺。今天，就如何进一步提高年鉴的编纂质量补充谈几点意见。质量是志鉴的生命，质量不合格，不仅是人力物力的巨大浪费，而且会给后人造成很多麻烦，甚至产生相反效果。现在对质量问题多数同志是重视的，实践中也在不断提高，但仍然有一些问题需要进一步明确，我谈点想法，抛砖引玉供大家讨论。

第一，把握年鉴编纂的特点。年鉴是具有权威性的大型资料性工具书，是立足于社会发展前沿的年度连续性著述。提高年鉴质量，必须准确地把握它的特点，特别是和其他类似的书籍加以区别。当前最容易混淆也最应区别的，一是年鉴与资料长编，二是年鉴与地方志。现在许多单位在做资料长编。资料长编和年鉴都是资料书，但资料长编是资料的汇辑，只要把原始资料收集起来按照一定规律编纂完成即可。在一般情况下，不需要经过综合、分析、调查、核实。只要资料的出处是可靠的即可汇入长篇。至于资料内容不完善、不准确，甚至有失实之处，长篇不必核对考证，核对考证是使用资料者的任务。资料长编讲的是资料的原始性，原汁原味地编纂起来。年鉴则要对资料进行选择、核实。在存真求实的原则下，还可对资料进行改编、删节。编写的方式上也多有一定之规。资料长编是把资料大体分类编纂，或按时间顺序编纂，或按门类与时间相结合编纂，使之方便查找；年鉴则有比较严格的编纂结构，规范的分类要求。2011年《北京年鉴》把经济、政治、文化、社会等情况分为39个类目，下面分别有若干二级目，多数二级目下设有“概况”和条目。在年鉴最前面有特载、法规目录、专文、大事记等，后面有区情、县情、统计表、索引等。所以，年鉴不能编成资料长编。

年鉴也不同于志书。地方志书也是资料书。《地方志工作条例》规定：“地方志是指全面系统地记述本行政区域自然、政治、经济、文化和社会的历史与现状的资料性文献”，“地方综合年鉴是指系统记述本行政区划自然、政治、经济、文化和社会等方面情况的年度资料性文献”。两者的最明显区别，一是年鉴是年度性资料书，以年为出版周期；地方志是时段性资料书，《条例》规定每20年左右编修一次。二是在编辑方法上不同。志书是章节体，是供人们系统阅读的著述；年鉴是条目体，是供人们检索的工具书。所以，不能把年鉴写成志书。只有把握年鉴、资料长篇和志书各自的特点，才能把它们区别开来。

第二，明确年鉴编写的要求。大体上可以归结为五句话。一是如实记述。记什么不记什么，可以选择，但必须真实。不可“挪用”，把过去的事写到今天，把别人的事记在自己身上。不可“超支”，把明年的计划办的事写成今年已完成的事。也不可只写成绩不写问题，或者把问题搞成成绩等。我们讲，年鉴是权威性工具书，权威性从哪而来？有人说来自于“官办”“官编的官书”，有一定的道理。但“官书”之所以有权威性，是因为编书的条件比较好，但前提是必须真实，一旦失真必然失信，所以权威性归根结底是来自真实性。二是全面反映。就是把一年的主要情况反映出来。若是综合性年鉴，那就要求把自然、政治、经济、文化、社会等方方面面进行记述，即全方位记述。重要方面不可“缺席”。三是准确表述。事实要准确，时间、地点、人物、事件不可错位，不可含含糊糊、遮遮掩掩。文字也要准确。四是突出重点。任何一部著作都有重点。年鉴记载的重点主要是大事、要事、新鲜事。要对本地区一年的情况进行总体分析，分出主次、大小、新旧，确定重要内容，加以重点表述。五是展示特点。年鉴是年度连续性工具书。展示特点，就是要把一个地区发展的年度性特点展示出来。比如北京市 2003 年战胜非典，2004 年修订总规划，2008 年举办奥运会等。

第三，把着眼点放在变化上。因为年鉴是年度连续性工具书。今年和去年有什么不同，是要着力研究的问题。一般情况下，已有的、共性的东西比较容易把握，新的、个性的东西认识起来就要难一些。年鉴要把特定地域一年的状况展现出来，着眼点必须放在变化上。首先，要和上一年比较，把上年的年鉴拿过来，认真比较一下，看看今年和去年有什么不同。然后，再把多年的地方志拿来研究，多年的变化规律是什么。同时，还要了解全局。编《北京年鉴》不仅要了解北京市全局，还要了解国家全局、国际全局。把特定地域放在更大的背景下，把特定时段放在历史的长河中，才能更全面、更准确地掌握这个特定地域在特定时段的特点。区县年鉴、行业年鉴都是如此。我们每年都要讲一次北京经济社会发展变化的情况，就是要帮助大家了解一下全局的情况。从宏观上看局部才能看得更清楚、更深入一些。要在各种比较中准确地抓住变化，全面地展示变化的大小、深浅、快慢，科学分析变化的性质，是量的增加还是质的变化，是渐变还是突变，然后根据变化的不同状态确立在年鉴中的位置、分量。所以，能不能抓住新的变化、新的东西，是编辑年鉴最需要着力的地方。

第四，着手今年，准备明年。今年编纂的年鉴，反映的是去年的情况，明年的年鉴反映的是今年的情况。年鉴要及时、准确、全面地反映一年的状况，要进一步提高编纂质量，必须提早一年做准备。从今年年初开始就要为明年编纂年鉴做积累资料、分析情况、深化认识的工作，也就是紧跟历史发展的步伐，及时汇集并分析历史的印迹，为明年年鉴编纂打好基础。因此，明年年鉴质量的高低，在很大程度上取决于今年。从今年1月1日就应开始为明年年鉴的编写做准备。首先是基础资料的积累。我曾经多次提倡，各级、各类单位的办公室，要记工作日志，要做月报，一段时间要编大事记。这既是积累资料的工作方法，也是科学的领导方法。如果修志编鉴的同志及早把这些基础资料收集起来，明年编纂年鉴直至多少年后修志，都会省时、省事。其次是思考基本框架的变动。年鉴的总体框架虽然每年变动并不大，但总是不断在变。这是因为客观社会在变，年鉴不能不变，但这种变化，从总体上是渐进的变化。只有量变积累到一定的程度，到质变的时候，大的框架才会有大的变化。所以，要在积累基础资料的同时，思考新的变化是否牵涉基本框架的变动，也就是我们通常讲的一级栏目是否升降存废，哪些新设，哪些取消，哪些从一级目降为二级目，哪些从二级目升级一级目等。再次是重要制度的修订。比如写作规范、管理办法等，是否适应新的变化，如不适应就应修改、完善，这都是基本制度。另外，还要养成良好的习惯，如随时收集和积累材料的习惯、多角度思考问题的习惯、理论思维的习惯等。总之，明年的年鉴编纂，必须从今年开始准备。到年底，年鉴的基础资料、基本框架和需要修订的制度等，已心中有底，不仅保证了时效，也为提高质量打下基础。

第五，加强信息沟通。现在年鉴编纂的格局，是各单位独立编写，互相之间没有交流，包括今天的会主要是部署《北京年鉴》的编写，而北京市远远不是一本年鉴。据不完全统计，北京市共有综合年鉴 15 种，行业或部门年鉴约 140 种，高校年鉴约 60 种。年鉴编纂有许多问题需要交流经验、共同探讨，如综合年鉴和专业年鉴的关系、同类年鉴如何体现差异、编纂方法有何创新等，相互交流一下，可以提高认识，汲取新知，减少重复，提高质量。2010 年年底开的北京年鉴工作会上，提出要构建大年鉴格局。什么是大年鉴格局？就是我们的年鉴工作，特别是市地方志办的年鉴工作，从只编纂一部综合年鉴变成在编综合年鉴的同时，还要指导或者服务于全市年鉴工作。为此，在地方志学会里专门设了一个年鉴工委，便于大家交流经验。大年鉴工作格局如何推进，现在正在调查研究。北京市现有多少年鉴、编纂中有什么问题和困难、大家有哪些要求和希望等，首先应进一步搞清楚，然后再制定指导和规范服务办法，以提高北京市年鉴的编纂质量和工作的整体水平。

（2012 年 2 月）

主编的新班子干什么，怎么干

——与《北京志》主编新班子谈话

今天是农历正月十五，先给大家拜年。经过较长时间的酝酿协商，市地方志编委会决定在第七届编委会成立的同时，全面调整《北京志》即市志的主编班子。原主编班子是1994年建立的，到现在已履职近20年，主编先后有3人，张明义、王立行同志已去世，我是从1998年接任的。副主编先后有22人，有4位同志去世，现有人员大多年逾古稀，平均年龄超过80岁，最大的87岁，其中有不少同志早就申请不再承担此项职责。同时，伴随修志形势的变化，法治化、规范化、专业化程度的提高，修志队伍的结构也在变化，这就要求志书编纂人员的组合也应与时俱进。过去在主编队伍中，每一位同志都分兵把口负责一个系统的修志工作或几部志书的编修任务，不仅在编修业务上指导把关，还承担全面的组织领导工作，这就需要副主编们比较全面、深入地了解这个行业的业务工作，有较高的文字能力，还要在这个行业有一定威望和组织统帅能力，因此聘任的多是“方面大员”式的离退休局级领导干部。他们当中近半数同志是北京市地方志编修的元老，从组建主编班子开始在这个岗位奋斗至今，其余多数人从事地方志工作10年以上，展现了辉煌的“晚霞”。现在这种组织领导方式已难以为继，志书编纂的工作体制已依法建立，最需要的是专业的指导和把关。除方志编纂专家外，还应有更多的有关方面的专家，如法律、统计、党史、市情等专门人才参与主编班子，以适应新形势的需求。经市地方志编委会主任、副主任审查批准，组建了现在的班子，由市地方志办主任、三位方志专家、四位其他方面的专家，加上我，形成新的集体。如果今后需要，还可补充人员。不再担任副主编的同志，作为顾问，仍然是我们的靠山。

讲两个问题。一是这个班子干什么？二是我们的工作怎么干。

干什么？也就是主要任务。概括地讲，就是确保我们编纂的志书和年鉴符合质量要求，力争多出佳志、名志。具体说有五项任务：参与制定志鉴编修的规划、计划；参与志鉴工作的制度建设；参与有关志书编目结构的审定，初稿、二稿的审读，规划志书的终审；参与志鉴中的重大问题、争议较大的问题、敏感问题的研讨、审定；发挥各自专业特长，对一些专业性较强的内容审核把关。其中志书的终审是核心任务，保证志书质量的最后一关是终审，我们的主要职责是否能高质量地完成终审任务，是我们的主要职责，决定性的工作是终审。还应明确，我们是《北京志》的主编、副主编，除负责《北京志》各部门志书编纂的指导和终审工作外，还负责区县志的指导和终审工作。市志和区县志是两级志书，各有编委会，区县志审定责任在区县各自的编委会，但我们实行两级志书统一终审的制度，因此市志的主编班子还担负区县志终审任务。

怎么干？在思想上树立整体观念。志书是“官书”，编纂志书的一个特点就是众手成志，一个人完成一部志书的编写是极其少有的，必须有一班人、一个系统，须大家齐心合力共同完成，互学互帮取长补短，才有可能修成佳志、名志。树立长远思想。我们的工作不是一两年的事，是十年、二十年的事，第一轮规划志书编修用了20多年时间，第二轮规划志书已进行了4年，力争在两三年内完成，第三轮规划志书时限是2010年至2030年。这一届主编班子中，不少同志应承担第三轮修志任务，因此在思想上应早做准备。树立责任意识。我们干的是文化基础建设事业，是中华文化承前启后的传承工作，不仅要服务于当代，而且要为子孙后代负责。应兢兢业业、如履薄冰、一丝不苟地工作，任何差错都会造成历史性遗憾。在工作上，我们是一个整体，但任务各有侧重。原则上属于全局性和志鉴学术性问题，对编修志鉴熟悉的老同志多承担一些，属于某一方面和志鉴涉及的其他专业性问题，熟悉某方面工作或某专业的同志多承担一些，在合作中充分发挥各自的长处。工作的具体安排请办公室调配，新参与主编班子的同志，熟悉工作需要一个较长的过程，先学习一些有关志书的基本知识，争取多参加一些业务会议，逐步介入，逐步适应，不要着急。我们当中多数同志已经或将进入花甲之年，要注意保持身体的健康状况，健康才能多做贡献，否则一切都是零。

此外，方志馆是修志者之家，馆藏资料供大家使用，办公室为大家服务，在生活上也有一定补助。

（2014年2月）

修志开始就应同步考虑用志、建制、创新理论

——在《北京志》试写工作暨2014年工作思路座谈会上的发言

当前，北京市规划志第二轮书的编修，已从搜集资料阶段进入到撰写初稿的阶段。目前，多数承编单位已完成初稿试写阶段，开始了初稿的编写，少数单位已对初稿征求意见。在埋头编书、写书的同时，还需要同步考虑三个问题。

一是用志。修志是为了使用。什么时候用、如何用，并非在志书截稿出版后才考虑，而是在志书编修起步时就同步考虑。志书有资政、教化、存史的功用，如何充分发挥其功用，应是从编书开始到结束的全过程都要认真思考解决的问题。也就是说，编书过程中一刻都不能忘了用书，力争编纂高质量的、让读者满意的书，而不是对后人毫无用处甚至造成历史的混乱、带来好多麻烦的书。志书不仅要给后人看，更要供现代人使用；不仅拿出高质量志书成品服务于当代社会，还要考虑在制造成品的过程中把那些有助于当前资政、教化的原材料或半成品提取出来服务于需要者，特别是各行业的决策者。例如今天，市检察院志办的同志讲了一件事。他们在收集资料时解剖了一个错案，由于案情复杂，涉及好几家法院和检察院，把各家资料汇集以后经过整理还原了一个错案的来龙去脉，对分

析错案发生原因和应汲取什么教训提供了典型案例。目前，有关方面正在研究如何深化法治体制改革，避免错案是一项重要内容。这个典型事例正是形势的需要，报给检察院领导肯定会受到重视。类似情况在规划第一轮修志时也曾不断出现，影响最大的是修《海关志》的时候，从史料中挖掘了我国第一个海关——崇文门海关的情况。不仅改写了中国海关史，也成为修志为现实服务的典型事例，被有关专家学者广泛使用。我们在收集资料、编纂志书时，不应把目光只盯在编纂一部良志佳志身上，还应考虑有没有可以直接为当前领导服务的东西，把一些当前即可使用的材料挖掘出来，写成简报，送给有关领导部门、有关单位，肯定会在用志上起到立竿见影的作用。我们曾多次讲“修用并举”，应把它落到实处。这不仅是我们应尽的义务，同时也扩大了修志工作的影响，促进社会各界特别是各级领导部门提高认识，更加重视修志工作。

二是“建制”。在编修志书过程中，应同步考虑制度建设。近些年来，我们在修志工作的制度建设上下了很大功夫，取得了许多成果；但总体上讲还很不完善，有些方面还没有形成规范的具体的指导方针和行为准则，不少方面需要探索和创新。因此，要在修志实践中探讨研究，总结提炼，在取得共识的基础上，形成规范性制度。只有完善的适用的制度，才能保证志书编修的效率、质量和可持续发展。在修志过程中出现过许多困难和问题，在解决这些困难和问题的同时，就应考虑建立制度，防止其重复出现。在修志过程中采取过许多行之有效的措施，不少措施加以提炼规范就可形成制度，这些只能在编修实践中才会产生。因此，志书编纂的同时，应增加一项完善和创新制度的任务。如资料是志书的基础，资料是否真实、齐全，决定着志书编修的成败，但资料的搜集、整理常常成为修志的第一难题。不少志书的编修常常因为资料不足或不准确而拖延时间，甚至“久攻不克、草草收兵”。能否搞点制度性建设，把资料收集常态化，以便一旦使用就顺手拿来。现在的情况是，各单位很少重视资料的管理，特别是许多重要的资料没有很好保存，在使用时找不到。能否定一项制度，如在办公室主任职责中规定一条，必须管好资料，定时收集、整理、归档，如果不定时整理、归档，甚至丢失，对办公室主任来说就是失职。又如干部培训，编写流程、质量管控、修志保障条件等，都应创立或完善、细化制度。总之，制度起长久作用，是修志的保障，只能在修志实践中逐步完善发展，从修志一开始就应有所思考、有所推进。

三是创新理论。理论是实践的结晶，也只有在实践中理论才能得以形成、发展；反过来，理论又对实践起着指导作用，没有理论指导的实践是盲目的实践。对于修志工作来说，一定要重视学习理论。学习辩证唯物主义和历史唯物主义的基础理论和志书编纂的专业理论，最好的办法是在干中学，也就是边实践边学习，学用结合。在做一件事前，把有关理论拿来研读一番，遇到问题时，再查阅一下有关理论书籍，在工作总结时，把认识上升到理论高度。比如，我们现在是编修志书，需搞清什么是志书，它和其他文体有何区别，也就是它的特点、编纂原则、编纂方法、体例、体式、体裁、类型等，这叫编纂理论；方志编纂工作如何有条不紊地进行，高效率高质量的完成任务，需要科学的管理理论；修志为用，如何使用才能最大限度地发挥志书的功用，需要应用理论等。总之，搞好修志工作，需要基础理论、编纂理论、管理理论、应用理论等，应在编书的实践中自觉地学习这些理论，用理论来指导实践，在更高的思想层次上编写更好的志书。同时也要看到，目前对于社会主义新方志来说，尚未建立起完善的学科体系，许多专业理论尚在探讨之中，尚未形成社会性共识，这就更需要在修志实践中完善和发展理论。应当说，在前人对方志理论研究的基础上，创立中国特色社会主义新方志理论学科，是我们这一代人义不容辞的职责。

（2013 年 11 月）

年鉴编写应与时俱进

——在《北京年鉴》主编会上的发言

如何把《北京年鉴》编纂得更有使用价值，更符合时宜？北京年鉴社和年鉴指导处做了大量工作，在年鉴的收录内容和编纂方法上，提出了一些改进的措施，讨论中大家又提了一些补充和修正意见。要不要改，这并不是问题。世间没有不变的事物，改进是永恒的普适的课题。问题是怎么改？有两个根本原则：一是适应新形势的变化，与时俱进；二是不脱离年鉴的性质和基本编纂原则。年鉴是年度连续出版的资料性工具书。资料性是其本职特征，就是对资料的整理编纂，不去评述、论证、引申发挥，不同于论文、公文和追求规律性的历史著述和追求知识性的百科全书，这一点和志书是一样的。年度就是一年一部，而且是连续出版的。超过年度的内容，是哪一年就放到哪一年。工具书，就是提供大家查阅、查找用的书，这个性质不能变，变了就不是年鉴了。怎么改进？一是内容，每年的情况都不一样，必须把与上年的不同写进去，也就是与形势的发展相契合。二是形式，形式是由内容决定的，社会生活的内容时时在变化，但分类则有相对的稳定性，特别是分类一般都分为经济、政治、文化、社会和自然环境，因此年鉴的结构框架也具有相对稳定性。一般情况下，改进是局部的，属于调整、补充性质。

至于一些需要改进的具体问题，今年能做到的立即改，做不到的积极创造条件明年做。关于概述。搞还是不搞？现在并未形成年鉴编纂的规范，但不少省市的综合年鉴设置了概述篇，好处是它给读者一个总括的看法，是个提纲挈领的东西。在综合年鉴中增加概述篇是有好处的，但专业年鉴是否也设置概述，应再研究一下。概述的文字不能太长，要提取精华，要把主要的内容提示一下，点到为止，避免与主体内容太多的重复，应研究一下撰写要素。不要写成总结报告和论文。

关于行政区划图。《北京年鉴》曾经设置过行政区划图，但之后取消了。至于取消的原因，可能是区划也是相对稳定的，年年重复一张图，加上当时经费紧张，版面又紧，就拿掉了。现在看，还是有一张比较好，使年鉴的内容更完整，也方便读者。但村、乡行政区域在近些年，伴随城市的发展变化比较大，应在有关篇章反映。

关于专文。要选择对全局有重要影响的事件。把北京市全年的大事、要事梳理一下。比如：中共十八届三中全会精神的贯彻落实；有关科技创新和制度创新的内容；雾霾恶化和生态环境治理；习近平同志从去年到现在来京6次，到过哪些单位？讲了些什么？也可写成专文。总之，要精心研究，要有所选择，不要太多。

关于版式调整。着眼点应是内容的科学安排，既要在有限的版面中扩大知识容量，又要方便读者、吸引读者，也就是着眼提高质量。

关于拓展收集资料的渠道。现在资料来源全要靠主管单位提供，应当尽可能开辟多种渠道，如应有专门阅读和剪报人员，应关注并及时记载网上有关信息等。这都是编纂年鉴的基础性工作，但不论是报刊资料还是网上信息，都要核实，要与主管单位沟通，取得认可。特别是网上的信息，不可不看也不可全信。

关于质量评比。评比标准是编纂质量的导向。要认真研究一下年鉴的具体的质量标准，把标准量化到既准确平衡又有可比性。目前评比的表格设置不够科学。首先是内容的真实、准确，出现重大失实、不准确的内容应一票否决。其次是编纂方法应当把框架设计放在第一位。框架设计应与事物的客观状况契合，分类应科学准确，涵盖全面，层次合理。还应突出重点和特点。第二位是条目编写，抓住主要内容，要素应齐全，重点应突出，比例应适当等。第三位是封面、版面设计。第四位是编校质量。把评比方案再研究调整一下。此外，年鉴有没有拾遗补缺问题？有的年鉴内容不准确，或有重大遗漏和失误，特别是统计数字，常有初步推定的，而非最后修订的，应对前一部年鉴进行补充纠错，如有这个内容的年鉴，应予以加分，引导一下。再考虑修改一下，修改稿出来后再讨论一次。

（2014 年 3 月）

编写出和区位优势相称的志书

——与西城区领导同志、志办工作人员座谈

近些年来西城区的变化比较大，可称日新月异。王宁书记邀我抽空来看看，我答应已有近两年，今天才算兑现，有点过意不去。

西城区在北京市处于人文和地域的核心位置，具有得天独厚的区位优势，是其他区县无法相比的。就北京城起源与发展的历史讲，西城区可谓北京城的根脉所在，也是北京建都的起始之地，历史最早的记载是公元前 1046 年，周武王封黄帝之后于蓟。这个蓟名来源于今天广安门一带的一个土丘，称蓟丘。城市从这里开始，都城也应从这里算起，可称方国之都。以后辽建陪都、金建中都，都在原宣武区内。从元大都起直到现在，西城区都是城市中心区。当然，北京也有“三千年建城史，八百年建都史”之说，把建都史的开端定在金中都。即便如此，“始都”也在原宣武区。从近些年的经济建设角度讲，西城区的金融街是全国的金融中心，中国人民银行及国内外不少大金融企业总部多在金融街。金融是经济的龙头，金融街可称全国经济的心脏。这里的脉动，直接影响全国经济的变动，而且波及世界的经济。文化上，西城有非常深厚的底蕴，皇家文化、王府文化、会馆文化、士绅文化吸引着中外游人。站在北海桥上，往北看是元大都宫殿遗址；往南看，穿过中南海，

是国家大剧院，古代文明和现代文明交相辉映，从此处一眼看到历史的厚度；往西看，是中南海，现在中国的政治中心；往东看，是故宫，是中国封建社会的政治中心，千百年来的历史风云，顿时展现脑海。这样的区位，把西城区推向了一个世人关注的位置，也对西城区的工作提出了高标准要求，首善之地的首善之区，应是努力的目标，当然修志事业也在其内。

西城区的同志在编修史志上没有辜负人们的期望。特别是修志，在第一轮规划志书编修中，《宣武区志》《西城区志》都是走在前面的，在全市已完成的172部志书中，这两部志书的质量也是比较好的。在第二轮规划志书编修中，对两部志书的进度和质量都比较放心。因为不论是原宣武区还是西城区，都是人才济济，文化氛围很浓，又有修志基础的良好条件，而且主要领导思想都比较开通，对修志工作有相应的认识，以较高质量完成志书编修任务是不成问题的。今天听汇报，几位同志谈了工作现状，可能是有一段时间在编纂人员选定上存在一些问题，有点耽误进度，经过区委、区政府领导关心，已聘任两位经验丰富的老同志作为主编，迅速解决了这方面的问题，比起进度较快的区县来虽然慢了一点，但并不太晚，我担心的不是慢，而是怕你们着急。修志着急不得，起动要快，编修要稳扎稳打，时间要抓紧，但不要赶，要永远把质量摆在第一位。

现在是规划第二轮修志，第二轮是续志，是接续第一轮志书顺时而写。写什么？主要是写变化。也就是从第一轮的下限到第二轮志书的下限，这些年原西城区、宣武区有什么变化？把变化抓住，就抓住了记述这一段历史的重点内容，把变化写清楚了，时代特点和地方特色就出来了。在变化中，容易被忽略的是宏观的变化。宏观变化常常是全国性、全市性的，从一个区的角度反而易被忽视。比如，信息化的迅速发展，是新世纪突出的时代特点，在一个区的志书中必须作为重要内容给予表述，但如何表述需要研究。信息传递沟通，从大哥大、BP机到通话手机、智能手机，计算机代替纸笔到互联网，到网上购物、GPS定位，到大数据应用等发展过程，并尽可能有不同时期的统计数字。国际化也是突出的时代特征，在思想观念、国际通行规则和一些硬件设备如何与国际通行的趋势性规则相接，我们做了哪些工作，取得了哪些成果，等等。城市的现代化这方面相对好办一点。另外，讲变化要把特点与亮点突出出来。要回头研究一下第一轮志书中的记述。有些事物需要回述，有些事物需要补遗或纠错，有些事物需要作历史的比较，因此续志前对前志回头看是必不可少的程序，续志过程中对前志不断回头看也是能否写出变化的需要。总之，把第二轮志书断限内的发展情况，特别是其中的变化好好琢磨一下，做出符合原西城区和宣武区实际情况的篇目结构再动笔就比较容易了。

现在全市规划第二轮志书编修工作正在按预定计划发展，比起规划第一轮志书的编修，大家在认识上、队伍水平上、制度建设上都有很大变化，有的是社会性、根本性发展。西城区把修志工作当作文化基础建设来抓，很有代表性。刚才王宁书记说，修志工作搞不好，建设文化西城就很难说得过去。志书编修是基础文化建设，基础文化建设不被重视、没有抓好，其他文化的建设就等于无源之水、无本之木，当然不可能搞好。但基础文化建设又常常是不被重视、很容易被边缘化的事业。它的特点是，社会化程度很高，属于公共事业，大家都利用、都离不开，但又都不愿意投精力、花力气。为什么？因为投资比较大，周期比较长，不能马上见到效果。特别是领导层，任职期限是特定的，领导职务是换届的，常常希望在本届内有明显的政绩，但修志不可能和换届对应，它是延续进行的。如果领导人没有远见，甚至急功近利，就不会重视眼前绩效不明显但具有长远利益的基础建设。西城区的领导认识到位，对志书编修这项文化基础建设抓的力度也到位，修志同志们的工作也好办了。但修志工作者必须认识到，不是所有的领导人都具备应有的觉悟。我们要多做宣传，多向上级汇报，争取他们的支持，更重要的是自己不辞辛苦，塌下心来，甘坐冷板凳，以优良的成绩编出一批佳志、名志和高质量的年鉴，以及其他地情资料书，奉献社会，为今人和为后人留下一批精神财富。有为才能有位，以实绩做宣传，更有效果，也更有意义。

刚才几位同志讲得都很好，现在人员的调配和组织问题解决了，下一步就是群策群力，高质量地把志书编写出来。市地方志办公室要多关注，在《西城区志》和《宣武区志》的初稿出来后，协助西城区地方志办公室组织一次评议会，上下一起努力，把这两部志书编写好。特别是《宣武区志》，下限是宣武区和西城区合并，要为宣武区画一个圆满的句号。

再重复一句，工作要抓紧，但不要赶进度。速度和质量对志书来说，质量永远是第一位的。编写出和西城区的区位优势相称的志书，应是我们的追求。

（2014 年 11 月）

重点问题、共性问题、长远问题

——在主编会上的发言

这次主编会是年终总结的前奏。办公室把全年的工作归纳了一下，由几位同志分别作了报告。大家围绕志书编纂进行了议论，对今年的工作总结和明年的工作思路提了一些建议。我补充几点意见。

第一，今年的工作取得了比较大的进展。原因首先是我们地方志工作本身规范化、制度化程度大大提高。年初对工作任务的计划安排比较科学实际，每干一件大事都认真研究，抓紧落实，而且不断总结经验，抓住节点，形成规律性认识，制定了一些制度。如“三审制”的文件，就是在今年总结提炼出来的，这也说明办公室的业务工作已形成有序推进的格局。从今天的汇报看，思路很清楚，该干什么、怎么干的、干的结果如何，听得清清楚楚。其次，与我们加大地方志工作的宣传力度有关。不论各级领导还是广大群众，关注地方志的人越来越多，特别是一些领导部门和领导同志，加大了对地方志工作的支持力度。办公室要求领导机关和领导人支持的项目和活动，绝大多数得到了满意的答复。再加上这几年我们地方志办公室人员变动较多，修志水平提高比较快，新来的一批年轻同志很快进入了工作角色，不少同志已成骨干。今年还对主编队伍作了较大调整，过去的18人变成现在的10人，由过去各领域有威望的离退休领导人为主，变成现在以专家型为主的班子。这个弯子比较大，但很快转过来了，这也是今年的一个大收获。当然还有其他原因，在今年的工作总结时应有个更全面的论述。

第二，应进一步明确我们的中心任务和重点工作。现在地方志工作涉及面比较广泛，主要是三项工作：一是志书编纂，二是年鉴编纂，三是方志馆工作。中心是志书编纂，大家都围绕志书开展工作。而志书编纂的重点是规划志书，即现在正进行的第二轮 67 部志书。有条件时尽可能多编几部规划外志书，一旦人手紧张，还应给规划内志书让路。有余力和条件还可编一些地情资料书，但不能挤掉志书编纂时间。应继续推动有条件的单位编纂年鉴，对一年一部的市综合年鉴应在提高质量上下功夫。方志馆是北京方志工作的窗口，开馆以来产生了较大影响，已试验了近两年，是否需要进一步调整完善？比如地情展是否要改版，这牵涉展厅的改造，涉及预算，应尽快研究，早做打算。还要进一步宣传，扩大影响，力争与党校、市干部管理学校，以及教育、人事部门合作，把方志馆作为他们全面认识北京，普及北京知识的教育教学基地。如果党校每期培训干部都到方志馆上一堂北京市情课，那我们的奉献就大多了。要主动邀请有关领导部门的同志抽空到方志馆来看看。还应进一步丰富图书资料馆藏，方便读者借阅。

第三，在修志过程中应十分注意及时研究解决一些共性问题。在规划第一轮修志中，就陆续解决了不少问题。在第二轮修志中有些问题重复出现，又有一些新问题产生，都需要及时研究。比如，前志与后志的衔接，我们已讨论过多次，但现在仍未完全解决。对前志一些内容要不要回溯、如何回溯，也就是能不能使续志与前志紧密衔接。既使续志要素齐全、独立成书，又能和前志自然相接，形成共源共体但又不断反映变化的历史大家提出的意见大体包括：或者写个前言，或者在综述中专门用一段话回溯过去，或者在无题述中将某一方面的事物衔接起来，或者在具体内容上重点写变化，但也要回溯历史，使其保持连贯性、完整性等。现在看，专门为衔接写前言多数人并不赞成，倾向性意见是在综述和无题述中解决衔接问题，有些重要事件也可回溯历史。这些办法都可行，但要因书而异，具体问题具体解决。比较难的是前志中的一些稳定性较强的内容，如自然环境，行政区划，名胜古迹，语言风俗等，其中自然环境、行政区划的重复是不可避免的。有的可不再重复，如前志已记述的已故名人。有的可不列专门章节，如名胜古迹等，但可在旅游事业或相关篇章中换个角度反映。如何才能把前志和续志衔接好，在具体做法上要研究一下，提出几条原则性的意见。又如，不同志书内容交叉的问题，也是第一轮修志遇到的问题，最典型的就是政府志和政府所属各个部门志的分工。同一重要内容，在不同志书中都应记述，但各自如何记述？光做文字搬动，相互照抄，千人一面，当然是不可取的。如果只在一部书中集中记述，其他有关志书一律舍弃，也是行不通的。这就需要市级层次的协调指导，使不同志书记述同一内容时，既容许有交叉，又要有区分，写出各自的特点。再如，大事记如何写？这在第一轮修志时已基本解决，赵庚奇同志专门写了文章，大家比较认同。现在又提出这个问题，原因是不少志书编纂者是新手，没有认真研究前志的经验，也未阅读过有关文章，更没有对所编纂的资料进行分析、研究、筛选，常常把一些作者感触较深的事、顶头上司的活动、部门会议不分轻重地一律写成“大事”，排列出来，把“大事记”变成“大小事”一锅煮，甚至写成“漏大写小”的流水账。这需要有针对性地组织学习培训。再比如，志补补什么、怎么补？附录附什么、怎么附？索引如何写？等等，都是带有共性的问题，需要研究解决。关于“专志贵专”的理解问题，应避免在概念上过多地做文章，而要研究具体的专志写什么、不写什么，哪些内容要详写、哪些内容要略写。原则是突出自身特点，减少、淡化或删除既不明显反映本身特点，又和别的志书有重复的内容。类似以上共性问题，都应及时提出指导性意见，或解剖几个典型案例，提供大家参考。这也是对方志理论的学习、应用和创新性探索，可大大提高我们的理论水平和志书编纂能力。

第四，修志应立足现在，考虑长远。这是因为修志是长流水、不断线、代代接续的事业。志书编纂者的任务，不仅仅是做好时下的阶段性工作，编出特定时空的佳志、良志，还应为以后的志书编写，特别是下一轮志书的编写打好基础、做好准备。打基础，应包括理论积累、人才积累、制度积累、经验积累等，但首要的、不可间断的是资料积累，也就是我们现在编纂第二轮志书的同时，就应为第三轮修志尽可能做一些基础性工作，特别是资料积累，应建立资料积累的机制，如记日志、记大事记、剪报刊、收集市属各单位年终总结和重大调研报告等。有些大事从一开始就应跟踪记载，如北京市和张家口市合作申办冬奥会，市地方志办就进行了追踪记述，不仅为今后续纂冬奥会志积累了第一手资料，而且促使冬奥申办的工作部门有了编纂冬奥会志的思想准备，自觉记载、留存、整理申办、举办冬奥会的相关资料。类似的大事在出现之初就应给予关注，有意识地留存资料，如现在被列为国家发展战略之一的京津冀一体化，首都第二机场的建设，人口分布、人口结构和人口政策的调整，城乡一体化建设，产业结构的调整，新技术产业的突飞猛进，以市场发挥决定性作用的经济体制改革，以放权、分权、提高效能为目标的行政体制改革，以及反“四风”、反腐败，从严治党，等等，都应跟踪记述。如果这些重大变化的资料比较齐全，必将大大提高编纂第三轮志书的效率和质量。与此同时，还应不断研究对这些重大变革的准确表述问题，如讲信息化突飞猛进的发展，是举世公认的，但如何把这个深刻的变革表述清楚？它的特点、影响和发展阶段都应研究。在和西城区领导同志及志办人员座谈时，大家都感觉到信息化发展非常之快，但难以准确表述，是以计算机、手机的发展状况为标志，还是以别的方法去反映？很多专家也还没有说清楚。但地方志有责任做些社会调查，可依靠社会调查机构做出比较准确地说明。总之，要把资料积累作为大事安排，特别要注意对北京发生的大事的资料积累，为下一轮或是更长远的志书编纂打下良好基础。

新年到了，再过两天就进入了2015年，感谢各位主编和地方志办公室的同志这一年的勤奋工作。借此机会向大家提前拜年，预祝新的一年身心健康，工作取得更大成绩。

（2014年12月）

安排好新形势下的年度工作

——在主编会上的发言

今天的会议是为召开全市地方志工作会议做准备，重点是总结去年的工作，部署今年的任务，使地方志工作适应新形势、新常态。市地方志办公室准备了一些与编纂业务有关的问题，需要我们做出决定。但怎么能开好今年的工作会？首先是要将去年的工作总结好。对地方志工作来说，去年这一年是换挡、加油，增强驱动力，准备上新台阶的具有特殊意义的一年。去年多位中央领导同志不约而同地关注地方志工作。习近平同志在视察北京和其他地方工作时，多次讲到了关于史志和历史文化传承的问题，李克强总理专门作了批示，刘延东副总理有大段讲话，北京市委、市人大常委会、市政府、市政协领导都视察了北京方志馆，郭金龙同志还对全市地方志工作做出指示。高层领导如此集中关注地方志工作，是过去所罕见的。去年，又召开了第五次全国地方志工作会议，也召开了北京市第七届地方志编委扩大会议。我们即将召开的年度工作会议，就要学习和落实习近平同志和中央、市里领导同志的讲话精神，也就是全面落实全国和北京市地方志工作会议精神，这就是今年工作会议的指导思想。

在全国地方志工作会议上，有许多新鲜思想和比较深刻的认识需学习、领会和落实，如刘延东同志的讲话中提出了四条希望，提高思想认识、明确相关职责、加强质量管理、强化开发利用，都很重要。在提高思想认识中，各地要从战略高度重视和加强地方志工作，“将其作为文化强国建设的一项重要基础工作来抓”，“为全面建成小康社会、全面深化改革提供历史借鉴和智力支持”。在明确相关职责中，把过去的“一纳入，五到位”变成为“一纳入，八到位”。为什么改为“八到位”？补充的几个“到位”中，设施到位、规范到位、工作到位都是现在迫切需要解决的问题。在加强质量管理中，讲质量是地方志发展的根基所在、活力所在、价值所在。要求打造“无愧于时代，无愧于人民，无愧于历史，无愧于民族的系列精品佳志”。在开发利用中，讲到开发利用，要与实现“三个自信”结合起来，与爱国主义教育结合起来，与弘扬优秀传统文化、社会主义核心价值观结合起来，“地方志工作的开发利用是衡量地方志工作成绩的重要标准”，开发利用做得越好，地方志工作的现实意义就越重大，贡献就越大。这些都是非常重要的认识。王伟光同志的工作报告十分全面和具体地提出了到2020年建立由地方志编修体系、地方志质量保障体系、地方志资源开发利用体系、地方志理论研究体系、地方志学科建设体系、地方志工作领导体系、地方志人才队伍体系、地方志工作物力财力保障体系组成的，是比较完善的地方志事业发展综合体系。并提出了今后五年的12条主要任务，即深入学习中国特色社会主义理论体系和习近平总书记系列重要讲话精神，坚持把修志作为基本任务，继续做好年鉴工作，大力加强资料建设，积极推进旧志整理工作，加大基础设施投入，深入挖掘地方志资源，加强地方志理论研究和方志学科建设，加强人才队伍建设，推动地方志工作法制化进程，加强领导，制定好规划纲要等。我们的年度工作会就要落实这12条。中国地方志指导小组换届后，确有新面貌、新气象，以实际行动贯彻《地方志工作条例》和中央领导讲话精神，指导小组组长王伟光同志和常务副组长李培林同志，去年一年先后到14个省市调研和指导地方志工作，这是历届中国地方志指导小组没有过的。什么是新形势？除国际国内在经济、政治、科技、社会、文化等领域出现了比较广泛的且带有深刻变化的新情况外，具体到地方志也有相应的新变化，我们要尽快适应它，做好自身工作，把去年的工作总结好，把今年的工作安排好。

今年的工作怎么安排？市地方志办公室提了一个工作思路，提出6项主要任务：推动志书编纂、推动年鉴编纂、提升理论研究能力、提升地方志资源开发利用水平、加强资料工作和加强信息化建设、提升方志馆建设水平，这6项任务比较具体，是可行的，但有的太琐碎，有的说的还不到位。今年北京的志书编修也进入了一个新的阶段，规划志书从初审、复审，到部分志书提交终审，这说明规划志书从今年开始进入了终审阶段。终审需要一系列准备工作，把组织领导、基本要求和程序研究好，把头开好，以后就顺当了。应再明确一下，审定权在主编会议，提交终审的责任人是责任审稿者和分志、区县志编委会，而不是某一副主编到主编。副主编参与有关志书的审查，但不是牵头人。关于志书出版和年鉴改版，原则可行，再仔细推敲一下。此外，规划外志书蓬勃兴起，需要我们加强指导。方志馆的北京地情展如何改造要考虑一下，明确提出任务。还有，今年信息化工作要做什么？理论学习、理论创新和中青年专家培训、培养要具体化。对中青年方志专家的培养，应突出强调一下，有一些具体措施。

还有几个问题要考虑一下：

1. 关于规划外志书特别是乡村志、街道志、企事业单位志的指导。这是我们地方志办公室的职责之一。市地方志办公室不仅负责编纂好规划志书，还有指导和管理北京市规划外志书的任务。前几年年鉴工作提出了大年鉴格局，实行了从编一部综合年鉴到管理指导全市年鉴编纂的工作转型，地方志编纂也不仅仅是搞好规划志书，还要为全市的志书编纂服务。谭烈飞等同志编纂的《北京方志提要》第二版把原先400多部志书补充到了800多部。就这8年，我们北京市志书的总量翻了一番。哪些地方的志书数量增长比较多？主要是部门志、乡镇（村）志、专业志，这就提出一个问题，这些志书的质量究竟怎么样，现在没有底数。如何实现层层指导，使这些志书的质量得到保障，这就要求市地方志办公室也要重视对规划内志书的编纂，研究建立一个指导体系，并纳入到年度计划中。

2. 关于志书的销售。志书出版后如何能让需要者看到、买到？现在国内外市场上都见不到我们的新编志书，这涉及发行体制问题。现在志书出版后主要送有关领导和各地方志办互相收藏，能不能在市场上公开发行，这不仅仅关系到二轮志书的印刷数量，更关系到志书的开发利用问题，请市地方志办先统计一下相关情况，了解一下第一轮志书是怎么样的出路。比如，过去送给领导多少，现在需要多少？内部交换，即各省市之间交换多少？另外，特殊赠送是多少？自己保留多少等。算一算账，再研究能不能投放市场的问题。现在很奇怪，大家都说志书要利用，国外也有需求，但市场上没有，出口通道也未打开，我们印了志书是给人看的，结果需要的人却看不到。这个问题如何解决？有不少社会上的书商提出要包销我们的志书，我们如何对待？各国驻华使馆的文化参赞、国外的图书馆和高等院校都有需求，国内的高等院校、大型图书馆也有收藏的愿望，但渠道不通。如何能打通这个销售渠道需要在体制上深化改革。这是我们一个地方解决不了的，但能否试一试，主动和有关方面联系一下，只赠送不上市不是长久之计。

3. 如何为现实服务？前一段我们把志书中对现实有作用的内容提取出来，收集了一系列信息，供各级领导决策服务，受到好评。能不能做成定期的简报，根据形势的需要精编一些资料。如将要举办冬奥会了，可把延庆的古志和新志书有关内容精编一下，给承办冬奥会的同志们做参考就很有意义。我们现在在开发利用上下功夫最多的是把志书的资料转化为各种知识读本，向社会传播，如北京百科全书、北京大辞典、北京名人故居、各区县的乡土教材、旅游开发资料等，都是根据地方志编纂的。还应想出更多的办法，使地方志得到充分利用。

4. 关于照片问题。照片问题在主编会上已提出多次，特别是领导人的照片要不要在志书中展示，常常出现争议。在上届主编会已明确做过决定：原则上北京市现职领导人个人照片一律不上，特殊情况由主编会议审定。中央领导人、国际友人或外省市领导人到北京来，如果对北京的发展产生较大影响的，可酌情考虑。第一轮志书我参与最早审定的一些，都把毛泽东、邓小平、江泽民同志等三代领导人的图照作为彩插，放在前面最显眼的地方，多数与那一部地方志内容无关，实际上是政治化倾向。图照有两类：第一类是前插，第二类是随文图。随文图没有太大争议，因为多数是与文字内容相照应的，如党代会、人代会、政协会和某些特殊突出的场合，主席团照等，并非突出某个人。但为把现职领导挤上去，有意给予展示的照片，也要引起注意。人的入志，本来是十分敏感的问题，照片更引人注意。特别是在志中展现现职领导人的照片，一定要慎重。

5. 关于第一轮规划志书的扫尾问题。第一轮志书共 172 部，还有 5 部已通过终审，但迟迟没有出版。其中《地震志》《国民党志》《方言志》《人物志》四部书迟迟出不来的原因已清楚，应尽快解决，看起来今年出版问题不大，但是要抓紧。

《社科志》的问题在什么地方？如果问题主要出现在概述上，原因何在？尽快与市社科院领导同志和有关人员商量一下，如果他们实在有困难就拿到市地方志办公室修改，不要再拖延了。这五部志书都要安排专人跟踪督促，力争今年全部出版。

（2015 年 3 月）

新形势、新常态、新任务

——在2015年全市地方志工作会议上的讲话

会议开了一天半，讨论了今年全年的工作，明确了任务，提高了认识，大家比较满意。铁鹏同志作了一个比较好的报告，中指组办公室副主任邱新立同志把全国层面的地方志工作，特别是今年工作的一些信息提供给了大家，对我们的工作有直接的指导作用，我们是“近水楼台先得月”，靠近中指办，优先得到一些新的信息。

今天上午五个单位作了很有特点和深度的发言，我自己深受启发。昨天各小组会讨论也比较热烈，大家都感到此次会议收获很大、责任很重、使命光荣，认为“地方志工作春天到了，但是要留住春光尚需做出艰苦的努力和付出较大的代价”。关于今年的工作，铁鹏同志已作了全面的部署，大家比较认可，也提出了一些补充的意见，市地方志办将进行认真研究。

我今天想联系地方志工作的实际，主要谈一谈学习习近平总书记系列讲话和刚刚落幕的全国人大和全国政协“两会”以及去年召开的第五次全国地方志工作会议精神的一些感想，也就是对地方志工作者来说如何认识新形势、新常态、新任务。许多想法是初步的、不成熟的，只是起到思想交流、相互启发的作用。

一 新形势

我国的现代化建设经历了30多年的改革开放，已进入了全面建成小康社会、全面深化改革、全面依法治国、全面从严治党为导向的新阶段，经济发展逐步呈现出一种新常态，增长从高速转为中高速，结构由低端向中高端优化，动力从主要靠投资和出口拉动向主要靠消费和创新转换。也就是李克强总理讲的“大众创业、万众创新”。在经济发展呈现新常态的同时，社会生活也呈现出民主化、法治化、网络化、流动化等特点。就业、就学、医疗、养老、住房、食品安全、环境保护等民生问题，改革发展成果的享用，即让广大群众特别是弱势群体有获得感问题，人民群众更广泛深入参与各项决策和决策的执行，以及对决策执行的监督等问题，都直接关系群众切身利益和权益。这些问题都摆在了改革和发展的优先位置；依法治国、依法理政、尊重法律、履行法治，全社会都守法、学法、尊法、用法，建设法治中国已经成为治国理政的一条主线；信息技术已向各个领域迅速挺进、渗透，已成为推动经济社会发展的火车头；人口的地域流动、职业流动，货物的流速加快、简化，为经济社会发展带来强大的动力。“四个全面”的战略布局，经济发展的新常态，社会生活的新特点，需要先进文化的引领，文化的大发展、大繁荣成为必然趋势和客观要求。作为建设先进文化不可或缺的基础文化，特别是地方志编修事业，也出现了新的工作局面和任务要求。突出的表现是：

1. 各级领导层特别是高层对地方志事业重视程度的迅速上升，在新中国建立以来前所未有。中共十八大之后，习近平总书记多次讲要重视历史文化的传承，重视修史修志。李克强总理讲“修志问道，以启未来”，并向修志工作者致以诚挚的问候，要求进一步做好地方志的编纂、管理和开发利用工作。刘延东副总理对进一步做好地方志工作提出了提高思想认识、明确相关职责、加强质量管理、强化开发利用等四方面要求。在去年4月份召开的第五次全国地方志工作会议上，中国社会科学院院长、中国地方志指导小组组长王伟光同志在充分肯定了五年多来全国地方志工作取得成果和深入分析存在问题的基础上，就发展的指导方针、良好条件、工作目标作了论述，并提出今后五年地方志工作12个方面的主要任务：坚持正确的政治方向、坚持把修志作为基本任务、做好年鉴工作、加强资料建设、推动旧志整理、加大基础设施投入、挖掘地方志资源、加强理论研究和方志学科建设、加强人才队伍建设、推动地方志工作法治化进程、加强领导、做好规划等。还应指出的是，王伟光同志和中指组常务副组长李培林同志一上任便用很大的精力投入到地方志工作，不到一年带领中指办的同志到14个省市进行调查研究和指导工作，这也是过去几届领导没有过的。他们以实际行动体现中央对地方志工作的重视程度和工作力度，让人十分感动。

2. 全社会对地方志工作的认识程度有明显提高。突出表现是地方志作为传承和彰显中华文明的重要载体，是中华民族优秀文化的瑰宝，地方志工作者承担着传承文明、记录历史、弘扬文化、服务社会的光荣使命。这些认知在社会各行业，特别是各级领导层正在逐步普及和深化，和上世纪80年代有人质问“修志能推动改革开放吗?”，90年代不少人觉得修志是做“无用功”，是负担，是“为他人做嫁衣”，新世纪初不少地区和部门是被动修志，推一推动一动，不推不动等状况不可同日而语，修志的自觉性大有提高。地方志工作的支撑条件：“一纳入”，把地方志工作纳入各地经济社会发展计划和各级政府的工作任务当中；“五到位”，即领导到位、机构到位、经费到位、队伍到位、条件到位，在多数地区已基本落实。近些年还增加了设施到位、规划到位、工作到位等，变成了“一纳入，八到位”。在总结地方志编修经验，不断推动地方志事业发展当中，初步形成了由制度保障、工作成果体系、事业发展格局、共同价值理念等构成的中国特色的社会主义方志文化。

3. 各行业对地方志工作的关注范围在逐步扩大，关注度在日益增强。关注范围已由地方志的承编单位和参与人员，以及有关专家学者，扩大到对传统文化、地域文化的爱好者，部分基层企事业单位，乡镇街道的领导人。不少基层单位把编修志书纳入文化建设的计划，编修村志、乡镇志、行业志、部门志等规划外志书蓬勃兴起，有些地方呈现井喷式发展。北京市2003年到2010年新修志书440多部，相当于2003年前北京旧志加新志的总和，其中大部分是规划外村志、乡镇志和部门志、特色志等。年鉴的编纂单位口益增多，已由2010年的200多种发展到现在的870种。北京市方志馆开馆以来参观人数不断增加，市委、市人大常委会、市政府、市政协领导，以及不少委办局组织干部参观学习，郭金龙同志还对地方志开发利用工作做出了指示，说整理史料，编好志书，传承文化，服务当代，意义十分重大。方志馆每月安排的地情文化讲座常常座无虚席，读志、用志的人士也由部分专家学者向地情文化爱好者拓展。

4. 伴随着对地方志事业认识的提高，关注范围的扩大，社会对志鉴的需求也迅速增强。一些专家学者需要从中提取权威性资料。爱祖国、爱家乡的教育需要提供具体的、大量的历史资料。改革开放以后，逐步增多的国际友人和境外旅游者，以及城市化进程中大批进城的人口，都需要了解地域文化和地域风貌。特别是一些党政领导人，在制定政策、搞开发建设、解决疑难问题时，十分需要有关的历史资料加以借鉴，都迫切希望地方志工作机构能及时提供适用资料，这种不断发展也必将越来越旺盛的需求已形成了一种倒逼机制，促使地方志工作者提高志鉴质量、挖掘志鉴资源、拓宽服务渠道。比如，编辑信息简报，编写地情读本，扩大和转化志鉴成果，编写各类教材、宣传品，以及百科全书、大辞典等书籍。适应新形势，满足新要求，充分发挥地方志资源在先进文化建设中的积极作用，是地方志工作者的光荣使命和应尽义务。

二 新常态

地方志工作必须适应经济社会发展的新形势和新常态，在适应过程中也会形成自身发展的新常态。从现状和趋势看，突出的特点主要是：

1. 地方志工作已逐步进入依法修志、比较稳定、有序、快速发展的新阶段，法治化、制度化、规范化程度迅速提高。国务院颁布的《地方志工作条例》和《北京市实施〈地方志工作条例〉办法》，得到了较好的贯彻执行。从全国看，大多数省市都制定了《地方志工作条例》的实施办法和不少地方性规章，使地方志工作迅速进入到法治化轨道。与此相应的一些新制度和新规范不断形成。党委领导、政府主持、地方志工作机构组织实施、社会组织和力量积极参与的工作体制和以“三审制”为中心的质量保障制度、资料收集制度、队伍培训制度正在逐步完善，已初步形成了工作有序推进的体制和机制。

2. 地方志工作内容已从编纂规划内志书、综合性年鉴、整理旧志三项任务，逐步发展为积极开发利用地方志资源、编辑地方志专业刊物开展地方志理论研究、开辟地情网站、建立地情资料库、开办方志馆地情展览和讲座、指导全市修志编鉴工作、联系地方志协会等十位一体的比较稳定的工作格局，这是一个很大的变化。

3. 地方志工作队伍从过去以老同志为主、兼职人员过多的状态，逐步转向以中青年为主，向专职、专业化转化，呈现老中青皆有、以中青年为主，专兼职相结合、以专职人员为主的发展趋势。第一轮修志主要是以各行业离退休的领导精英为骨干，绝大多数修志人员从学习修志开始，边学边干，逐步从外行向内行转化。第二轮修志一些老同志已成为志鉴编修的专家，一批中青年修志人员也逐步成长。现在以专家引领、中青年为主体的修志队伍正在逐步形成，专业化程度有了很大提高。

4. 资料积累向多渠道、常态化发展。一轮修志的历史资料主要靠档案，当代资料主要靠各个部门和单位提供。由于各部门缺乏资料积累的意识，志鉴编修常常卡在资料不足特别是当代资料不足，或资料不实、不真，又难以核实纠正等问题上。第二轮志鉴编修资料的收集问题，虽然尚未从根本上解决，还没有完全常态化、规范化，但开辟了不少新渠道。比如，编修人员以前被动查找档案和向单位索取资料，现在主动向当事人采访、核实，查找线索，搞专题调查研究。不少单位以前不关心资料档案工作，认为那是专业单位的事，后人的事，现在认识到积累和保存资料的重要意义，制定了资料逐级年报制度，建立了资料收集、保存、管理制度等。今天朝阳区讲到他们每月都编大事记，有些单位责成专人记工作日志。如果多数单位形成这样的制度，那我们的地方志和年鉴编纂的质量和效益都可大大提高。

5. 志鉴工作快速向数字化、网络化发展。不论是资料收集、志鉴编纂和开发利用，还是为志鉴编纂的各项服务工作，信息网络化不仅是发展的方向，而且向修志工作的各个方面渗透，成为志鉴发展的引领性因素和巨大的动力。

三　新任务

新形势、新常态必然带来新任务。对地方志工作来说，在第五次全国地方志工作会议上王伟光同志提出的今后五年的12项任务，我们应一一研究，具体落实。今年的工作就是要结合北京的实际，抓住中心，突出重点，攻克难点，全面落实12项任务。在12项任务当中，中心和重点是编修志鉴，王伟光同志把它作为基本任务，其他工作大多围绕志鉴的编纂来展开，也就是为在特定时间内编纂出高质量的志书和年鉴而服务。北京市第二轮规划志书今年将进入终审阶段，即将完成终审的几部志书一定要把好质量关，以高起点带动整体的高质量。年鉴编纂要紧盯时代发展的大趋势、国家实行的大战略、改革开放的新举措、开拓创新的新成果。北京市要特别关注京津冀协同发展的大战略，科技创新的新动向，如争办冬奥会和修建第二机场等大事件、大项目，人口、环境、交通、住房、教育、卫生、社保，治理"城市病"，保障和改善民生，以及城市"瘦身健体"，调整梳理非首都核心功能的进展，推进经济结构调整，实现和谐宜居目标的新进展。志书编纂在二轮志书编修的同时，应"吃在碗里，看在锅里""干在眼前，考虑长远"，即时记录新形势下的新变化，为第三轮志书的编纂打好资料基础。

难点是多方面的。比如，方志学科的创建。现在还处于"呼声很高、进展很慢""雷声很响、雨点很小"的状况。应当有计划地组织力量深入研究和构建地方志知识体系、理论体系、质量评估体系、应用促进体系和工作支撑体系，这就需要在总结第一轮和第二轮修志经验教训的基础上，开展多角度的研究、多元化的论争。只有不同角度、不同观点的论争才能擦出思想火花，才能有科学的创新见解，建立创新性的理论。同时还要多学科的协作，要和历史研究、科技研究、政治体制改革研究，以及现在经济结构调整研究等结合起来。现在应该抓住全国地方志规划纲要的制定和发布，以及《汶川地震志》和《方志百科全书》即将出版的良好时机，把方志学科建设向前大大推进一步，使我们的思想理论水平大大提高一步。北京作为国家的首都，应对这项任务做出应有的贡献。

又如，志鉴的开发利用。志鉴的编纂是为了使用，既为后人用，也为当代人用，但首先是要为当代人用。如果不在当代发生作用，修志的动力就会消减以至丧失，很难做到永续编修。目前志书的成果只有很少人享用，多数在方志界内部自我循环、自我消化，销售渠道始终没有打通，市场上见不到志书，国内外的需求很难满足。主要原因是销售管理体制僵化，需要进行市场化改革。我们在体制上有一些旧的框框没有打破，对外销售是一家垄断，对内的市场上也没有放开。所以要解决使用问题，第一位的是要打开销售渠道，这一点需要国家层面来定。这个问题方志界提出多年了一直没有解决。有一些民办企业提出要包销一些志书，是否可行需要研究决策。北京市第一轮规划志书的出版，每部大体印 1000 到 2000 册左右，其中半数是在地方志机构内部交换，另一半是送给各级有关领导，只有规划外志书会出售一部分。好几个高等院校曾和我要书，而且不是要一本，是要一套，但没能满足他们的需求。能不能把方志的销售推向市场，是一个大课题，国内外的研究机构、高等院校、图书馆和一些学者，有购买愿望的很多，市场是很大的，就是渠道不通。此外，应在我们的职责范围内积极探索、大力拓宽志鉴开发利用的门道，深度挖掘志鉴这座蕴藏丰富、取之不尽的宝库。志鉴资源的开发利用，实质上是利用历史智慧推进国家治理体系和治理能力的现代化问题，我们应当为此做出应有贡献。

再如，地方志信息化建设。要实施方志编纂、开发利用，管理的数字化、网络化，特别是使用大数据和海量信息，需要基础设施的投入和与之相应配套的体制和机制建设，而这些现在都是拓荒之作，需要时间，需要经验，特别需要人才，也就是既有方志专业知识，又有信息化专业知识的复合型人才，而这类人才的培养难度更大。应有计划地拓展这项工作，积极吸收和培育这方面的人才。数字化现在是不声不响地、自然而然地渗透到地方志里面的，我们能不能主动地、自觉地利用这些新的科技手段，把它推得更广、推得更深，应当说在整个方志界还处于思考当中。

还有，旧志整理工作。这在一定程度上是对文化资源的抢救工作，也是保护地方历史文献的重要组成部分。现在我们的工作在艰难推进，特别需要有比较深厚的学识和钻研精神的人才，特别是古汉语专业人才，但这样的人才也很稀缺，而且他们因种种原因不愿承担此类任务。我们北京市对旧志校点、整理，虽然有背靠好多高等院校、科研机构的优势，可以说人才相对较多，但真正使用这些人才是很难的。北京的旧志有98种，经过近8年努力，现点校完成刊于《北京旧志学刊》的不到20部，每年点校、整理两三部。有一些大部头的旧志，如《光绪顺天府志》，没有一批人才奋斗多年是攻不下来的。应积极和高等院校、科研机构协作，把他们的科研和教学任务与我们的旧志整理任务结合起来，推进这项工作。从现在起就要注意吸收和培养这样一些人才。另外，如何把海外储藏的中国旧志影印回来的工作也还没有开展。应尽快促成全国性的对海内外馆藏旧志的普查、编纂目录的工作。

除了这四个难点以外，队伍建设、人才培养、资料收集等方面都存在着不少困难。有的是老大难，如领导重视的问题，现在多数单位已基本解决，但仍有一部分单位不够重视，个别单位的领导头脑尚未开化，有一个单位至今没有启动第二轮志书的编修，市地方志办公室多次督促还是雷打不动，请这个单位的参会人员，把这次会议精神向你们的领导同志传达，说："你们是北京地区唯一没有贯彻落实《地方志工作条例》的单位。"领导的认识是起决定性作用的，地方志的宣传工作，首先应向领导机关和领导同志宣传。

新形势下地方志工作，还有几个问题，应当引起注意：

1. 现在地方志工作的形势很好，地方志宣传力度也比较大，有些地区和单位修志的积极性非常高，特别是一些乡镇和村自发地组织编修村志、乡镇志，但一是缺少经验，二是缺少人才，有的就委托社会上一些文化企业去做。但这些企业招聘的工作人员多数是刚刚毕业的大学生，他们既不懂北京的历史，也不懂方志的编纂。有的给了经费久久编不出志书来，好多乡镇和村上当受骗。市地方志办公室应当关注这些问题。首先要保护这些单位修史编志的积极性，同时对他们加以指导，不仅防止上当受骗，还要派专家指导，帮他们培训修志人员，给他们一些修志入门资料，组织一些经验交流，再抓一些典型。门头沟区和丰台区都是这么做的，其他的区县也抓了一些典型，取得明显成效。市地方志办公室应把这项工作作为今后工作的重要方面，要帮助他们克服困难，把这个好势头保持下去，把志书质量提高起来。

2. 如何对待在互联网中采集的资料和口述史资料。互联网给我们地方志的编修带来很大的帮助、方便和促进，互联网当中的资料是我们修志资料的来源之一，有些资料可能不一定适用，但它可以给予信息，给予启发，所以对互联网的资料应该给予充分重视。但是互联网资料有天然缺陷，它带有很强的新闻性、即时性，原始出处常常搞不清楚，我们应广泛阅读，但不可轻易使用。如果要使用必须经过认真的核实，没有核实的坚决不用。口述史也有类似情况，它是一家之言，带有天然的主观性，甚至片面性，经常出现避实就虚、揽功诿过的内容。有的口述史当中有意地回避一些事情，突出另外一些事情，资料使用起来难度非常大。搞口述史是对资料的抢救，应该大力支持，我们也要主动去搞，把它作为修志资料的重要来源，但应用时就要慎之又慎，应做必要的调查核实工作，防止偏听偏信，否则不仅影响地方志的质量，还会引发矛盾。

3. 在推进“全面依法治国”战略的新形势下，地方志工作如何做到依法修志、依法用志、依法管理？要严格按照国务院颁布的《地方志工作条例》和《北京市实施〈地方志工作条例〉办法》，以及涉及的各类法律法规办事，不可无视法律法规自行其是。比如，我们志鉴要引用资料、使用图照，一定注意著作权问题，现在打著作权官司的相当多，所以我们使用口述史资料一定要查清楚著作权属，必要时依法给予一定补偿。现在人们的维权意识不断提高，千万不可忽视别人的权益。依法合法，首先要有法。应使我们的法规、规章尽可能完善。要继续总结经验，创制和修订志书编修当中的各类规章，形成编修志鉴的体制和机制，并使之常态化。市区两级修志办公室应按照《地方志工作条例》赋予的权利，履行执法的职责、执法的义务，也就是要有意识地主动地去落实国务院的《地方志工作条例》和北京市的《北京市实施〈地方志工作条例〉办法》。大家对铁鹏同志讲的要有督查的办法很感兴趣。执法检查就是主动自觉地履行法律法规赋予的职责，也就是宣传的职责、督导的职责、管理的职责和服务的职责。年鉴工作，过去市地方志办公室只编一部综合性年鉴，《地方志工作条例》颁布后，提出要搞“大年鉴工作格局”，什么叫“大年鉴工作格局”？就是从原来只编纂一部综合性年鉴，过渡到要管理、指导全市的年鉴工作，这是对《地方志工作条例》规定的落实，所以最近年鉴发展比较快。地方志编修也一样，有些单位没有能在规定时限完成任务甚至出了问题，责任在哪里？首先在出问题的单位，但同时地方志办公室也应承担督促检查不够的责任。所以在执法上要自觉地、主动地有所作为，否则就是失职。

（2015 年 3 月）

以严要求，保高质量

——在终审《体育志》主编会上的发言

《体育志》是《北京志》规划第二轮志书的分志中提交终审的第一部志书。这一次终审，应在质量要求上和终审的规范上给以后的终审开一个好头。也就是在问题的提出与结论上，在终审的方式和要求上有一定之规，为以后的终审打下基础。

1. 此次终审，继承了过去的程序。就是分志的编委会提出申请希望终审，责任审稿做出说明，提出是否通过终审的意见，然后由主编会议讨论后最终做出是否通过的决定。以后就按照这个程序办。

2. 《体育志》的终审，因为是《北京志》主编换届后规划第二轮志书的第一部终审志书，要从严要求。如果终审志书在质量各方面都符合要求，没有出现颠覆性问题，也少有细节问题，就等于为以后的终审志书做出榜样。如果出现了很多问题，我们又放松标准或把关不严，以后就会松下去。所以对第一部终审志书，任何一个小问题都不能轻视。要以严要求，保证高质量。凡是终审会提出的问题，都要给予回应，做出有说服力的说明。如果没有原则性问题，但有不少小毛病，而这些毛病又是易改的，可原则通过。但会议讨论指出的问题，在送出版社前要改过来，责编要负起责任。

3. 这些年在北京市的地方志和地域文化产品的编写方面，

体育局起了带头作用，给我们做出了一个榜样。这个榜样首先体现在他们是北京市第一家做到“全家福”的单位，即志书、年鉴、百科全书和体育词典都已拥有的单位，这次又成为规划第二轮志书中除《奥运会志》外第一个送终审的单位。为什么会这样？首先是体育局的几届领导都对地域文化建设非常重视，投入了很大的力量。其次是有一个好的主编，即刘兴忠同志，他不仅经验丰富，而且尽心尽力，身患疾病仍全身心投入工作，令人十分感动。所以应当感谢体育局和刘兴忠同志，他们在这方面起了带头作用。

4. 应如何评价这部志稿？大家提了各自见解，也提出一些疑问和不足之处。归纳一下指导思想、主要内容、大的结构和文体、文风都没有大问题，基本可行。但是，也有一些值得商榷之处。主要是两个问题：一是在竞技体育篇的结构上，把项目分为奥运项目和非奥项目是可以的，但不必设上下两篇，可把篇下13章的内容重新调整一下。比如，田径项目没有奥运与非奥运之分，而球类项目、水上项目等都有奥运与非奥运项目，可在章下设第一节奥运项目，第二节非奥运项目。然后把足球、篮球、台球、游泳、跳水、滑冰等具体项目放在目中。也可以把田径项目分为田赛项目和径赛项目两节，其中的具体项目放在目中。此外，划船项目是否也应归之于水上项目，冰上项目是否应单独列为一章，请再斟酌一下。第二个问题是，体育产业篇如何分类？还是按照国家的分类来设置比较妥当。要将现在篇目结构与国家分类进行对照，如果对不上，要找到结合点。

关于概述，严格地说方志界还没有形成多数人认可的一定之规，只能从旧志和新志中概括出几类。不论哪一种写法，只要能从总体上反映出志书记述的主要内容即可算合格。《体育志》现在的概述是完成了这个任务的，大家虽有一些意见，但不再推倒重来，应在现有基础上进行完善和修改。比如，有关奥运会，已专门有《北京奥运会志》，概述中要不要讲、如何讲，确实是应认真研究的问题。可以肯定的是，概述中不能不讲北京奥运会，但这里讲的奥运会不可能像《北京奥运会志》中那么具体，也不是现在《体育志》中为奥运会单独列篇的内容，而是应把重点放在奥运会如何推动北京经济社会的发展，实际上是讲奥运会从申办到召开，对推动北京体育事业和其他方面的发展起到的巨大作用，具有的重要意义。另外在讲体育事业的问题上再斟酌一下，北京市体育事业面临的主要问题是什么？比如，足球水平上不去，这也是全国性的问题。地方志应反映基础运动在中小学没有得到应有的重视等问题。北京市有足球场的中小学屈指可数，有不少中小学连200米跑道的体育场也没有，这和外地省市也有较大差距。如果竞技体育不从小抓起，永远不可能赶上世界先进水平。

关于大事记，可再压缩一下，现在有点琐碎。大事记必须记大事，对一些小事和不清楚的事情，要改一改、删一删。

关于附录，大家商量后形成两个意见：一是把附录现有的5个资料压缩掉1个，即把《关于加强新时期体育工作建设国际化体育城市的意见》去掉。二是附录中的前两个也可不要。真正需要的是后两个，后两个才有资料价值。志书的附录不要多，能写到正文里面的尽量写到正文里面。

关于北京奥运会篇，怎么办？我们已经编了一部相当细致的《北京奥运会志》，受到了社会上的好评。北京奥运会是第二轮《北京志》断限内体育界发生的最大的事情，除概述中记述其意义和影响外，其他实质性问题如何记述？现在编成单独一篇放在最后，感觉在结构中不太平衡。如没有好办法，就保持现状。

关于图照。无论是前插图还是随文图，都应再考虑一下一定要选取最能够反映北京体育特点的图照。现在的前插图有两个毛病：一是在世领导人的图照，除特殊情况外，原则上一律不要。二是目前图照的选择很不平衡，彩插都是打太极拳的，难道北京人只会打太极拳？太极拳的图可以有一张，以反映群众体育活动，但缺乏特别出彩的、反映竞技体育的图片，如乒乓球世界冠军的图照就应放入一张或几张，作为竞技体育的代表。北京有几项名牌的项目，如北京国际马拉松比赛的图照就应放入志书。

这次终审的整体结论怎么做？上面讲了许多不足之处，应作一些改动，但总体上还是不错的，原则上通过。但大家指出的问题，和体育局商量一下，取得共同认识，修改后再送主编们看一次。

（2015 年 4 月）

北京市地方志工作情况和下一步安排意见

——在市地方志工作会和双先表彰会上的报告

北京市第六届地方志编委扩大会议于2008年12月召开以来，在中共北京市委、市政府领导下，市、区（县）两级地方志编委会及其办公室和广大地方志工作者，积极贯彻落实《北京市地方志工作规划纲要》（以下简称《规划纲要》），抓紧收尾首轮修志，全面启动第二轮修志，稳步开展旧志整理，着手构建大年鉴工作格局，地方志理论研究、开发利用，以及方志馆建设等各项工作全面推进，实施《规划纲要》确定的工作目标和任务，取得较大进展。

一 目前的工作情况和问题

1. 首轮修志即将收尾，第二轮修志全面展开。首轮修志规划172部志书已终审和出版168部，因种种原因滞后的《共产党志》《国民党志》《人物志》和《社会科学志》正在抓紧评议、修改，有望尽快通过终审并进入出版程序。

第二轮修志规划《北京志》66部分志，区县志18部，总计84部。2008年年底启动以来，各区县和绝大多数《北京志》承编单位相继成立了编委会，明确了主编，组建了编纂队伍；开展了篇目制定、资料收集、人员培训和初稿试写等工作。《北京志》各分志中，按计划应启动的59部，有56部完成了篇目备案，28部开始了试写，《北京奥运会志》《云居寺志》分别完成送审稿和初稿。18部区县志均完成了篇目备案，其中11部开始了试写。

在第二轮修志推进中，主要做了以下几项工作：一是制度建设。市地方志编委会及办公室制定和印发了《〈北京志〉分志编委会职责规定》《关于在第二轮志书编纂中继续实施主编负责制的规定》《关于第二轮北京志书编纂若干问题的意见》三个文件，印发了《北京市第二轮修志指导手册》，对第二轮修志的一些关键问题及时做出明确规定。二是规划制定。市和区县制定了《地方志工作规划纲要（2011—2020年）》，对新世纪第二个十年北京市地方志工作的指导思想与工作原则、主要目标和任务、实施这些目标和任务的保障措施作了具体规定。三是队伍培训。结合历年工作重点，就地方志基础知识、篇目设计、资料收集、志稿撰写、质量标准以及依法修志等专题，开展了多层次的针对性培训，平均每年对主编主笔、编纂业务人员、资料收集人员进行不同规模的培训近百次。四是分片交流。按照志书内容分为政治、经济、文化和社会片，召开片会，进行交流。举办修志沙龙，交流、研讨修志中存在的疑点、难点问题。尝试组织“条”“块”结合交流会，加强《北京志》各分志和区县志之间的交流和了解，达到互相学习、互相帮助、互相促进的目的。五是质量把关。从制定志书篇目入手，坚持关口前移，推行篇目论证备案制度。积极推动建立责任审稿、修志专家和主审副主审组成的三级审校体系。六是推动房山区等一批试点单位开展业务探讨。

2. 加强对年鉴工作的指导，构建大年鉴工作格局。年鉴工作原先缺少宏观指导和管理，市和区县地方志工作机构只管编纂综合年鉴，不对本地区年鉴工作进行指导服务。2010年

12月2日召开的北京市年鉴工作会议上，确定了市和区县地方志工作机构要加强对本行政区域和部门（行业、专业）年鉴编纂工作的指导和服务，不断丰富、完善本市年鉴种类，提高编纂质量，建立相互交流与合作的良性机制，整合年鉴资源，充分发挥年鉴的规模效应，形成全市年鉴事业科学发展的局面。我们把它叫大年鉴工作格局。

大会召开以后，市和区县地方志工作机构由只编综合年鉴向在编好综合年鉴的同时，对本行政区域年鉴工作进行指导和服务转变，主要做了以下工作：一是对全市的年鉴编纂情况进行了初步调查研究。截至2011年年底，共出版综合年鉴15种、行业或部门年鉴约140种、高校年鉴约60种。二是开始对区域内年鉴编纂进行指导和服务，包括协助修改编纂方案、培训组撰稿人员、召集初稿评审会等工作。三是推动尚未开始编纂出版综合年鉴的两个区县正式启动了综合年鉴编纂工作。四是成立北京地方志学会年鉴工作委员会，以此为平台，将全市年鉴编纂单位联系起来，组织开展了理论研讨、工作座谈、业务培训、考察交流等活动。五是启动了北京地区年鉴资源数据库建设的前期调研工作，为下一步制定全市年鉴管理服务办法、加快整合年鉴资源积极准备。

大年鉴工作格局的推进，促使不少单位开始编纂年鉴，提高了现有各级各类年鉴的编纂质量。在中指办和版协年鉴工委组织的年鉴评选中，获奖数量和层次好于往年。

3. 旧志整理扎实推进，取得标志性成果。全面系统地整理挖掘旧志是地方志工作重要组成部分。本世纪初，成立了由相关领导和专家组成的北京市旧志整理丛书编委会，政府主持，市地方志办、市新闻出版局和中国书店出版社联合承办，启动了旧志整理出版工作，研究制定了整理标准和规范，实行统一审定、分阶段实施的办法。目前，在现存100多种1000

多卷的旧志中已经启动校点整理23部近200卷，以《北京旧志汇刊》形式出版了8种，即《永乐顺天府志》《万历顺天府志》《康熙顺天府志》《嘉靖通州志略》《民国三年密云县志》《康熙广济寺新志》《光绪潭柘寺志》《乾隆延庆卫志略》。其中完成整理出版明清三部顺天府志工作，成为阶段性成果的突出标志，在社会上产生较大影响。与此同时，在实践中，一支由专家学者和高校研究生参与的旧志校点整理队伍开始形成，并取得了组织领导和业务推进的初步经验。

4. 规范资料管理，强化地方志网站建设。按照《北京市地方志资料工作管理暂行规定》，地方志资料年报工作不断规范，工作日趋常态化，已形成“市地方志办—修志单位—下属单位”三级资料年报网络，首轮修志形成的业务档案资料基本回收，丰富了北京地情资料库。为了解全市地方文献现存的情况，有针对性地开展文献抢救工程，《北京文化名人收藏的北京地方文献状况调研》课题作为北京市哲学社会科学“十二五”规划项目在市社科规划办正式获得立项。

加强北京地情资料网（简称京网）的多媒体和互动栏目的建设，设置京韵视听栏目，不定期加入修志培训视频。强化数据库的充实和管理工作，北京地情库已入库志鉴148部。开展志书统计数据采集工作，挖掘首轮志书中珍贵数据资料。一些区县地方志工作机构也不断建立完善的地方志网站或网页，加大了对地情和地方志工作的宣传。

5. 理论研究逐渐深化，首轮志书研读收效显著。方志理论研究持续开展，显现领域扩大、活动方式多样、现实针对性比较强的态势。广大地方志工作者紧密联系修志实践，学习理论，研究理论，不断推出理论研究成果，见之于全国较有影响的学术刊物，或专著和论文集，如《主编的印迹》《方志年鉴论文集》《北京市第二轮修志指导手册》等著作，在方志界产生较大影响。北京地方志学会主动开展、积极参与全国性、跨省市，以及港、澳、台地区和国外的学术交流活动，推进理论研究工作。

首轮志书的编纂积累了丰富经验，总结这些经验，使之系统化、理论化，是摆在地方志工作者面前的重要任务，加之第二轮志书编修即将进入撰写阶段，迫切需要理论指导。为此，于2011年志书承编单位普遍开展了首轮志书研读工作。截至年底，已形成论文82篇，为推进第二轮志书编纂、提高队伍整体素质起到了重要作用。

作为志鉴理论研究阵地的各种地方志期刊，《北京地方志》《东城史志》《西城追忆》《海淀史志》《朝阳方志》等杂志和报纸连续编纂出版，在信息传递、经验交流、修志热点问题讨论、难点问题研究等方面发挥了组织推动和提高认识，丰富发展志鉴理论的作用。

6. 规划外志书的编纂日益增多，拓宽了记述领域。在编纂出版规划内志书的同时，一批由市、区县地方志办公室组织的和乡镇、村社、企事业单位自发编纂的规划外志书相继出版。市地方志办公室组织的《北京胡同志》《北京风物图志》《北京古镇图志》，房山区与门头沟区联合编纂的《百花山志》和《百花山志·族谱篇》等产生了较大的社会反响。初步统计，目前各区县已启动编修基层志书137部，其中村镇志书121部、部门志书14部、其他2部；已经出版69部，其中包括《爨底下村志》《大华山镇志》《榆垡镇志》《新源西里社区志》和卢沟桥乡20部村志。去年地方志系统又联合文物部门启动了《北京四合院志》的编纂工作。一批老地方志工作者编纂出版的《北京名人故居》和体育、旅游、文化、文物等部门，以及各区县，利用志书资源，编纂出版的一批行业百科全书，进一步丰富了北京史地文化宝库。

7. 志鉴开发利用取得新进展，方志馆筹建有望今年开馆。 修志为了使用。不仅为后人留下历史文化财富，也为推进当前现代化建设提供可资借鉴的资料。志鉴的开发利用，更好地服务当代，一直是地方志工作重要任务之一，为此提出"修用并举"的工作方针，不断推进地方志的开发利用。目前，志书和年鉴已逐步成为开展文化建设，活跃文化生活，发展文化产业的基础性、源泉性资料，在城市建设和管理中，志鉴资料也成为不可或缺的依据。在纪念新中国成立60周年和建党90周年的活动中，志鉴资料得到了广泛的利用。市地方志办公室与《北京日报》《北京晨报》合办的《志说北京》《志书撷英》栏目刊载文章均过百篇，成为宣传地情的品牌；《京都志趣》搬上北京人民广播电台，在城市管理频道"茶余饭后话北京"栏目中向广大听众宣传北京历史文化和志鉴知识，在社会上引起较大反响。

在市领导和各有关部门的关心和支持下，北京市方志馆土建已正式竣工，正在进行开馆的各项筹备工作。市方志馆的功能定位是：地方志和地情资料的收藏展示中心，地方志和地情的研究咨询中心，地方志和地方文化的交流宣传中心，爱祖国、爱北京、爱家乡的教育基地。计划在2012年正式开馆。

这些成绩的取得，一是中共北京市委、市政府和大多数部委办、区县，以及承编单位的领导给予地方志工作高度重视，认真落实国务院《地方志工作条例》（以下简称《条例》）和《北京市实施〈地方志工作条例〉办法》（以下简称《实施办法》），在指导思想、人员、经费和办公条件等问题上给予积极的指导和支持。二是广大地方志工作者发扬奉献精神，坚持修志原则，克服种种不利因素，开展了大量积极有效的工作。今天受到表彰的先进单位和个人就是榜样。三是中国地方志指导小组办公室的指导、社会各界的广泛支持。在此，我代表市地方志编委会，向今天受到隆重表彰的先进单位和先进个人，向全市地方志工作者和关心支持地方志事业的社会各界人士，表示衷心的感谢，并致以崇高的敬意！

在取得成绩的同时，也要清醒地看到，本市地方志工作仍存在不少问题。

一是个别单位的领导认识不到位，对地方志不重视，排不上工作日程，修志进度严重滞后。目前，多数承编单位已经完成篇目设计和备案，基本完成资料收集工作，较快的已进入志书初稿撰写阶段，但尚有3家《北京志》承编单位没有完成篇目的论证备案工作，1家单位至今没有成立编委会。

二是人才队伍建设难以适应第二轮修志的需要。目前，参加过首轮修志的老同志大多年事已高，年轻同志对情况的了解和对志体的把握还需要一个过程，修志队伍存在青黄不接的现象。一些单位修志人员配备不足、人手紧缺，难以保障修志工作需要，拖延了工作进度。部分单位修志人员变动频繁，特别是主编、主笔不能够保持稳定。据调查，仅2011年一年，在《北京志》承编单位中，主编或执行主编变动的就有10家，严重影响了修志工作的正常推进。

三是社会力量编修志鉴出现了一些新的问题。村镇、街道、厂矿、学校等社会单位自发地、积极地开展修志编鉴工作，是近些年来重视文化建设的必然结果，是推进基础文化发展的成果，应给予积极倡导和扶持。但如何指导，使其有序推进，有一系列新的问题需要研究解决。最突出的是质量参差不齐，难以保障。有些单位把修志任务承包给文化公司或个人，又没有提出或提不出质量要求，使一些不合格品陆续产出。有的乡、镇、村和基层单位投入大量财力、物力，迟迟不见成果，个别单位甚至上当受骗。

四是修志工作进一步规范化、制度化尚须着力推进。第二轮修志比之首轮修志在理论指导上有了一定基础，实践中积累了丰富经验，工作上有了法治保障。近几年市委、市政府和市地方志编委会及办公室先后发布一系列规范性文件，对地方志工作中的一些问题做出了规定。但在新形势下的修志实践中，又出现了不少新的问题，需要在调查研究的基础上做出新的规范。但更应引起注意的是仍然有一些修志单位贯彻不力，对已有的法规和指导性文件视而不见，没有依据要求对这些法规、规章、规定认真学习并制定本地区、本部门的落实办法。工作目标、工作职责不明确，甚至处于无序化状态，导致工作中出现的问题长期得不到有效解决，影响了工作的进度和质量。

二、下一步工作安排

按照《规划纲要》和编纂方案的要求，今年要在完成篇目设计和资料收集的基础上，推进第二轮志书初稿的撰写，力争明后年陆续进行送审稿的审查验收，2015 年年底前基本完成出版工作。按照这个目标，下一步本市地方志工作的总要求是，以完成第二轮修志阶段性任务和编纂出版好年鉴为中心，全面推进旧志整理、队伍建设、理论研究、资源开发、基层修志指导和信息网络、方志馆建设等各项工作，为促进首都文化大发展、大繁荣，建设“人文北京、科技北京、绿色北京”和中国特色世界城市做出新贡献。

1. 充分发挥各级编委会的作用，切实加强对地方志工作的领导。编委会是各级志书编修的决策和主持机构。目前，多数编委会积极履行承担的职责，但也有一些单位的编委会形同虚设，部分编委会主任和主编挂帅不出征、职责不到位，这些问题，严重挫伤了地方志工作者的积极性，使有些志书编纂处于散乱状态，难以推进。国务院《条例》明确规定：“县以上人民政府应当加强对本行政区域地方志工作的领导"，"负责地方志工作的机构主管本行政区域的地方志工作"，具体规定了对地方志工作的组织指导、督促和检查等五项职责，按照《条例》规定和市委、市政府及市地方志编委会的要求，各区县和《北京志》各承编单位都应成立编委会，行政一把手任主任，作为修志第一责任人，同时明确一名分管领导具体负责地方志工作，确保领导到位。切实履行起对本地区、本部门地方志工作的领导责任，定期听取编委会办公室及主编工作汇报，研究地方志工作重大问题并做出决定。编委会还要负责选定志书主编，审定志书编纂方案和篇目，组织志稿的初审和复审，组织指导修志队伍建设、理论研究和读志用志，同时为修志工作提供人、财、物保证。第二轮修志工作已进展到关键阶段，今年要在试写的基础上进入初稿撰写，要高度重视修志队伍的建设，尤其要确保修志队伍特别是主编、主笔的稳定。关心修志人员的职务、职称和待遇等问题，对返聘的退休老同志要按规定给予一定报酬，保证这些同志心情舒畅地从事修志工作。

2. 以完成初稿为目标，扎实推动第二轮修志。按照《规划纲要》和编纂方案的要求，今年要进行初稿的撰写工作。

初稿撰写是第二轮修志的重要环节，需要具备四个条件：一是篇目经过论证备案。目前多数承编单位组建并召开了编委会，制订了编纂方案，已完成篇目设计的论证，并报市地方志办公室备案。尚未制订篇目设计方案的单位应尽快赶上来。二是资料收集整理工作基本完成。现在各承编单位正在紧锣密鼓地搜集资料并根据篇目设计整理核实资料，有些单位还编写或计划编写资料长编。我们认为，是否编写资料长编要根据各单位的条件而定。志书涉及面较广，资料丰富且容易收集，又有人力、物力支撑的单位，应当编纂资料长编，这不仅有益于志书编纂，也有利于原始资料的保存。但一定要分清，资料长编是资料的汇集，特点是保存资料的原始性，一般不作删节，更不能改写，只要资料来源真实，对其内容也不必核实。志书则是资料性著述，根据存真求实的原则，要核实资料，根据内容、结构的要求，可对资料选取、截取以至改写，防止资料长编著述化，变成扩大了的志书，那样必将加大工作量，偏离计划进程。三是部分篇章节进行过试写，在试写基础上逐步推开初稿撰写工作。通过试写，可以对前两个条件是否具备进行检验，还可以使修志人员熟悉和掌握志书编纂的体例规范和编纂方法，少走弯路，提高效率。少数初稿完成较早的单位要抓紧组织专家进行评议，并根据评议的意见补充资料，进行修改，形成送审稿。四是培训队伍。初稿撰写等于修志进入了实质性编纂阶段。参与编纂的人员必须掌握修志的基本原则和要求，编纂的具体方法和应注意的问题，这就必须进行培训。现在市地方志办公室和一些承编单位已陆续展开了这项工作。要抓紧时间、排好日程，可采取讲座、经验交流会、研讨会等多种形式，但不管哪种形式都应突出培训针对性、实效性。针对不同类型的人员，进行不同内容的培训，缺什么补什么。应以老带新，充分发挥参与过首轮修志老同志的余热。

市和区县地方志工作机构要加强对第二轮修志工作的指导，深入修志一线开展调查研究，及时总结经验，发现问题，提出指导性意见。要构建第二轮志书的质量把关体系，包括责任审稿、修志专家和主审副主审在内的质量把关队伍，制定保障志书质量的规章制度、质量审查的规范性程序，并且从试写稿开始进行质量把关的运作，为编纂出版质量合格的志书打下良好基础。

对于基层单位的自发性修志和修志机构编纂规划外志书，要给予积极的支持和具体的指导。要鼓励有条件的文化公司参与基层修志。市和区县地方志工作机构要依法进行协助和引导，使其工作不出偏差，志书质量得到保障。

3. 做好对各类年鉴的指导和服务工作，加快构建大年鉴工作格局。市和区县地方志工作机构要在编好本地区综合年鉴的基础上，进一步理顺年鉴指导工作的体制机制，切实承担起对辖区内各级、各类年鉴编纂工作的指导和服务的职责。一是要认真组织好全市年鉴工作的调查研究，掌握各级、各类年鉴的情况，尽快编出市和区县单位编纂年鉴的情况汇编。二是要制订全市年鉴的管理办法，探索管理方式，明确管理职责，制定发展规划，提出管理意见。三是加强指导服务，支持鼓励各行业和部门，特别是重点行业、重要部门编纂出版年鉴。努力发挥北京地方志学会年鉴工作委员会组织、协调和对会员单位服务的作用。四是进一步整合年鉴资源，为发挥年鉴的规模效应奠定基础。

各级、各类年鉴编纂单位要始终把年鉴的编纂、出版质量放在第一位。加强编辑力量，强化责任意识，完善工作程序，不断提高编校质量。年鉴编纂人员要在遵循基本编纂原则的前提下，密切关注社会的变化，站在使用者的角度及时调整框架结构，严格体例要求，创新组稿方式，完善检索手段，及时反馈读者意见等，以适应形势的变化，满足读者的要求。启动年鉴质量评比检查活动，并根据评比检查情况有针对性地开展队伍培训。作为全市综合年鉴《北京年鉴》，要发挥好示范作用。

4. 继续推进旧志整理工作，确保工作的稳定性、连续性。《中共北京市委关于发挥文化中心作用加快建设中国特色社会主义先进文化之都的意见》提出“加强文化典籍整理和出版工作，推进文化典籍资源数字化”的要求，旧志是文化典籍的重要组成部分，北京旧志的整理出版工作已纳入这项重大的文化建设工程中。今年的工作重点是制定北京旧志整理出版规划，包括总目录的制定、版本调查、总体目标的设置、不同阶段的具体任务、校点整理标准与规范的完善、出版成果的研究与宣传、旧志资源的数字化等。要认真总结前一阶段的工作经验，做好目录分类、版本调查等基础性工作，争取在北京市社科规划中确立北京旧志整理出版的长期专项规划，以确保这项工作稳定性和连贯性。对已出版的8部旧志，要跟进研究工作，听取读者意见，以提高校点整理质量。今年按计划完成5种旧志：《万历通粮厅志》《康熙怀柔县新志》《康熙顺义县志》《康熙房山县志》和《乾隆上方山志》的整理出版。

5. 系统总结首轮修志经验教训，推动理论研究迈上新台阶。北京市首轮修志耗时20多年，有很多经验教训值得汲取。要抓住这个有利时机，认真研究总结。不仅能更好地指导第二轮修志工作迈上新的台阶，而且对推动方志理论研究，特别是社会主义新方志的编纂理论，形成一批高质量理论研究成果，也是必要的、不可或缺的。要继续深化首轮志书研读工作，积极转化研读成果，探索修志规律，力争形成一批创新性理论观点和系列化理论专著。

利用好北京地方志学会和《北京地方志》等刊物的平台，积极组织学术交流和理论研讨活动，活跃学术研究气氛，推进方志学科建设。抓住当前本市征集社科“十二五”规划课题的有利时机，鼓励和支持广大地方志工作者积极参与课题竞争。力争把选题纳入全市性规划。

6. 继续做好地方志宣传，推进地方志资源开发利用。以《实施办法》颁布实施五周年和市方志馆开馆为契机，加大地方志宣传工作。开好各级各类地方志书、年鉴出版座谈会，做好媒体宣传。配合市方志馆开馆，举办丰富多彩的活动，多方位宣传推介北京地方志工作和地方文化。有条件的区县和单位也要充分利用宣传资源，拓展宣传渠道，创办地方志工作网站，加强对地方志和地方文化的宣传。抓住把北京建设成为社会主义先进文化之都的机遇，发挥地方志在弘扬优秀传统文化、挖掘历史文化资源、促进文化产业发展和历史名城保护等方面的作用。市和区县地方志工作机构要积极推动读志用志工作，深入挖掘地方志资源，探索开发利用的途径和方法，让社会各界了解地方志、应用地方志，使地方志潜在功能得以充分释放。

市方志馆是北京市地方志的地情资料的收藏、展示、研究、咨询、交流、宣传中心，也是爱国主义教育基地。要在按方志馆特点设计的土建工程完工的基础上，按照功能定位，广泛征集地方志和地情资料，推进地情信息数据库建设，加快北京历史文化地理信息系统的开发，办好北京地情展，通过信息化、网络化，推动数字方志馆建设，把市方志馆建成便于查阅资料、学术研讨、信息交流的地方志工作者和北京地情研究者之家，中小学生、公务人员进行市情形象化教育的首选基地，国内外游人了解北京的最便捷、最有吸引力的场馆，也就是和北京市其他文化设施相比，具有无可替代的唯一性、标志性文化基础设施。要加紧馆内外形象设计，使用高新技术建库设展，争取尽快开馆。

同志们，中共中央十七届六中全会做出了《关于深化文化体制改革、推动社会主义文化大发展大繁荣若干重大问题的决定》，中共北京市委十届十次全会通过了《关于发挥文化中心作用加快建设中国特色社会主义先进文化之都的意见》，为地方志事业的发展繁荣带来难得的机遇，也提出了更高的要求。我们要抓住机遇，克难创新，把北京市地方志事业推向新阶段，为把北京建成在国内发挥示范带头作用，在国际上具有重大影响力的著名文化中心城市做出新贡献。

（2012 年 4 月）

在北京市第七届地方志编委扩大会议上的工作报告

一　第六届编委会的主要工作

北京市第六届地方志编委会自2008年年底成立以来，全市各区县、《北京志》各承编单位地方志编委会及其工作机构和广大地方志工作者，按照国务院《地方志工作条例》和《北京市实施〈地方志工作条例〉办法》以及《北京市地方志工作规划纲要（2011—2020年）》的要求，在各级党委和政府的领导与支持下，在中国地方志指导小组及其办公室的指导下，全面推进了地方志各项工作，为第七届编委会工作打下了较好基础。

1. 全面完成规划第一轮社会主义新方志的编修任务。北京市启动于20世纪80年代末的第一轮志书编修，规划志书172部，其中《北京志》154部、区县志18部，约1亿字。经过较长时期的艰苦努力，到第六届编委会任期，完成了最后一批政治敏锐性强、资料短缺、难度大的志书编修任务。这是新中国成立以来前所未有的大规模地对北京地情的全面调查研究和系统挖掘整理，也是北京历史上少有的浩大的基础文化建设工程，为今人和后人了解研究北京，发展各项事业，提供了比较全面的基础性资料，也为志书的可持续编修积累了经验，锻炼了队伍。

2. 第二轮修志工作稳步推开，进展顺利。2009年，启动了全市第二轮修志工作。规划编修《北京志》67部，区县志18部。各区县和《北京志》各承编单位相继成立了编委会，明确了主编，组建了编纂队伍。多数单位先后进行了篇目制定、资料收集、人员培训，一些单位已进入志稿试写、初稿评议阶段。其中，《旅游志》《人力资源和社会保障志》《体育志》《石景山区志》《通州区志》等志稿已完成初审评议。第二轮首部规划志书《北京奥运会志》已如期出版，在业界产生较大影响。

3. 大年鉴工作格局初步形成。大年鉴工作格局就是要求市和区县地方志工作机构，从只负责编纂一部综合年鉴，到承担全市或全区（县）年鉴编纂的服务和业务指导工作。目的是进一步提高年鉴编纂质量，推动有条件的单位编纂年鉴。从2010年年底开始，市和区县地方志办公室在调查研究的基础上，对区域内年鉴编纂开展了指导和服务工作，包括协助制定编纂方案、培训业务人员、召集评审会、编纂业务指导手册、搭建行业或系统年鉴工作交流平台、开展年鉴质量评比等。截至目前，全市编纂年鉴250多种，其中，综合年鉴17种、市属国有企业年鉴16种、市属委办局专业年鉴60种、高等院校年鉴39种、其他约120种。

4. 一批规划外志书和经校点整理的旧志相继出版。在编纂规划内志书的同时，各级地方志工作机构组织或指导编纂村镇和部门志书200多部，已出版70多部。其中《北京古镇图志》10卷本、《川底下村志》、《卢沟桥乡志》等受到社会赞誉。旧志整理组成了编委会，制定了整理标准和规范，启动校点整理23部近200卷，已出版包括3部顺天府志在内的8种旧志，为这项艰巨细微的工作开了好头。

5. 承载地情文化馆藏、研究和展示的方志馆建成开馆。 经过多年努力，作为北京市重要文化基础设施的方志馆竣工、开馆。这是一座全面展示北京城市起源、形成、发展和现状的具有开放式、服务性、公众化特征的文化设施，其功能定位集收集、保管、阅览、编纂、研究、咨询、展示、交流于一体，将建设成为北京市地情资料的收藏展示中心、研究咨询中心、对外交流中心和爱祖国爱北京的教育基地。已邀请北京史专家、中共北京市委党校干部培训班师生、部分中小学教师审阅参观，受到好评。

回顾市第六届地方志编委会成立以来的工作，深深感到在我国现代化建设迅速发展，文化大发展大繁荣的背景下，地方志事业也迈入了新的发展阶段。

一是全面纳入了法治化轨道。中共北京市委、市政府和各部委办局、各区县以及承编单位，认真落实国务院《地方志工作条例》和《北京市实施〈地方志工作条例〉办法》，在指导思想、组织领导、编纂原则，以及队伍建设和办公条件等问题上，依法积极领导，提供支持，保障了志书编纂工作克服重重困难，较好地完成了任务。

二是积累了比较丰富的经验，各项工作不断规范化、制度化，形成了一整套编修制度和工作流程。市编委会及其办公室先后制定印发了《北京市第二轮修志指导手册》《关于第二轮北京志书编纂若干问题的意见》等一系列指导文件，顺利推动了修志工作。特别是在保证志书质量和提高工作效率等方面，见到了明显效果。

三是培养了一批专业人才，形成了一支老中青、专兼职相结合的修志队伍。市和区县均制定出台了《地方志工作规划纲要（2011—2020 年）》，确立了“出成果、出理论、出人才”的全面统筹发展的思路。在修志实践的基础上出版了一批理论专著，形成了一支比较成熟的专家队伍，带动了一批中青年业务骨干迅速成长，为地方志事业可持续发展积蓄了一批人才。

四是群众性的读志、写志、用志活动日渐增多。方志事业逐步受到社会各界的理解和支持，发展的外部环境得到很大改善。地方志已成为发展文化事业和文化产业的基础性资料，在政治、经济、社会的发展中，发挥着潜移默化的、直接间接的、越来越明显的促进作用。

地方志工作取得较大进展的同时，仍有不少困难和问题。其一，少数单位的领导对地方志工作的认识不到位，不重视，排不上工作日程，修志工作动不起来，或打打停停，进度严重滞后。其二，有些单位主编不到位，挂帅不出征，志稿缺乏统纂，影响了编纂质量和进度。其三，修志骨干不稳定，队伍建设跟不上形势需要。有的单位没有明确专门的机构和人员，有的虽然指定专人，但变动频繁，修志工作常常不能正常推进。其四，部分志书质量不高。在指导思想上，把讲政治变成政治化，唯上、唯书、跟风；在内容上，只唱或多唱赞歌，少讲或不讲失误；在编纂原则上，有违存真求实、述而不论原则，空洞议论随处可见。其五，在读志用志方面，缺乏引导宣传力度，志书出版后仅局限于业内流转使用，资政和育人作用发挥得不够。其六，对社会力量自发性修志编鉴缺乏及时指导，不少志书质量低劣。此外，在工作效率和效益，地方志资料搜集、整理和使用，地方志理论的学习研究和创新，地方志基础知识宣传普及等方面，都有需要加强和改进之处。

二　第七届编委会的主要任务

概括地讲，以全面完成本市第二轮规划志书的编修为中心，进一步提高编纂质量和效率，强化理论研究、队伍建设、读志用志和旧志整理工作，推进构建大年鉴工作格局和对社会自发性修志的引导、指导和管理工作，把地方志工作提高到新的水平。

1. 高质量完成第二轮志书编修任务，推进各级各类年鉴的编纂。目前，本市第二轮修志，除少数单位起步较晚外，多数单位正在按计划推进，今年将有更多的志稿进入初审评议阶段，明后两年将有部分志稿进入复审、终审阶段。各承编单位在抓好志书进度的同时，应突出强调志书的质量。能否较好地完成二第轮修志任务，关键是确保落实志书的质量要求，即："观点正确，体例严谨，内容全面，特色鲜明，记述准确，资料翔实，表达通顺，文风端正，印制规范"。为此，要做的工作很多：比如，在组织领导上，抓好队伍建设，选好主编和编纂业务骨干，吸收专家学者参与编写、审查，充分利用有条件从事志鉴工作的退休老同志，给予一定工作和生活的保障条件。在思想理论、编写方法和资料获取上，要疏通上下左右的信息渠道，加强指导、交流等协作。在工作流程上，抓好队伍组建、篇目制定、人员培训、志稿初稿评议、资料搜集等关键环节。要坚持志书的三审制，承编单位志办负责初审，承编单位编委会负责复审，市地方志编委会和《北京志》主编、副主编负责终审。在保障条件上，要力争人、财、物的及时充足供给。

这里要特别强调一下主编的作用。主编是志书的灵魂，是志书的主要策划者和设计师，也是志书质量高低的关键所在。主编不仅要挂帅，而且要出征。要在编委会领导下，参与志书编纂工作的规划与计划、队伍和制度建设、负责志书编纂业务的决策、指导，必要时在众手成志的基础上，笔削一人，对各篇章节进行通纂。如果自身条件不具备对全书的统修通纂，也应指定一位业务能力较强的同志和自己一道修补审定。如果既不动手，也不动口，对志书编纂不闻不问，却要争着挂名主编，无异于自觉或不自觉地占有他人的劳动成果。还要讲一句，确定主编一定要慎重、选好。主编一旦确定，轻易不要变动，否则很难保持志书编写的连续性。

年鉴作为年度资料性文献，与志书相辅相成，发挥着志书不可替代的作用，共同构成全市地方志体系。年鉴的编纂出版，尤其是一些重点区域、重要部门和重要行业编纂出版年鉴，是促进自身业务建设的有效措施。有条件编纂年鉴但尚未启动的单位，应积极启动；条件不足的，要创造条件争取编纂。已经开始编纂年鉴的单位或部门，要积极参与北京地方志学会年鉴工作委员会的工作，加强与本市和全国其他年鉴编纂单位之间的交流，相互学习借鉴，找准自身定位，妥善解决与其他年鉴的衔接问题。要把提高质量，打造精品放在重要位置。各级地方志工作机构要继续履行好指导和服务职责；由市地方志办公室承编的北京市综合年鉴——《北京年鉴》，应在突出年度特点和北京特色上多下功夫，发挥好示范作用。

2. 不断加强队伍建设，深入推动理论研究。志鉴编纂任务是否能高质量地完成，归根到底取决于志鉴队伍的素质。要在第二轮修志和年鉴编修的实践中，进一步加强志鉴队伍建设，制定和落实地方志人才培养规划，组织实施人才培养工程，健全人才培养机制。积极妥善安排好业务骨干培训，确保全市修志业务骨干能不断“充电”。逐步培养一批知识面广、熟悉地情、有创新意识和善于分析、研究、解决地方志工作中疑难问题的学科带头人和业务骨干。与大专院校、科研院所及有关部门合作，对专业人员进行定期岗位培训和继续教育。同时，注意选拔安排中青年同志承担重头任务，使他们尽快成长。

北京市新方志编修从首轮修志启动已近25年，有很多经验教训需要总结。第二轮志书编修已有4年，许多问题亟需理论指导。认真总结研究新方志的编纂经验，并上升到理论层面十分必要且紧迫。要鼓励有条件的同志撰写研究报告、经验体会，结合第二轮修志遇到的热点和难点进行学术研讨。发挥北京地方志学会的功能和优势，定期组织学术年会和学术论坛，开展与外省区市、港澳台地区及国外的学术交流活动。以地方志期刊为载体，以志鉴研究课题为抓手，力争定期推出具有较高学术研究水平、较强实践指导意义的理论文章。同时，积极推进地方志学科建设，联合全国地方志专家推出一批具有较大影响的研究成果和学术专著。

3. 以方志馆建设为抓手，提高地方志工作规范化、信息化水平。方志馆虽然已经开馆，但距离建成“三个中心、一个基地”尚有很大差距。应大力加强自身建设，不断丰富馆藏资源，完善展览展示，利用科技手段为各单位编纂志鉴服务，为社会各界查询资料服务，为公务员培训和对青少年进行爱祖国、爱北京的教育服务，为与兄弟省市及国际交流服务。各区县和《北京志》各承编单位要逐步建立和充实方志资料室，多渠道不间断地搜集地情资料，建立资料收集、保管、使用等制度，使地方志资料管理规范化、制度化。

现在全球已进入信息化时代，大数据、云计算、3G4G、一机多用、网上购物等新科技新思维正在蓬勃兴起，地方志工作如何适应并借助这个新形势，提高工作信息化水平，是摆在我们面前新的革命性任务，需要大胆探索，积极行动。现在能做的是大力拓展数字化工作领域，比如，加快建设“北京市地情资料网”，实现地方志资料数字化；建设志书、年鉴的全文检索数据库，实现馆藏资料的数字化处理；构建网络办公平台，提高办公和资料收集整理的自动化水平；推动全市各修志单位和区（县）地方志工作机构建立地方志资料网站，更好地为社会各界提供咨询服务，等等。地方志工作如何跟上时代发展步伐，是一个十分严肃而重大的任务。

4. 大力推进地方志资源开发利用，充分发挥地方志的功用。修志是为了用志，不仅为后人留下精神财富，也是推进当前现代化建设必不可少的基础文化支撑。要坚持“修用并举”的原则，在修志的同时，选择当前可资借鉴的资料，报送各级决策部门，同时充分利用现有地情资料，编写各类普及知识的宣传品、教科书、百科全书、辞典等，最大限度地发挥地方志的功用，更好地满足社会需求。

利用社会力量，组织专家学者，开展北京现存旧志的校点整理工作。2015 年前完成规划 19 种北京旧志的校点整理和出版任务。全面启动规模宏大的光绪《顺天府志》和其余 26 种州（县）志的校点整理工作，争取 2020 年前完成出版任务。

继续鼓励、规范、指导社会修志，编纂出一批合格的村镇（乡）志、街道社区志、厂矿志、学校志、山水志等各类规划外志书和地情资料书。市地方志办公室应组织有关单位高质量出版大型志书《北京四合院志》，启动第二批《北京风物图志》等系列丛书编纂工作。

北京志书编纂实行主编负责制，在第一轮《北京志》编纂工作中采取分兵把口的方式，聘请各部门有威望并有一定文字能力的离退休局级干部担任副主编，先后曾聘请 22 位，其中 4 位已去世。目前，这些同志中有 13 位超过 80 岁，最大的 87 岁，多数同志提出不再承担副主编工作。现在第一轮修志已经完成，第二轮修志也全面启动，为保持工作的连续性，已着手组建新的专家型副主编队伍。退下来的副主编成立顾问组，改任顾问。编委会对这些老同志，同时也对各区县各部门为地方志事业做出贡献的老同志表示衷心的感谢和崇高敬意。

北京市的各项事业正处于一个新的发展阶段，为地方志事业的发展繁荣带来难得机遇，也提出了更高的要求。习近平同志到北京市视察工作时，提出了“让历史文化与自然生态永续利用，与现代化建设交相辉映”，具有很强和针对性和现实意义。自然生态是大自然给我们造就的生存环境，历史文化是前人给我们留下的宝贵遗产。把两者并列，又和现代化建设相对应，这就把历史文化的定位和它在人类社会发展中的作用提到了一个新的高度。如何使历史文化永续利用？习近平同志有三句话，我们应当很好地领会。第一句是：“历史文化是城市的灵魂，要像爱惜自己的生命一样保护好城市历史文化遗产。北京是世界著名都城，丰富的历史文化遗产是一张金名片。”这是讲，历史文化在社会发展中的地位和重要性。第二句是：“要本着对历史负责，对人民负责的精神，传承历史文脉。”这是讲我们应负的职责和应有的态度。第三句是：“要高度重视修史修志，让文物说话，把历史智慧告诉人们。”这是讲，历史文化永续利用的重要手段和切入点。而修志就是历史文化永续利用的切入点和重要手段。这对于我们修志工作者无疑是高屋建瓴、十分及时的指导原则。我们应认真地学习和落实，不辜负历史重托、全市人民的需求和中共北京市委、市政府的期望，尽心竭力，做好工作，以“首善”的标准，为推进北京市地方志事业做出新的贡献。

（2014 年 3 月）

后　记

编完这部文集，还想说几句话。

面对桌上的厚厚文稿，静下心来，陷入沉思。往日为地方志编纂付出的辛苦，现已转化为一丝丝甜意，从心头缓缓升起。然而，这部文集或者说对志书编纂思考的阶段性成果，尽管熔铸了我三年多参与编纂地方志和有关书籍的心血，但并非一人独立造就，应当说，几乎每一篇文章都含有他人的奉献。其中，多数文稿是针对志书编纂工作中产生的矛盾和问题，在众说纷纭中捕捉闪光的思想而草成的，有的则是和同事、同行切磋，采纳他人的意见而成文的。对前人的成果，更是尽力汲取消化，纳入到创作之中。从理论上讲，我们生活中的每一次创新、每一项成果都带有社会性，都不可能是哪一个人独立完成的，即便是文学、美术、音乐等个体性很强的创作，也离不开前人的积淀、旁人的支持和社会为之创造的环境条件，因此成果的所有者、署名者，应有社会共创共享观念，应存功成不唯我和感恩之心。具体到这部文集，表面看都是我的思想、我的手笔，实际包含了许多人的助力。比如，一些理论探索性文章，地方志专家赵庚奇等同志就曾审阅并提了许多宝贵意见；几篇工作报告是和北京市方志办一些同志共同完成的；在志鉴研讨和工作会议上的发言，多是市方志办杨齐同志记录整理后，我作修改定稿的；我是一个使用计算机的落伍者，至今不愿更改用纸笔写作的习惯，文稿的清样，多是由中共北京市委办公厅的赵卫民同志协助我完成的。应当说，他们都是成书的参与者。还应特别感谢的是中国地方志指导小组办公室的邱新立同志，他在百忙之中不仅挤时间审读了这本书，还对《文存》前两集进行了认真研究，写了为本书增光添彩的序言。方志出版社的责任编辑顾洁、冯松同志，也为此付出了心血。此外，还有不少人为此书的出版做出奉献，在此一并表示谢意。

本书收录的文章，不少是即兴之作，肯定有不完善之处，有些理论探索文稿多是一家之言，热切期望方志界同仁和社会有识之士给予指正，并进行交流探讨，使谬误得以更改，不完善之处得以完善。

段柄仁

2016 年 4 月